｜讲兵家韬略｜道诉讼智慧｜

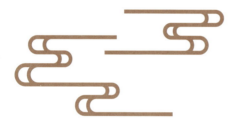

股东争议
三十六计

企业家必知的
诉讼策略

毕宝胜　陈正刚　◎　著

中国法制出版社

CHINA LEGAL PUBLISHING HOUSE

序

有限责任公司的出现极大地推动了人类社会的经济发展，与此同时，也带来了诸多风险、纠纷。而古老的智慧有着深远的力量，在商业或者诉讼中均可以从《三十六计》《孙子兵法》等经典古籍中汲取无穷的力量。

本书以军事谋略《三十六计》为指引，将其引申到商业、诉讼中来，尤其是针对股东、高管参与公司运营、治理过程中常见的纠纷，通过拆解权威案例，梳理裁判规则，讲述《公司法》知识要点。

基于律师团队多年的专业经验，结合民事案由、《公司法》重要知识点，笔者梳理了涉公司、股东、高管常见纠纷，并筛选了大量经典案例。

本书由36篇计策文章组成，为力求简洁、方便记忆，将每一个计策文章的题目都总结为"十六字要诀"（见标题），并严格按照"计策释义、裁判摘要、案例索引、基本案情、审理意见、实务解读、实务建议、法律适用"的结构成文。为求简洁，基本案情中已省略与争议焦点关联不大的内容。

本书将最常见、最高发的法律风险予以揭示、分析，并提出实务建议。希望对于创业者、企业家、企业的经营管理者，抑或是法律同行，提供一定的参考，也希望能够成为社会大众学法、用法的读本。

本书的完成，要感谢客户一直以来的信任，是客户们的信赖给予了我们前行的力量。本书的完成，亦离不开团队成员的不懈努力，主要包括王梦迪、孙宁杰、白静、王全胜等律师。团队成员一直践行为客户提供最佳服务的承诺，兢兢业业，笃行不息。是他们"摘下满天星，撒在我身上"，在此向团队成员表示感谢。

由于学识所限，本书难以面面俱到，诚请读者朋友们不吝指教。

陈正刚

2024 年 6 月 1 日

为方便读者阅读，笔者精心设计了本书的篇章结构，既可以从头到尾通读，也可以根据目录检索知识点或计策进行有选择的阅读。就每一篇计策文章来说，其体例结构也是经过反复斟酌才予以定稿，因此也可以进行通读或有选择性的阅读。简要介绍如下。

本书特色之处

• 文化性

《三十六计》是中国传统文化中的经典，反映了中国古代军事思想和丰富的斗争智慧，值得深入学习。

• 实用性

本书立足于公司治理与司法审判实务，所选案例均是实践中高发的争议案件，通过对案例的分析，提出了实用性强且通俗易懂的建议。

• 知识性

本书针对公司运营、治理过程中经常发生的争议，覆盖公司全生命周期，将与争议相关的公司法常见知识点进行详细讲解分析。

• 权威性

所选案例几乎全部来自《最高人民法院公报》案例、指导案例，或者典型案例，以及《人民法院案例选》等权威出版物所登载的案例。

- **可读性**

本书通过筛选数千份案例，力求将案例的基本案情与《三十六计》具体计策适用情形相贴合，在梳理知识、解析实务过程中具有一定的可读性。

文章结构体例

- **计策释义**

为便于理解，在该部分，笔者首先将计策原典翻译成白话文。然后阐述该计策的含义、引申意以及适用情形，并力求与商业竞争相结合。最后，与正文中重点分析的案例案情、裁判规则相结合。

- **裁判摘要**

裁判摘要是对法官裁判思维的概括，通过梳理裁判摘要，可以指导类案或同案的处理，对于统一法律适用具有重要价值。

- **案例索引**

展现案例名称、案号、法院，可以快速检索到该案例原文。

- **基本案情**

案例原文篇幅较长，有些案例会涉及多个争议焦点，为了阅读便利，笔者对案情进行了精简，并辅以可视化图表。

- **审理意见**

本书精选了权威性案例，因法官的审理意见代表着当下司法审判的基本共识，为了不丧失有价值的信息，我们对于该内容予以了最大限度的保留，期待向读者呈现原汁原味的法官裁判思维。

- **实务解读**

该部分围绕案例中涉及的重要知识点，结合司法实践，进行有针对性的分析和解读，并附上相关的权威案例作为参照，以增强实用性。

- **实务建议**

该内容紧扣实践中的频发争议、风险，尽量使用生动形象而又有趣的语言风格，提出实用性建议。期望读者在遇到类似情况时，可以有所参照。

• 法律适用

由于每个章节都是公司生命历程的不同阶段，且每篇计策文章所展示的知识点也不重复，因此有必要将法律原文置于文末，以供查找。

陈正刚

2024年6月1日

第四章　股东决议的作出与效力

第五章　股权转让的风险及防范

第六章　公司解散与清算

第一章　公司设立与股东出资

识破瞒天过海：实质判断公司设立行为

知识要点：公司设立行为的认定

> **计策释义**
>
> 瞒天过海：备周则意怠，常见则不疑。阴在阳之内，不在阳之对。太阳，太阴。
>
> 防备周密则斗志松懈，常见情形则不生疑虑。非常公开的事物里，往往蕴藏着非常机密的计谋。

由于人们在观察和处理事物时，对某些事情习以为常而产生了疏漏和松懈，故对方能乘虚而入，伪装行动，把握时机，出奇制胜。"瞒"并非此计的主要诉求，而是达到"过海"目的的手段。此计策的精妙之处在于"瞒"，其已被广泛运用在军事、政治、商业等领域。应对瞒天过海之计，需要见微知著，透过现象看本质，避免被假象所迷惑。

在商事往来中，当事人可能为合作项目、整合资源等目的，约定设立公司事宜。当事人往往会签署公司设立的相关协议，发生争议时，如何确定协议的性质、效力将对各方利益产生巨大影响。比如，各方当事人可能会就合作的目的、合同性质等内容各执一词，甚至不惜信口雌黄，使用"瞒天过海"之计，以达到混淆视听，实现其利益最大化的目的。

裁判摘要

在合作项目中，如果当事人约定以设立项目公司的方式进行合作开发，即便当事人已经自认设立了项目公司，仍应当根据《公司法》①判定项目公司是否设立。合作各方当事人在项目公司中是否享有股权，不影响其在合作开发合同中所应享有的权益。

基本案情②

2007年4月23日，HL公司与TH公司签订《合作项目合同书》约定：HL公司提供合作项目建设用地，TH公司提供建设所需全部资金；双方利益分配比例为0.238∶0.762；双方同意就本项目的开发成立项目公司，项目公司注册资本为1000万元，HL公司占23.8%的股权，TH公司占76.2%的股权；HL公司将合作建房用地的国有土地使用权证办理在项目公司名下。

在《合作项目合同书》签订之前的2006年10月16日，TK公司设立。TK公司股权结构为TH公司持股68.7%、王某金持股7.5%、邢某1持股13.8%、邢某2持股10%，均为现金出资。

2009年2月，HL公司履行完《合作项目合同书》中的义务，将项目用地过户给了TK公司。

在三亚市房产管理局颁发的《房屋拆迁许可证》限定的期限（至2009年7月）届满时，TH公司仅完成拆迁量的20%。

2008年10月29日，邢某1、邢某2与TH公司签订《股权转让协议》，将其二人在TK公司持有的23.8%的股权转让给TH公司。后TH公司又将其持有的TK公司70.5%的股权转让给其他公司。

2009年9月7日，HL公司调取TK公司的工商登记资料，得知TH公司的转

---

① 编者注：本书中所用法律文件名称省略了"中华人民共和国"。

② 案例名称：海南HL工贸有限公司诉海南TH旅业投资有限公司、三亚TK置业有限公司合作开发房地产合同纠纷案

案　　号：（2015）民提字第64号

法　　院：最高人民法院

原　　告：海南HL工贸有限公司（以下简称HL公司）

被　　告：海南TH旅业投资有限公司（以下简称TH公司）、三亚TK置业有限公司（以下简称TK公司）

来　　源：《最高人民法院公报》2016年第1期（总第231期）

股行为，在与TH公司等沟通无果的情况下，2009年11月18日，HL公司向TH公司发出通知书，解除《合作项目合同书》。

HL公司起诉请求：第一，判决解除其与TH公司签订的《合作项目合同书》；第二，判决TK公司将案涉土地及项目开发权还给HL公司，判令TK公司将案涉项目批文中项目建设主体变更为HL公司。

一审、二审法院均以HL公司在TK公司已不享有股权，其在《合作项目合同书》中及案涉项目上也已无权益，无权主张解除合同为由，判决驳回HL公司的诉讼请求。

HL公司向最高法院申请再审。最高法院判决如下：第一，撤销一审、二审民事判决；第二，解除HL公司与TH公司签订的《合作项目合同书》；第三，判决TK公司将案涉项目开发权和土地使用权返还变更至HL公司。

审理意见

本案的争议焦点之一为，TK公司是否系HL公司与TH公司共同设立的项目公司。

法院认为，双方并未按照《合作项目合同书》的约定成立项目公司，而是借用了早在2006年10月16日即已设立的TK公司作为合作开发的项目公司。虽然TK公司承担了"TK广场"项目的开发建设职能，但TK公司并非是由HL公司与TH公司按照《合作项目合同书》约定共同设立的合作开发项目公司，其只是被HL公司和TH公司为合作开发"TK广场"而借用的一个项目公司，从其成立的时间和股东构成也可得到进一步证实。TK公司成立于2006年10月16日，股东为TH公司和邢某1、邢某2、王某金；而HL公司与TH公司签订《合作项目合同书》则是在2007年4月23日，合作方为HL公司与TH公司。据此，可以认定，TK公司并非是由HL公司和TH公司共同设立的项目公司。

尽管HL公司在起诉状中也自认TK公司系其与TH公司共同成立的项目公司，而且在后期HL公司致三亚市发展和改革局《关于变更某花园项目和项目业主的请示》声明、HL公司向海口仲裁委员会提交的《承诺书》等中均声明TK公司是其与TH公司共同设立的项目公司，但正如HL公司在声明中所称，HL公司与TH公司联合投资，成立了TK公司作为项目公司，项目由TK公司投资建设和经营管理，请求将该项目的用地选址意见和《建设用地规划许可证》办理到TK

公司名下，以便项目的顺利开发。这恰恰说明，TK公司是HL公司与TH公司为便于合作项目的顺利开发而借用TK公司作为项目公司，HL公司是在按照《合作项目合同书》的约定履行义务。

如何认定TK公司是HL公司与TH公司共同设立的项目公司，应当依据《公司法》的规定，而不应仅仅凭借当事人的自认。根据《公司法》关于有限责任公司设立的规定看，设立有限责任公司应由全体股东指定的代表或者共同委托的代理人向公司登记机关报送登记申请书、公司章程、验资证明等文件，申请设立登记；股东应当按期足额缴纳公司章程中规定的各自认缴的出资额；有限责任公司成立后，应当向股东签发出资证明书。而TK公司并非是HL公司与TH公司申请设立的，也没有共同制定TK公司的章程，没有按章程缴纳出资，TK公司也没有向HL公司签发出资证明书，更没有将HL公司登记在TK公司的股东名册上。

综上，TK公司也仅是TH公司与HL公司双方按照《合作项目合同书》约定进行"TK广场"项目合作开发，履行各自权利义务的载体，并非是《合作项目合同书》的合同主体，不能就此认定TK公司是HL公司与TH公司共同设立的项目公司。

实务解读

本案例涉及设立公司协议性质与设立公司行为的认定。有限责任公司的设立是设立人从相互协商拟创办公司至办理工商注册登记并领取企业法人营业执照期间内的全部活动过程，具体包括订立设立协议、制定公司章程、缴纳出资、组建公司机构、办理公司登记等一系列法律行为。

在司法实务中，当事人往往将签订设立公司协议作为设立公司的第一步。关于设立公司协议如何认定、公司是否有效设立、如设立公司协议无效或被解除会对公司设立带来何种影响，都是值得探讨的问题。

一、设立公司协议的认定

公司设立协议，又称发起人协议，是在公司设立过程中，由设立公司的全体发起人订立的以设立公司为目的、约定公司各项设立事项之协议。其作用在于确定所设公司的基本性质与结构，约定公司设立过程中的法律关系与法律行为，协调发起人之间的关系及权利义务。

公司发起人达成"设立公司的合意"是认定公司设立协议成立的前提，若当事人之间仅达成合作关系的合意，则不宜认定为公司设立协议。对于协议类书面文件效力及性质的认定，不应局限于协议的名称，应从协议的法律实质出发，确定是否具有设立公司的目的。

关联案例 || 海南RY实业有限公司诉海南JK汽车工业有限公司、海南HMLD旅游投资有限公司、三亚DYH实业投资有限公司合作开发房地产合同纠纷案，海南省高级人民法院（2012）琼民二终字第211号

海南RY实业有限公司（以下简称RY公司）与海南JK汽车工业有限公司（以下简称JK公司）于2008年8月26日签订《项目合作协议》，约定JK公司以其自有的30亩国有工业用地使用权作为出资，RY公司提供变更土地用途及项目建设所需的全部资金，双方共同设立项目公司进行房地产项目开发建设，并按照比例分配房产。2009年11月3日，JK公司又将涉案土地作为出资与第三人吕某山、海南HMLD旅游投资有限公司（以下简称HMLD公司）签订了项目投资入股合同书，并组建了项目合作公司。RY公司提起诉讼，请求确认其与JK公司于2008年8月26日签订的《项目合作协议》为土地使用权转让协议，且合法有效。

一审法院认为，虽然RY公司和JK公司所签合同名为《项目合作协议》，但双方在该合同中约定成立有限责任公司性质的项目公司，暂定名为"海南KX地产开发有限公司"，公司注册资本为1000万元，由JK公司以土地使用权作为出资，RY公司以货币作为出资，JK公司占项目公司40%份额，RY公司占60%份额。从前述合同主要条款来理解，涉案合同应视为以"项目合作"为名，以"合资设立公司"为实之合同，即双方所签合同为公司设立合同。

二审法院则认为，依据RY公司与JK公司签订的《项目合作协议》，JK公司系以自有的30亩国有工业用地使用权作为出资，RY公司则提供变更土地用途及项目建设所需全部资金，双方共同设立项目公司进行房地产

开发建设，并按比例分配房产。可见，RY公司与JK公司所签订的《项目合作协议》为合作开发房地产协议。原审将该协议认定为公司设立合同并将本案案由确定为公司设立纠纷错误，应当予以纠正。根据二审法院的观点，公司设立纠纷案由的判断，应该从发起人之间签订设立协议的目的出发来进行认定。

二、公司是否有效设立

在设立公司协议签订之后，需要判断的关键问题就是公司是否有效设立。《公司法》（2023年修订）第三十二条、第四十五条和第四十六条规定了设立有限责任公司应当具备的条件。除要有公司名称、住所、股东符合法定人数等要件外，还规定了应当有符合公司章程规定的全体股东认缴的出资额，并要求股东共同制定公司章程。

除此之外，《公司法》还规定了设立有限责任公司应由全体股东指定的代表或者共同委托的代理人向公司登记机关报送登记申请书、公司章程等文件，股东应当按期足额缴纳公司章程中规定的各自认缴的出资额；有限责任公司成立后，应当完成向股东签发出资证明书等程序性事项。

公司设立的主体为发起人。我国《公司法》并未对发起人这一概念作出明确的定义。《最高人民法院关于适用〈中华人民共和国公司法〉若干问题的规定（三）》（以下简称《公司法解释（三）》）对此作出了补充。《公司法解释（三）》第一条规定，公司发起人应当具有三个法定要件，即为设立公司而签署公司章程、向公司认购出资或者股份、履行公司设立职责。符合这三个要件的，应当认定为公司的发起人。其中"签署公司章程""向公司认购出资或者股份"两个要件与《公司法》规定相同。而"履行公司设立职责"的行为是指公司发起人以公司设立为目的而实施的一系列相关的法律行为，可分为内部行为和外部行为。内部行为包括签署章程、认购出资或股份、募集股份等以公司设立为目的的公司筹备行为；外部行为包括公司选址、场地租赁、装修采购等以公司开业为目的的筹备行为，以及为设立后公司实施的准备营业行为。

综上，在符合以上要件时，即可判断公司已经有效成立。

三、设立公司协议效力对公司设立的影响

对于公司设立协议的形式与内容，《公司法》没有强制规定，口头或书面皆可，只要签订协议之当事人能够达成一致，设立协议即可成立并生效。公司设立之后，设立公司协议效力如何，如产生瑕疵应当如何处理，实践中经常产生争议。

首先要讨论设立公司协议的效力问题。有观点认为，设立公司协议是在公司成立前形成的，其目的就是公司成立。在公司成立后其使命已完成，公司设立协议因履行而终止，对成立后的公司及股东应不再有约束力。但在实践中，公司设立协议往往并不仅包含公司设立内容，还包含公司设立后、公司运营过程中各方权利义务等内容。在公司成立后，其有关公司设立的内容已经履行，但其他有关公司成立后如何具体运营的条款则正在履行或尚未履行，仍应作为确定双方权利义务的合同依据。

在设立公司协议有效的前提下，随之而来的是该协议产生瑕疵时能否解除的问题。一种观点认为，公司设立协议不能解除。理由为公司设立协议是设立公司的基础，当事人依据该协议书出资并成立公司。如果解除了公司设立协议，公司就失去了存在的基础，影响到公司的存续。如果双方不愿意继续进行合作，可以根据《公司法》的规定对公司进行解散、清算，但不能适用解除合同的规定。另一种观点则认为，公司合作协议本质上属于合同，并非绝对不能解除，应适用《民法典》有关规定认定是否具备解除的条件。至于合资公司的结算和清算，可由双方当事人按照《公司法》的规定另行解决。在司法实践中，最高人民法院持后一种观点。

关联案例 ‖ 王某侃诉潍坊ZX焦化有限公司合同纠纷案，最高人民法院（2018）最高法民终196号

2011年，王某侃与潍坊ZX焦化有限公司（以下简称ZX焦化公司）之间签订了《项目合资协议书》，约定双方共同出资5000万元，合资建设化工项目，并成立合资公司。公司成立后，王某侃与ZX焦化公司依约履行了出资义务。但合资公司在开工建设后不久，因未取得环保部门批准的

环境影响评价文件，被当地环保部门责令停止生产至今。王某侃起诉称ZX焦化公司未能按照《项目合资协议书》的约定办理合资公司的环保手续，构成违约，致使案涉项目被停止生产，合同目的已经无法实现，请求解除合同。

一审法院认为，王某侃与ZX焦化公司签订合作协议，目的是以成立合资公司为手段，并通过合资公司的经营，对产品进行生产、销售，最终实现利润分配。现双方已依约定成立合资公司，并履行向合资公司出资的义务，双方的出资已成为合资公司的注册资本。王某侃关于解除合同的诉讼请求，实际是要求对合资公司进行解散与清算，该诉求与本案非同一法律关系，双方可另行解决。

二审法院认为，从内容看，《项目合资协议书》及《补充条款》属于合资、合作协议，成立合资公司是进行合资建设的方式和载体。合资公司成立后，双方要通过合资公司的经营，对产品进行生产、销售，最终实现利润分配。案涉项目因ZX焦化公司的违约行为，未取得环保部门批准的环境影响评价文件，已于2013年5月27日被责令停止生产，至今未能恢复，双方签订《项目合资协议书》及《补充条款》的合同目的已不能实现。故根据《合同法》（现已失效）第九十四条第（四）项规定，王某侃可以请求解除合同。因合资公司是依据《项目合资协议书》设立，《项目合资协议书》解除后，合资公司具备解散事由，故在本案审结后，双方当事人可依据《公司法》的相关规定，另行通过合资公司的解散、清算程序解决剩余财产分配问题。

实务建议

为避免产生不必要的纠纷，发起人在设立公司时应立足于设立公司的目的，详细约定公司设立协议的核心条款并妥善履行，以预防公司设立过程中的法律风险，保护各方当事人的合法权益。

一、"宁使我有虚防，无使彼得实尝"

只有始终将对方置于我们的密切关注之下，我们才不会被欺骗和欺瞒。发起人在签订协议时，务必要清楚协议的性质，尤其是协议的具体内容、真实目的，以及将要或已发生的履行行为，应当明确发起人之间依法成立公司的合意。

二、"若要人不知，除非己莫为"

无论如何隐藏，事情总会有一些线索，抓住这些线索就有可能发现其本质。在履行协议、设立公司过程中，应当注意为设立公司而签署公司章程、向公司认购出资或者股份、履行公司设立职责等要件，保存好相关文件。

三、"磐阵善守，不乱方寸"

公司设立之后，公司设立协议并非当然失效，其中调整公司成立后股东之间、公司与股东之间的权利义务关系等条款应继续发挥效力。如果违约，可能需要承担违约责任，甚至引发合同解除、公司解散等严重不利后果。

法律适用

《中华人民共和国公司法》(2023 年修订)

第二十九条　设立公司，应当依法向公司登记机关申请设立登记。

法律、行政法规规定设立公司必须报经批准的，应当在公司登记前依法办理批准手续。

第三十条　申请设立公司，应当提交设立登记申请书、公司章程等文件，提交的相关材料应当真实、合法和有效。

申请材料不齐全或者不符合法定形式的，公司登记机关应当一次性告知需要补正的材料。

第三十一条　申请设立公司，符合本法规定的设立条件的，由公司登记机关分别登记为有限责任公司或者股份有限公司；不符合本法规定的设立条件的，不得登记为有限责任公司或者股份有限公司。

第三十二条　公司登记事项包括：

（一）名称；

（二）住所；

（三）注册资本；

（四）经营范围；

（五）法定代表人的姓名；

（六）有限责任公司股东、股份有限公司发起人的姓名或者名称。

公司登记机关应当将前款规定的公司登记事项通过国家企业信用信息公示系统向社会公示。

第三十三条 依法设立的公司，由公司登记机关发给公司营业执照。公司营业执照签发日期为公司成立日期。

公司营业执照应当载明公司的名称、住所、注册资本、经营范围、法定代表人姓名等事项。

公司登记机关可以发给电子营业执照。电子营业执照与纸质营业执照具有同等法律效力。

《最高人民法院关于适用〈中华人民共和国公司法〉若干问题的规定（三）》（2020年修正）

第一条 为设立公司而签署公司章程、向公司认购出资或者股份并履行公司设立职责的人，应当认定为公司的发起人，包括有限责任公司设立时的股东。

看清浑水摸鱼：设立中的公司如何担责

知识要点：设立中公司责任承担

> **计策释义**
>
> 浑水摸鱼：乘其阴乱，利其弱而无主。《随》，以向晦入宴息。
>
> 乘敌人内部发生混乱，弱者依违无主，借机行事，顺势而为，可于乱中取利。

原意是指在混浊的水中，鱼儿辨不清方向，趁机摸鱼则可能有所收获；在复杂的战争中，敌人易被蒙蔽难以察觉，这里就有机可乘。此计用于军事，是指当局面混乱不定，多种力量互相冲突，或敌军内部发生混乱之际，趁敌人混乱无主，乘机夺取胜利的谋略。

在公司设立阶段对外签订合同时，可能存在有人通过"搅浑水"企图从中渔利的现象，需要多加防范。比如，设立中的公司签订合同时，存在发起人、其他发起人、设立中的公司、合同相对人等多个相关主体，若责任承担约定不明，则容易发生纠纷。当公司设立失败，或者发展不顺利时，各方主体有可能采取浑水摸鱼的手段，试图制造烟幕弹，企图逃避责任。

裁判摘要

发起人为设立公司以自己名义对外签订合同，合同相对人请求成立后的公司、该发起人和其他发起人承担连带责任。如公司成立后公司未对该合同予以确认，亦未实际享有合同权利或者履行合同义务，则不能突破合同相对性，公司不承担合同责任，公司的其他发起人亦不承担合同责任。①

基本案情②

2007年10月16日，LTLQ公司与香港HS公司签订协议书，约定：双方共同出资成立中外合资公司HS酒店公司，注册资金港币4500万元，并共同筹建HT大厦酒店商务会所，所有商务会所室内外装修、绿化、电梯、中央空调、消防等由香港HS公司完成设计。

2007年11月3日，HH公司出具《委托设计书》一份，内容为："应HH公司委托，WY山东分公司承担HT大厦的设计及施工工作。"在该份《委托设计书》上，香港HS公司也予以签字盖章。

2007年12月25日，WY山东分公司出具了一份抬头为"收到条"的便笺，内容为："香港HS公司收到HT大厦设计效果图20幅，设计取费160元/平方米。"香港HS公司在该便笺上盖章。

2008年2月28日，泰安市工商行政管理局向HS酒店公司颁发了企业法人营业执照。营业执照颁发后，LTLQ公司与香港HS公司均未按认缴出资额实际出资，HS酒店公司无实收资本，也没有进行实际经营。

2008年8月13日，LTLQ公司与香港HS公司签订《收购协议》，约定：双方商定HT大厦（改名为HS商务会馆）由香港HS公司收购，香港HS公司在9月15日以前把收购HT大厦的4500万元打到酒店管理公司账上，若没有按时打进，

---

① 《公司法》（2023年修订）第四十四条规定："有限责任公司设立时的股东为设立公司从事的民事活动，其法律后果由公司承受。公司未成立的，其法律后果由公司设立时的股东承受；设立时的股东为二人以上的，享有连带债权，承担连带债务。设立时的股东为设立公司以自己的名义从事民事活动产生的民事责任，第三人有权选择请求公司或者公司设立时的股东承担。设立时的股东因履行公司设立职责造成他人损害的，公司或者无过错的股东承担赔偿责任后，可以向有过错的股东追偿。"

② 案例名称：深圳市WY装饰集团股份有限公司山东分公司、深圳市WY装饰集团股份有限公司诉泰安市LTLQ投资有限公司、泰安市HS酒店管理有限公司等建设工程设计合同纠纷案

案　　号：（2013）民提字第212号

法　　院：最高人民法院

原　　告：深圳市WY装饰集团股份有限公司山东分公司（以下简称WY山东分公司）、深圳市WY装饰集团股份有限公司（以下简称WY公司）

被　　告：泰安市HS酒店管理有限公司（以下简称HS酒店公司）、泰安市HH置业有限公司（以下简称HH公司）、香港HSWY集团有限公司（以下简称香港HS公司）、泰安市LTLQ投资有限公司（以下简称LTLQ公司）

原付的1300万元作为违约金给LTLQ公司，装饰图纸设计费等费用由LTLQ公司承担。

2008年11月，WY山东分公司和WY公司共同起诉称：2007年11月，HH公司以自己名义出具委托设计书，委托WY山东分公司承担HT大厦的设计工作。WY山东分公司按要求于2007年12月25日交付设计成果，但委托方未依约支付设计费。据此，请求判令HH公司、HS酒店公司、LTLQ公司、香港HS公司共同支付WY山东分公司、WY公司设计费及其他损失人民币600万元。

香港HS公司主张，因金融危机，未将后续的4500万元支付给LTLQ公司，双方《收购协议》于2009年1月终止，根据《收购协议》约定，装饰图纸设计费应由LTLQ公司承担。LTLQ公司对此不予认可，认为LTLQ公司没有收到图纸，也没有收到香港HS公司支付的1300万元，装饰图纸设计费应由香港HS公司自行承担。案件关系见图1-1。

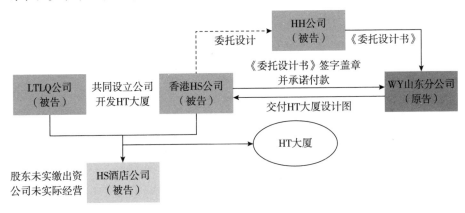

图1-1 案件关系

审理意见

在本案中，WY山东分公司和WY公司完成"HT大厦"设计工作后，将设计成果向香港HS公司进行了交付，香港HS公司予以接受，对设计成果和费用予以确认并同意支付600万元，香港HS公司后来在《委托设计书》上也予以盖章，故双方之间存在设计合同关系并已实际履行。因此，香港HS公司应承担支付600万元设计费的付款责任，并无争议。

本案争议的焦点问题是，HH公司、HS酒店公司、LTLQ公司是否应当与香港HS公司承担连带付款责任。

1. HH公司是否应当承担连带责任

原告认为，HH公司系以自己名义出具《委托设计书》，委托WY山东分公司承担HT大厦的设计工作，应当依约支付设计费。

法院认为，设计合同应该包括的主要条款和内容在该委托设计书中均没有体现。该委托设计书仅是HH公司的单方意思表示，是其单方发出的一种指令，不是双方达成意思表示一致的设计合同。WY山东分公司、WY公司与HH公司之间既未订立设计合同，也没有履行过设计合同，因此对WY山东分公司、WY公司向HH公司主张支付设计费的请求不予支持。

2. HS酒店公司是否应当承担连带责任

原告认为，发起人香港HS公司为设立公司以自己名义对外签订合同，现HS酒店公司已经成立，应当承担合同责任。

二审法院认为，HS酒店公司不应当承担责任。香港HS公司以自己名义履行的装修设计事宜，系香港HS公司自身从事的个人行为，这些行为并非是公司发起人为设立公司而必须进行的行为，与设立公司行为无关。而且，HS酒店公司虽然经登记领取了企业法人营业执照，但HS酒店公司无实收资本，没有进行任何经营。因此，HS酒店公司不应当承担责任。

再审法院亦认为，HS酒店公司不应当承担责任，但裁判思路有所不同。再审法院认定该行为系设立公司行为，但根据《公司法解释（三）》第二条规定[①]，只有在设立后的公司通过明示方式或以实际享有合同权利或承担合同义务的默示方式同意成为合同当事人时，才会产生设立后的公司代替发起人成为合同当事人的法律后果。本案中，HS酒店公司成立后没有开展经营活动，其既未明示确认由其支付设计费，也未实际使用设计成果或履行合同义务。本案无充分证据证明HS酒店公司同意受合同约束，香港HS公司的行为后果不能归于HS酒店公司。

3. LTLQ公司是否应当承担连带责任

原告认为，一方面，LTLQ公司作为公司发起人，应当对设立公司行为所产

---

① 参照《公司法》（2023年修订）第四十四条。

生的费用和债务承担连带清偿责任。另一方面，根据《收购协议》，香港HS公司已付款1300万元而未支付后续4500万元，债务已发生转让，应由LTLQ公司支付设计费。

二审法院认为，LTLQ公司应当承担付款责任。虽然工商行政管理局已为HS酒店公司颁发了企业法人营业执照，但由于两股东均未实际出资，HS酒店公司对外不具备承担民事责任的能力，从实质上讲，HS酒店公司并未实际成立，LTLQ公司和香港HS公司应对设计费承担连带责任。退一步讲，即使认定HS酒店公司已经成立，由于LTLQ公司和香港HS公司均未实际出资，依照《公司法解释（三）》第十三条第（二）款关于"公司债权人请求未履行或者未全面履行出资义务的股东在未出资本息范围内对公司债务不能清偿的部分承担补充赔偿责任的，人民法院应予支持"的规定，香港HS公司和LTLQ公司也应当对设计费承担补充赔偿责任。

再审法院认为，LTLQ公司不应当承担付款责任。首先，LTLQ公司既未收到WY山东分公司的设计图纸，也未使用该设计成果，两者之间不存在设计合同法律关系。其次，LTLQ公司与香港HS公司之间附条件的债务转让所附条件不成立，没有提出其他证据证明LTLQ公司收到1300万元。最后，在HS酒店公司无须承担合同责任的前提下，亦不存在LTLQ公司出资不到位的赔偿责任问题。

实务解读

本案例涉及的主要法律问题是设立中的公司对外如何承担责任。设立中的公司是指自发起人签订发起协议或者制定公司章程起，至设立登记完成前，尚未取得法人资格的组织体。设立中的公司尚不具有独立的法律人格，也不能享有法人财产权。发起人为设立公司往往会对外签订一系列合同，签订合同的名义、公司成立与否等因素决定了合同的责任承担主体。

一、公司成立后承担合同责任的主体

设立中公司需要与社会发生各种联系，主要是为设立公司进行的各种交易行为。原则上，发起人为设立法人从事的民事活动，其法律后果由法人承受，但存在各种例外情况。

1. 如发起人以自己的名义对外签订合同，合同相对人有权选择由该发起人或由公司承担责任

《公司法解释（三）》（2020年修订）第二条规定："发起人为设立公司以自己名义对外签订合同，合同相对人请求该发起人承担合同责任的，人民法院应予支持；公司成立后合同相对人请求公司承担合同责任的，人民法院应予支持。"也就是说，发起人以自己的名义对外签订的合同，在公司成立后，合同相对人有权选择发起人或公司承担合同责任。本次《公司法》修订，还将该规则上升为法律规定，详见第四十四条。

依法成立的合同，原则上应当坚持合同相对性原则，即合同主要在特定的合同当事人之间发生法律约束力，只有合同当事人一方能基于合同向合同对方提出请求或提起诉讼，而不能向与其无合同关系的第三人提出请求，亦不能擅自为第三人设定合同上的义务。《公司法》（2023年修订）第四十四条规定，发起人为设立公司以自己的名义对外订立的合同，原则上应当坚持合同的相对性和名义主义原则，合同相对人应向发起人主张合同权利，但公司成立后如果确认了该合同或者公司已实际成为合同一方主体，即享有合同权利或者履行合同义务，可以视为符合代理的一般原理，由公司来承担合同责任。

需要注意的是，在《公司法解释（三）》（2014年修订）中，对此问题的规定是："公司成立后对前款规定的合同予以确认，或者已经实际享有合同权利或者履行合同义务，合同相对人请求公司承担合同责任的，人民法院应予支持。"在2020年修订时，最高人民法院删去了相对人在请求公司承担责任时，需要公司对合同予以明示或默示确认的限制，只要公司成立，合同相对人即可请求公司承担合同责任。该处修订的目的在于保护合同相对人的利益，排除其行使选择权的限制条件。2023年修订《公司法》时，在第四十四条以法律的形式予以明确规定，能够有效保护设立公司时相对人的权益。

在司法实践中，相对人在行使选择权时，可以在发起人或公司之间择一起诉，也可以一并起诉，要求两者承担连带责任。但需要注意的是，该选择权应当谨慎行使，如选择一方为被告主张权利，再另行主张另一方为被告的，可能难以获得法院支持。

关联案例 ‖ 刘某森诉蔡某泉、湖北省葛店开发区YCX服饰有限公司房屋租赁合同纠纷案，鄂州市中级人民法院（2014）鄂州中民二终字第00047号

法院认为，根据《公司法解释（三）》第二条的规定，发起人为设立公司以自己名义对外签订合同，合同相对人请求该发起人承担合同责任的，人民法院应予支持。公司成立后对前款规定的合同予以确认，或者已经实际享有合同权利或者履行合同义务，合同相对人请求公司承担合同责任的，人民法院应予支持，即在符合上述法律规定的情况下，合同相对人享有选择权，既可以选择发起人也可以选择公司承担合同责任。本案中，上诉人蔡某泉与被上诉人刘某森签订的两份房屋租赁合同中列明的承租人均为蔡某泉个人，合同内容系蔡某泉与刘某森之间的意思表示，对合同的签订双方具有约束力。被上诉人刘某森起诉时，已明确选择蔡某泉作为本案的被告，要求其承担合同责任，人民法院应予支持。在诉讼过程中，刘某森后又申请追加湖北省葛店开发区YCX服饰有限公司作为本案共同被告参加诉讼，不符合法律规定。

2.如发起人以公司名义对外签订合同，应当由公司承担责任

《公司法解释（三）》第三条规定："发起人以设立中公司名义对外签订合同，公司成立后合同相对人请求公司承担合同责任的，人民法院应予支持。公司成立后有证据证明发起人利用设立中公司的名义为自己的利益与相对人签订合同，公司以此为由主张不承担合同责任的，人民法院应予支持，但相对人为善意的除外。"《公司法》（2023年修订）第四十四条规定："有限责任公司设立时的股东为设立公司从事的民事活动，其法律后果由公司承受。公司未成立的，其法律后果由公司设立时的股东承受；设立时的股东为二人以上的，享有连带债权，承担连带债务。设立时的股东为设立公司以自己的名义从事民事活动产生的民事责任，第三人有权选择请求公司或者公司设立时的股东承担。设立时的股东因履行公司设立职责造成他人损害的，公司或者无过错的股东承担赔偿责任后，可以向有过错的股东追偿。"

该条规定的目的是防止发起人滥用权力损害公司利益。如果发起人为自身利益，滥用设立中公司的名义，以此向公司转嫁债务，其行为并非由设立中公

司实施的，也就不应当由公司承担责任。但与此同时，也要注意保护善意相对人的利益。对相对人而言，通常难以判断发起人系为其自己的利益还是设立公司利益，因此公司成立后即使能够举证证明发起人利用设立中公司的名义为自己的利益与第三人签订合同，如果相对人选择公司承担责任，公司仍应对善意相对人承担合同责任。

二、公司未成立时承担合同责任的主体

如公司因故未成立，原则上由发起人承担合同责任。根据《公司法解释（三）》第四条①规定，在发起人无过错的情况下，发起人按照约定的责任承担比例分担责任；没有约定责任承担比例的，按照约定的出资比例分担责任；没有约定出资比例的，按照均等份额分担责任。在因部分发起人的过错导致公司未成立的情况下，其他发起人可主张由过错方承担设立行为所产生的费用和债务。人民法院应当根据过错情况，确定过错一方的责任范围。

也有观点认为，设立中公司应具有一定的法律人格，可将其视为准民商事法律主体，享有有限的法律人格。按照公司法司法解释的规定，发起人为设立公司而采取的行为，法律后果归属于设立中公司。公司成立时，此法律后果再由设立中公司转归成立后的公司；公司不能成立时，发起人对设立中公司的债务负连带责任，但在责任顺序上，设立中公司负第一顺序的责任。②但在司法实务中，法院通常认为，设立中公司并非独立的法律主体，难以承担相应的法律责任。

关联案例 ‖ 平定县JQ辅料厂诉阳泉JM耐火材料有限公司、阳泉MY（集团）有限责任公司房屋拆迁安置补偿合同纠纷案，山西省阳泉市中级人民法院（2017）晋03民终850号

法院认为，本案中，被上诉人阳泉MY（集团）有限责任公司（以下简称MY集团）作为YMGY筹建处的发起人，以YMGY筹建处的名义与上

---

① 《公司法》（2023年修订）第四十四条第二款规定，公司未成立的，其法律后果由公司设立时的股东承受；设立时的股东为二人以上的，享有连带债权，承担连带债务。
② 谷峻杰：《设立中的公司是否具备司法拍卖竞买人资格之探讨》，载江必新、刘贵祥主编，最高人民法院执行局编：《执行工作指导》总第52辑，人民法院出版社2015年版，第93—95页。

诉人平定县JQ辅料厂（以下简称JQ厂）签订的拆迁补偿协议系双方真实意思表示合法有效，应受法律保护。上诉人JQ厂按照合同约定履行自己的拆迁义务，基于合同的相对性原则，合同相对方YMGY筹建处在未办理工商筹建登记手续，不具备独立承担民事责任的前提下，因无能力履行拆迁协议约定的给付拆迁款债务，发起人MY集团应当依照上述法律规定，承担连带清偿责任。

实务建议

设立中公司与社会发生各种联系，主要是为设立公司进行的各种交易行为，这牵涉到设立中公司与第三人之间复杂的权利义务关系。对此问题，立法较为完善，相关司法实践较为丰富，"浑水摸鱼"难以从中真正获利。在泥沙俱下、鱼龙混杂情形下，为避免不必要的纠纷或由此产生的不利后果，应注意以下方面。

一、发起人签订合同时，应当明确合同责任承担主体

如果发起人希望由成立后的公司承担合同责任，最好以公司名义对外签订合同。需要注意的是，如发起人以自己名义对外签订合同，即使公司成立后明确表示愿意承担合同责任，但合同相对人仍可选择由发起人而非公司承担，由此可能加重发起人的负担。

因此，建议在公司成立后，发起人可在相对人所持的原合同中加盖公司印章，进一步确定公司已经成为合同主体。或者以签订补充协议形式确定合同责任承担主体，通过合同相对人、发起人、公司三方签署补充协议，明确由公司享有合同权利、履行合同义务。

二、合同相对人在发生纠纷时，应当谨慎选择被告

根据法律规定，如发起人以公司名义签订合同，则合同相对人不能选择发起人为被告，否则可能被法院判决驳回起诉。如发起人以自己名义签订合同，相对人可以在发起人或公司之间择一起诉，也可以一并起诉，要求两者承担连带责任，但该选择权只能行使一次，不得反复更改。

三、及时向利用设立中公司名义谋求私利的发起人追责

公司设立后如发现发起人有利用公司名义谋求自己利益的行为，需要承担举证责任，证明发起人是为自己的利益而非设立中公司的利益签订合同。即便如此，公司仍应对善意相对人承担合同责任，但承担责任后可以向发起人追偿。

法律适用

《中华人民共和国民法典》

第七十五条 设立人为设立法人从事的民事活动，其法律后果由法人承受；法人未成立的，其法律后果由设立人承受，设立人为二人以上的，享有连带债权，承担连带债务。

设立人为设立法人以自己的名义从事民事活动产生的民事责任，第三人有权选择请求法人或者设立人承担。

《中华人民共和国公司法》（2023年修订）

第四十三条 有限责任公司设立时的股东可以签订设立协议，明确各自在公司设立过程中的权利和义务。

第四十四条 有限责任公司设立时的股东为设立公司从事的民事活动，其法律后果由公司承受。

公司未成立的，其法律后果由公司设立时的股东承受；设立时的股东为二人以上的，享有连带债权，承担连带债务。

设立时的股东为设立公司以自己的名义从事民事活动产生的民事责任，第三人有权选择请求公司或者公司设立时的股东承担。

设立时的股东因履行公司设立职责造成他人损害的，公司或者无过错的股东承担赔偿责任后，可以向有过错的股东追偿。

谨慎抛砖引玉：解读股权众筹法律风险

知识要点：股权众筹的法律风险

> **计策释义**
>
> 抛砖引玉：类以诱之，击蒙也。
>
> 出示某种类似的东西去诱惑对方，便可打击受我诱惑的愚蒙之人了。

抛砖引玉，字面意思是抛出去一块不值钱的砖头，换来一块玉石。此计用于军事，则是指用相类似的事物去迷惑、引诱敌人，使其懵懂上当，中我圈套，然后乘机击败敌人的计谋。就像钓鱼需用钓饵，先让鱼儿尝到一点甜头，它才会上钩；敌人占了一点便宜，才会误入圈套。现代用法中，抛砖引玉多为谦辞，比喻用自己先发表粗浅、不成熟的观点去引出别人高明的意见或佳作。

股权众筹，常见模式是通过股权众筹融资中介机构，披露企业的商业模式、经营管理、财务、资金使用等关键信息，面向公众进行小额股权融资①。公司设立时，若面临公司资金不足的困境，可以通过股权众筹融资的方式获得发展资金。通俗来讲，股权众筹就是以当下价值不高的股权，吸引股东入资，获得股东其他宝贵资源的支持，起到类似"抛砖引玉"的效果。

---

① 《公司法》（2023年修订）第四十二条规定："有限责任公司由一个以上五十个以下股东出资设立。"第九十二条规定："设立股份有限公司，应当有一人以上二百人以下为发起人，其中应当有半数以上的发起人在中华人民共和国境内有住所。"

裁判摘要

公司设立阶段以股权众筹形式向投资人融资，公司不能成立时，对于投资人已缴纳的股款，股权众筹的发起人应负返还股款并加算银行同期存款利息的连带责任。

基本案情①

LZ公司为开办YSG意式休闲餐厅（旗舰店）（以下简称YSG餐厅）以众筹方式向社会筹措资金。

2015年8月31日，原告林某（乙方）与被告LZ公司（甲方）签订《YSG旗舰店股权众筹委托投资协议书》，主要约定：众筹项目为YSG餐厅，项目预计在2015年9月底试营业。乙方参与本次众筹项目第一轮众筹，认购股权数量为5股，金额为1.5万元（壹万伍仟元整），乙方股权持有时间满12个月，由于个人正当原因需要退股时，可向股东会提出退股申请，股东会同意乙方退股时方可退股。本项目预计可于18个月至24个月收回全部投资，每季度分红一次，分红时间为每年的3月、6月、9月、12月的10日至15日，分红形式为现金分红，以银行转账的方式支付给乙方。乙方享有知情权，有权了解项目运营状况、各项财务报表、收支情况，可通过股东会参与项目的管理，为项目出谋划策等。

10月2日，被告LZ公司向原告林某发放《股权证书》，该证书载明企业名称为广西LZ主题餐饮管理有限公司，项目名称为YSG餐厅，股权人为林某，出资金额为1.5万元，占股5股，占1%（A轮认购）。

根据法院查明事实，LZ公司至今未设立YSG餐厅，而是投资设立了北海市海城区JXYY音乐餐吧（以下简称JXYY餐吧）。

现原告林某认为，至今项目公司YSG餐厅未依法设立，自己也未成为项目公司的工商备案股东。LZ公司的行为已构成违约，故向法院提起诉讼，请求判

---

① 案例名称：林某诉广西LZ主题餐饮管理有限公司公司设立纠纷案
案　　号：（2020）桂05民终83号
法　　院：广西壮族自治区北海市中级人民法院
原　　告：林某
被　　告：广西LZ主题餐饮管理有限公司（以下简称LZ公司）
来　　源：《中国法院2022年度案例》

令LZ公司返还投资款人民币1.5万元及利息3600元。

LZ公司则抗辩其成立的JXYY餐吧虽然名称与约定的YSG餐厅项目名称不一致，但是JXYY餐吧的经营地址与涉案《协议书》中约定的地址、经营面积等重合，林某已成为JXYY餐吧的股东，并提供证据JXYY餐吧股东分红明细表显示：在2017年7月1日至2018年8月6日期间，JXYY餐吧陆续向林某发放红利5笔共947.15元，并主张上述分红是涉案众筹项目的一种形式。林某认可曾收到上述分红，但不认可自己是JXYY餐吧的股东，且认为LZ公司未经许可擅自将另一项目的分红转入自己的账户，上述分红与本案无关。

审理意见

1.争议焦点一：本案案件性质如何确定

一审法院认为，根据《公司法》第九十四条第一款第（二）项①关于"股份有限公司的发起人应当承担下列责任：……（二）公司不能成立时，对认股人已缴纳的股款，负返还股款并加算银行同期存款利息的连带责任"之规定，涉案的YSG餐厅至今未成立，原告没有取得《股权证书》上载明的YSG餐厅原始股东的资格，LZ公司应当向原告返还股款1.5万元及利息。

LZ公司上诉称一审法院混淆了民间众筹和股份公司募股众筹的法律内涵，不应当适用股份有限公司相关法律。

二审法院认为，股份有限公司设立的方式包括发起设立和募集设立两种，其中，募集设立是股份有限公司设立与有限责任公司设立的区别之一。本案中，YSG餐厅意欲通过募集股份进行设立。LZ公司与林某签订涉案《协议书》约定，林某以众筹的方式委托LZ公司投资参与"YSG旗舰店股权众筹"，而林某认购该项目的5份股权，总金额为1.5万元。之后，LZ公司收取了林某缴纳的1.5万元，还向林某发放了《股权证书》以证明林某是YSG餐厅的原始股东。另外，鉴于本院于2017年3月24日作出的（2017）桂05民终99号生效民事判决认定涉案YSG餐厅没有成立，LZ公司、陈某伟是该餐厅的发起人。故本案的募集行为实

---

① 参照《公司法》（2023年修订）第一百零五条："公司设立时应发行的股份未募足，或者发行股份的股款缴足后，发起人在三十日内未召开成立大会的，认股人可以按照所缴股款并加算银行同期存款利息，要求发起人返还。发起人、认股人缴纳股款或者交付非货币财产出资后，除未按期募足股份、发起人未按期召开成立大会或者成立大会决议不设立公司的情形外，不得抽回其股本。"

际为LZ公司、陈某伟为设立YSG餐厅发起的股权募集邀约，而林某成功认购了该项目的股权。一审判决适用法律正确，应予维持。

2.争议焦点二：LZ公司应否返还林某1.5万元及相应利息

一二审法院均认为，LZ公司成立的公司是JXYY餐吧，不是YSG餐厅。依据《合同法》第七十七条第一款"当事人协商一致，可以变更合同"的规定，LZ公司没有举证证明与林某协商一致变更了合同的内容，那么就应当按照原合同的约定继续履行设立YSG餐厅的筹办义务。综合本案证据，发起人LZ公司没有根据《公司法》的规定召开创立大会、进行验资、制定公司章程等，也没有到公司登记机关进行公司设立登记申请，也就是说，涉案《协议书》中约定的YSG餐厅至今未成立。虽然JXYY餐吧向林某的账户转入了5笔分红，但是LZ公司、陈某伟没有提交证据证明林某已经同意将其认购的股权转化为JXYY餐吧的股权与其达成一致意见，而林某亦予以否认。除此之外，LZ公司、陈某伟没有证据证明已履行涉案《协议书》中的其他义务。

综上所述，法院认为，根据《公司法》第九十四条第一款第（二）项①"股份有限公司的发起人应当承担下列责任：……（二）公司不能成立时，对认股人已缴纳的股款，负返还股款并加算银行同期存款利息的连带责任"的规定，YSG餐厅至今未成立，作为发起人的LZ公司返还林某已缴纳的股款1.5万元及利息3600元。

实务解读

实务中，大家广泛关注的是互联网金融业态下的股权众筹，即依托于互联网平台而进行的一种新的融资模式，具体模式为融资方在众筹平台上发布项目信息，投资方根据相关信息对项目进行投资并取得股权。股权众筹可以在一定程度上解决初创企业、小微企业融资难的困境。但股权众筹由于缺少明确法律支持，仍存在诸多法律风险，需要多加注意。

一、股权众筹与非法吸收公众存款罪

《刑法》第一百七十六条规定，"非法吸收公众存款或者变相吸收公众存

---

① 参照《公司法》（2023年修订）第一百零五条。

款，扰乱金融秩序的"构成非法吸收公众存款罪。根据《最高人民法院关于审理非法集资刑事案件具体应用法律若干问题的解释》第一条，非法吸收公众存款罪的成立需具备四点特征，即非法性、公开宣传性、利诱性、对象不特定性。这四点特征与诸多从事股权众筹业务的互联网平台具有一定的相似性，当这些后果现实化之后便极容易引发非法吸收公众存款罪的入罪风险。

对此，要综合考量行为人融资数额、欺诈的情形、资金流向、投资人是不是合格投资者等因素，判断是否达到扰乱金融秩序的危害程度。如果投资人为合格投资者，融资主体无欺诈，资金流向属于正常的商业投资，只是融资过程属于变相公开发行，应认为尚未达到扰乱金融秩序的危害程度，缺乏刑事处罚的必要性，不构成非法吸收公众存款罪。[①] 但如果融资主体采取虚增利润等欺诈手段，则可能被判定为对公众资金安全造成实质威胁或侵害，从而被认定为非法吸收公众存款罪。

关联案例 ‖ 常州 JL 药业有限公司、张某亮等集资诈骗案，江苏省常州市中级人民法院（2019）苏04刑终295号

法院认为，上诉人张某亮、徐某妹为维持原审被告单位常州 JL 药业有限公司经营活动，违反国家金融法规，以原审被告单位常州 JL 药业有限公司名义，通过互联网在相关微信、QQ、众筹等平台，向社会不特定人员非法吸收资金1700余万元用于偿还公司债务等，非法吸收公众存款数额巨大，其行为均已构成非法吸收公众存款罪，属于单位犯罪。上诉人张某亮、徐某妹分别属于单位犯罪中直接负责的主管人员和其他直接责任人员，均应按照非法吸收公众存款罪定罪处罚。

二、股权众筹运行中的法律风险

1.股权众筹目的未实现，发起人应当向投资人退还投资款及利息

由于没有直接规制股权众筹发起人行为的法律条款，在司法实务中，对于

---

① 邢飞龙：《非法吸收公众存款罪之"非法"认定的新路径——以法定犯和新型融资案件为中心展开》，载《法律适用》2020年第20期，第98页。

股权众筹发起人未正常设立项目公司、设立项目公司与约定不符、设立项目公司但投资人未成为众筹项目公司股东等行为，通常认定其构成违约，援引合同法律制度有关内容，要求发起人承担退款等责任。

关联案例 ‖ 邓某涛诉王某丽、河南 CM 装饰工程有限公司与公司有关的纠纷案，河南省郑州市中级人民法院（2016）豫01民终4833号

被告王某丽向原告等人发布众筹信息，原告根据其众筹信息，向其出资1万元。但二被告收取原告等人的投资款后，却未按其发布的众筹信息约定成立有限责任公司，而是成立了以其为业主的个体工商户，致使众筹项目未能成立。且被告王某丽利用众筹所得资金经营个体火锅店期间，未向原告等人进行过分红，致使原告出资后成为公司股东的愿望落空而引发纠纷。

法院认为，原告在众筹项目不能成立，股东愿望不能实现的情况下选择要求返还投资款的方式来保护自己的民事权益，该诉请理由正当，原告要求二被告返还投资款1万元，本院予以支持。因二被告未及时返还原告投资款，给原告造成一定的损失，原告请求被告支付利息，理由正当，利息应自2015年7月16日起诉时起至本判决确定的履行之日止，按中国人民银行同期贷款利率计算。依照《合同法》（现已失效）第八条、第六十条之规定，判决被告王某丽、河南 CM 装饰工程有限公司于本判决生效后十日内返还原告投资款1万元及利息。

---

2. 发起人违反信息披露义务导致合同不能继续履行，应承担违约责任

信息披露义务是发起人的重要义务，发起人必须明确承诺其提供的重要信息真实、准确、完整。在股权众筹项目中，发起人为实现自身利益，很可能会夸大项目的优势信息、财务数据，虚构项目的稳定性和回报性，隐藏项目的负面信息等。融资平台对项目方融资信息的真实性负有相应审查义务，其严格落实审查标准亦是对投资人利益的保护。如发起人违反信息披露义务导致合同不能继续履行，构成违约行为，应承担相应责任。

关联案例 ‖ 北京FD网络科技有限公司诉北京NMD餐饮管理有限责任公司居间合同纠纷案，北京市第一中级人民法院（2015）一中民（商）终字第09220号

北京FD网络科技有限公司（以下简称FD公司）系运营"RRT"股权众筹平台的公司，能够为项目方展示融资项目、发布融资需求。2015年1月21日，FD公司与北京NMD餐饮管理有限责任公司（以下简称NMD公司）签订《委托融资服务协议》（以下简称《融资协议》），融资金额为88万元，经FD公司运作融资成功。在融资成功后，经FD公司多方核实，NMD公司提供的项目所涉房屋性质、物业费均与实际情况不符。为避免投资人投资风险增大，FD公司依据《融资协议》第七条第一款之约定，于2015年4月14日解除与NMD公司的协议，并要求NMD公司支付违约金及赔偿经济损失。

法院认为，NMD公司融资用于某地的经营用房在其所签订的《房屋租赁合同》中显示为平房，但根据本案现有证据能够确认其系楼房。因上述问题涉及房屋可能存在违建等隐患，以及即使是合法建筑，但房屋所有权人是否允许案外人田××进行转租等问题，直接关系到众多投资人的核心利益并有可能加大投资人的风险，FD公司及投资人要求NMD公司进一步提供房屋产权证及转租文件等属于维护自身的正当权益。同时，FD公司必须对NMD公司融资信息的真实性负有审查义务，以此降低投资人的风险，因此FD公司认为NMD公司存在信息披露不实一节具有相应的事实依据。在NMD公司提供的相关证件仍难以完全排除可能存在的交易风险的情况下，导致《融资协议》解除的主要责任在于NMD公司。

3.如已履行项目信息披露等义务，投资者应自担风险

根据现有制度规定，众筹发行应通过证券监督管理机构认可的互联网平台进行。众筹平台应当承担形式审核众筹发行、协助发行人进行信息披露、投资者适当性调查与投资者教育、保密义务、不得私设资金池、不得对众筹项目提供对外担保或进行股权代持等义务。在股权众筹平台已履行对项目的真实性、

可行性进行审核的义务时，投资者作为完全民事行为能力人，应对其投资自担风险，不得向众筹平台追偿。

关联案例 ‖ 韩某诉北京RRT网络科技有限公司合同纠纷案，北京市第二中级人民法院（2016）京02民终8736号

本案中，韩某作为投资者，主张北京RRT网络科技有限公司（以下简称北京RRT公司）在网上发布虚假信息，诱使其对MT酒店项目进行投资，存在欺诈行为。

法院认为，根据查明的事实，韩某对MT酒店的房屋性质应当是知情的，其关于北京RRT公司隐瞒了MT酒店房屋性质的主张依据不足，本院不予采信。MT酒店项目融后审计报告审计的是2015年7月15日至2015年10月26日的营业状况，租赁可以抵房租、酒店实行无房租经营系北京RRT公司对韩某整个投资期间（2年至3.5年）的承诺，韩某仅凭MT酒店约3个月的经营情况主张北京RRT公司存在虚假宣传，缺乏相关证据佐证，本院不予采信。关于韩某的损失问题，韩某作为完全民事行为能力人，应对其投资自担风险，其要求北京RRT公司对其损失承担赔偿责任依据不足，本院不予支持。

实务建议

在公司设立过程中，面临资金不足的情况时，公司可能选择"抛砖引玉"，面向社会公众披露公司项目状况吸引股权投资，进行股权众筹。如前所述，股权众筹存在诸多风险，除了需要投资人明鉴"砖和玉"，参与各方还应注意以下内容。

一、从发起人角度来讲

股权众筹需注意合法合规。由于缺乏具体法律法规的支撑，不规范的股权众筹可能落入非法的境地，因此，需要注意如实披露信息，正常经营公司，避免触碰法律红线。

二、从股权众筹平台角度来讲

平台提供的是居间服务。平台应注意审查各个融资项目的真实性、可行性，当好发行人与投资者之间的桥梁，降低法律风险。

三、从投资人角度来讲

需注意股权众筹这一新型融资模式可能带来的风险，避免未签合同即打款、未考察而盲目跟投、对虚高的股权价格不加甄别。

此外，投资人在整个交易过程中，务必明确投资项目，约定清楚权利义务，保存好相关证据。

法律适用

《中华人民共和国公司法》(2023 年修订)

第一百零五条　公司设立时应发行的股份未募足，或者发行股份的股款缴足后，发起人在三十日内未召开成立大会的，认股人可以按照所缴股款并加算银行同期存款利息，要求发起人返还。

发起人、认股人缴纳股款或者交付非货币财产出资后，除未按期募足股份、发起人未按期召开成立大会或者成立大会决议不设立公司的情形外，不得抽回其股本。

明辨树上开花：起诉虚假出资股东补缴

知识要点：虚假出资、抽逃出资的认定

计策释义

树上开花：借局布势，力小势大。鸿渐于阿，其羽可用为仪也。

借助某种局面(或手段)布成有利的阵势，兵力弱小但可使阵势显出强大的样子，就像鸿雁长了羽毛丰满的翅膀一样。

树上本来没有开花，但可以用彩色的绸子剪成花朵粘在树上，做得和真花一样，不仔细去看，真假难辨。用假花冒充真花，取得乱真的效果，令他人被假象所惑。此计用在军事上，指的是自己的力量比较小，却可以借某种因素制造假象，使自己的阵营显得强大。

很多股东认为，公司注册资本是"面子"，越高越好，希望公司这棵树"繁花锦簇"。甚至不顾实际情况，动辄认缴上亿元注册资本。需要注意的是，"面子"重要，"里子"更重要。如果树上本无花而非要移花接木，营造出花团锦簇的氛围，则有可能被人识破，从而雨打风吹去，自食苦果。

在股东出资发生争议中，常有个别股东采取"树上开花"之计，通过虚假出资、抽逃出资，虚张声势，以达到欺骗其他股东、公司和债权人的目的。

裁判摘要

公司股东无权主张其与公司构成人格混同，更不能以法律所禁止的公司法

人人格否认来规避自己法定的出资义务。股东未将公司财产与股东个人财产严格区分与隔离，应当承担由此造成的法律风险。股东将公司的资产作为自有资产进行出资，并未实际履行出资义务，构成虚假出资。

基本案情[①]

2009年11月11日，XYYS公司股东贾某富、陈某玲召开临时股东会，决定公司注册资本由320万元变更为2000万元，增资1680万元，其中贾某富增资1512万元，出资额变更为1800万元，持股比例90%，陈某玲增资168万元，出资额变更为200万元，持股比例10%，并通过了公司章程修正案。同日，张某芳将1512万元转至贾某富银行账户，将168万元转至陈某玲银行账户，贾某富、陈某玲随后将该1680万元缴存至XYYS公司账户。

11月12日，南某会计师事务所为此次增资出具了《验资报告》，验证截至2009年11月11日，XYYS公司已收到各股东缴纳的新增注册资本1680万元，其中货币出资1680万元。XYYS公司随即办理了增资工商变更登记手续。

11月12日，XYYS公司从工行账户转账1679万元至其农业银行账户，随后以"预付货款"名义将1680万元转给张某芳。

2010年8月2日，XYYS公司股东贾某富、陈某玲召开股东会，决定公司注册资本由2000万元变更为5000万元，增资3000万元，其中贾某富增资2700万元，陈某玲增资300万元，并通过决议修改公司章程中的注册资本部分内容。

其后，XYYS公司委托东某评估事务所对公司自有的资产进行评估，评估价值为52462567.00元，股东确认的价值为3000万元；并委托南某会计师事务所进行了验资，实物资产出资3000万元；并办理了工商变更登记手续，公司注册资本变更为5000万元。

12月，XYYS公司发生股权变更。股权变更后，公司之前的财务账簿和资料未进行移交，仍留存在贾某富办公室。2012年3月5日，旌某县地税局因查账需要，会同旌某县政府办、国税局、XYYS公司等相关人员至贾某富办公室调取

---

① 案例名称：旌德县XYYS有限公司诉贾某富、陈某玲等有限公司股东出资纠纷案
案　　号：（2018）最高法民终390号
法　　院：最高人民法院
原　　告：旌德县XYYS有限公司（以下简称XYYS公司）
被　　告：贾某富、陈某玲、南某会计师事务所

财务资料时，发现财务账簿和资料丢失，遂报案。

贾某富抗辩称转出的资金在公司此后的经营中，已通过现金、实物等多种方式回收，不构成抽逃出资；2011年股权转让前，贾某富与陈某玲长期把个人资产用于公司经营和建设，个人财产与公司财产存在很大程度的混同，二人实际已增资到位。

审理意见

本案的争议焦点为，贾某富、陈某玲是否存在抽逃出资1680万元、虚假出资3000万元的行为。

1.争议焦点一：贾某富、陈某玲是否存在抽逃出资1680万元的行为

法院认为，本案中，XYYS公司两股东贾某富、陈某玲于2009年11月11日召开股东会，决定公司增资1680万元。同日，张某芳将1512万元转至贾某富银行账户，将168万元转至陈某玲银行账户。贾某富、陈某玲随后将该1680万元缴存至XYYS公司账户，并于次日经南某会计师事务所验资后，以公司"预付货款"的名义将1680万元转回张某芳。贾某富、陈某玲将增资款项转入公司账户验资后未经法定程序将增资抽回的行为，违反了公司资本维持原则，损害了XYYS公司的权益，其行为构成了抽逃出资，应当承担返还之责任。

2.争议焦点二：贾某富、陈某玲是否存在虚假出资3000万元的行为

法院认为，从XYYS公司提交的光某矿和新某矿整改、验收资料，机动车行驶证、购车发票及东某评估事务所评估报告来看，评估的机械设备、房屋构筑物及井巷工程等资产均为XYYS公司经营过程中购买或建设，属于XYYS公司自有的资产。贾某富称上述资产由其投资形成并交与公司使用，但其提交的证据不足以证明上述资产为贾某富、陈某玲所有。另外，即使上述资产购买和建设的资金来源于贾某富、陈某玲，亦是双方之间的债权债务关系，并不能因此而认定资产归属于贾某富、陈某玲。贾某富作为XYYS公司股东，无权主张其与公司构成人格混同，更不能以法律所禁止的公司法人人格否认来规避自己法定的出资义务。

综上，法院判决贾某富、陈某玲构成虚假出资、抽逃出资，应向XYYS公司返还出资款1680万元，补缴出资款3000万元，并支付相应的利息。

实务解读

本案例涉及虚假出资与抽逃出资的问题，两者均属于公司股东瑕疵出资纠纷。虚假出资多发生在公司设立时，损害公司利益，以及公司债权人和其他已出资股东的合法权益；抽逃出资包括抽逃注册资本和抽逃股东出资，该行为发生在公司成立之后，侵犯公司及债权人的利益，两者的认定和责任承担也有所不同。

一、虚假出资与抽逃出资的认定

（一）虚假出资的认定

虚假出资是指公司发起人或者股东不履行出资义务或者违反出资规定，未交付货币、实物或者未转移财产权等，欺骗债权人和社会公众，骗取公司登记的行为。其具体表现包括以下几点。

1.以无实际现金或高于实际现金的虚假银行进账单、对账单骗取验资报告，从而获得公司登记。

2.以虚假的实物投资手续骗取验资报告，从而获得公司登记。

3.以实物、工业产权、非专利技术、土地使用权出资，但并未办理财产权转移手续。

4.作为出资的实物、工业产权、非专利技术、土地使用权的实际价额显著低于公司章程所定价额。

5.以公司资金、公司资产、公司的往来款项作为个人出资款。

（二）抽逃出资的认定

抽逃出资是指公司成立后，公司股东未经法定程序将认缴的出资或增资取回的行为。《公司法解释（三）》规定，抽逃出资的主要表现形式包括以下几点。

1.制作虚假财务会计报表虚增利润进行分配

如增加资产、收入项目、收入金额，减少负债、费用项目、费用金额等方式导致股东权益或利润增加，虚增利润向股东进行分配。通过虚构债权债务关系，将其出资转出。

2.通过虚构债权债务关系将其出资转出

虚构债权债务系常见的抽逃出资行为，股东可能通过虚构合同等方式，将出资以货款等名义转出，而实际上不发生交易或只是形式交易，以达到抽逃出资的目的。

3. 利用关联交易将出资转出

公司股东可能利用其特殊身份进行关联交易。但关联交易是否合法，是否构成抽逃出资，需审查该关联交易价格是否公平合理、股东是否具有通过关联交易撤回出资的意图、该关联交易行为是否侵害公司利益来综合认定。

4. 其他未经法定程序将出资抽回的行为

如无正当理由转出其支付给公司的资本公积金、将资本公积金转变为对公司的债务、收回在公司的债权、用公司资产清偿其自身债务、采用过桥资金出资短暂入账并出账且公司未实际使用该款项进行经营等情形。

需要注意的是，2013年《公司法》修正后，出资时间、出资额、出资方式等由股东在公司章程中约定，不再要求验资。《公司法解释（三）》也进行了相应的修正，删除了原第十二条第一项，将出资款项转入公司账户验资后又转出的行为不再作为一项明文规定的股东抽逃出资的典型行为。但在司法实践中，法院仍然将该行为认定为抽逃出资行为。本次《公司法》修订，新增有限责任公司认缴出资额应在五年内缴足的规定，这是股东向公司负有的基本义务，是资本维持原则的内在要求。

关联案例 ‖ 张某渠、王某案外人执行异议之诉案，（2019）最高法民申3194号

2010年6月10日、6月18日，公司股东蔡某、张某渠分别将21万元出资款、779万元增资款转入捷某公司验资账户，6月17日、6月21日上述款项共计800万元均转入蔡某的个人账户。蔡某将公司的上述注册款项直接转入个人账户，且没有证据表明股东会对此作出决议。

法院认为，上述行为属于《公司法解释（三）》第十二条第四项"其他未经法定程序将出资抽回的行为"。《公司法解释（三）》第十二条在2014年修正后删除了"将出资款项转入公司账户验资后又转出"的行为属于抽逃出资的规定，是为适应公司注册资本登记制度改革以及《公司法》的修订而实施，虽然"将出资款项转入公司账户验资后又转出"的行为不再作为一项明文规定的股东抽逃出资的典型行为，但并不意味着该种行为一律不再被认定为抽逃出资之性质，该行为已经被修正后《公司法解释（三）》第十二条第四项"其他未经法定程序将出资抽回的行为"所吸收。

二、诉讼时效与举证责任问题

1. 诉讼时效

《公司法解释（三）》第十九条规定了三种瑕疵出资纠纷不适用诉讼时效：一是公司请求瑕疵出资股东缴付出资；二是公司的债权人请求未履行出资义务的股东（在未出资本息范围内）对公司债务承担补充责任；三是公司的债权人请求抽逃出资的公司股东（在抽逃出资本息范围内）对公司债务承担补充责任。

需要注意的是，在后两种情形下不适用于诉讼时效有前置条件，即"公司债权人的债权未过诉讼时效期间"。依据该司法解释，应以债权本身未过诉讼时效期间为标准。如债权已过诉讼时效期间，即会被驳回诉讼请求。

2. 举证责任

《公司法解释（三）》第二十条规定："当事人之间对是否已履行出资义务发生争议，原告提供对股东履行出资义务产生合理怀疑证据的，被告股东应当就其已履行出资义务承担举证责任。"

该举证责任倒置规则的原因是，在股东出资后，出资即变为公司资产。相较于债权人，股东更有能力从公司获取这些资料，具备提供证据的能力，因此举证责任转移至被告股东更为公平。

这一观点经历了变迁。在最高人民法院（2004）民二终字第260号民事判决书中（《最高人民法院公报》2005年第6期），法院认为，债权人的举证在一定程度上削弱了股东提供证据的证明力，但并不能推导出股东虚假出资结论的，对债权人关于股东出资不实的请求不予支持。但在《公司法解释（三）》出台之后，就股东是否抽逃出资的举证责任分配，在债权人提供了对股东抽逃出资合理怀疑的证明后，应将举证责任转移至股东，由其提供相应的证据反驳债权人关于其抽逃出资的主张。当股东未予举证的情况下，应当作出对其不利的判断。

关联案例 || MDD有限公司诉深圳市XDD数字网络技术有限公司、周某等借款合同纠纷案，（2016）最高法民再2号

就法院认为，就股东是否抽逃出资的举证责任分配，由于MDD有限公司（以下简称MDD公司）无法查询深圳市XDD数字网络技术有限公司（以下简称XDD公司）及其股东周某、张某某的银行账户或财务账簿，在MDD公司提供了对周某、张某某抽逃出资合理怀疑的证明后，只能通过法院调查或者由XDD公司及周某、张某某提供反驳证据，才能查清事实。因此，此时应将举证责任转移至周某、张某某，由其提供相应的证据反驳MDD公司关于周某、张某某抽逃出资的主张。然而，周某、张某某未予举证。在这种情况下，应当作出对周某、张某某不利的判断，即支持MDD公司的主张，认定周某、张某某构成抽逃出资。

实务建议

本次《公司法》修订，规定有限责任公司股东认缴出资额，应在五年内缴足，因此，在股东出资问题上，"树上开花"并非良策，实事求是方为正道。在司法实务中，各方主体要注意以下问题。

一、对公司股东而言：瓜田李下，行正坐端

对控股股东而言，由于对公司的控制强于其他股东，常有"瓜田李下"之嫌。俗语讲："瓜田不纳履，李下不整冠。"为避免招惹无端的怀疑，要注意建立规范的财务制度，保留好出资、财务往来等证据，避免被认定为虚假出资、抽逃出资。

特别是在抽逃出资纠纷中，存在举证责任倒置的规定，股东需要证明自己与公司之间的资金往来是合法、合理、有依据的，应提供相应的合同、债权凭证，以及必要的财务凭证、转账记录等以形成完整的证据链来证明。

对其他中小股东而言，建议在公司设立协议、公司章程中明确约定股东出资时间、出资额、出资方式等，并约定抽逃出资、虚假出资情况下的违约责任，以便发生争议时维护自己和公司的合法权益。

二、对公司债权人而言：雾里看花，拨云见日

对公司外部的债权人而言，往往难以了解公司的真实财务状况，好比"雾里看花，水中望月"。为了维护自身权益，唯有拨云见日。诉讼中，可通过查询工商档案、申请法院调取公司的银行转账记录及公司账簿、调查公司的合同及关联交易文件等，完成瑕疵出资的初步举证。还应当时刻关注主债权的诉讼时效期间，在期间内及时提起诉讼主张权利，其后如发现股东未全面履行出资义务或抽逃出资的，可再提起股东出资之诉，不受诉讼时效的限制。①

法律适用

《中华人民共和国公司法》（2023年修订）

第四十九条 股东应当按期足额缴纳公司章程规定的各自所认缴的出资额。

股东以货币出资的，应当将货币出资足额存入有限责任公司在银行开设的账户；以非货币财产出资的，应当依法办理其财产权的转移手续。

股东未按期足额缴纳出资的，除应当向公司足额缴纳外，还应当对给公司造成的损失承担赔偿责任。

第五十条 有限责任公司设立时，股东未按照公司章程规定实际缴纳出资，或者实际出资的非货币财产的实际价额显著低于所认缴的出资额的，设立时的其他股东与该股东在出资不足的范围内承担连带责任。

第五十一条 有限责任公司成立后，董事会应当对股东的出资情况进行核查，发现股东未按期足额缴纳公司章程规定的出资的，应当由公司向该股东发出书面催缴书，催缴出资。

未及时履行前款规定的义务，给公司造成损失的，负有责任的董事应当承担赔偿责任。

《最高人民法院关于适用〈中华人民共和国公司法〉若干问题的规定（三）》（2020年修正）

第十二条 公司成立后，公司、股东或者公司债权人以相关股东的行为符合下列情形之一且损害公司权益为由，请求认定该股东抽逃出资的，人民法院应予支持：

---

① 参见最高人民法院（2019）最高法民再104号民事判决书。

（一）制作虚假财务会计报表虚增利润进行分配；

（二）通过虚构债权债务关系将其出资转出；

（三）利用关联交易将出资转出；

（四）其他未经法定程序将出资抽回的行为。

第十九条 公司股东未履行或者未全面履行出资义务或者抽逃出资，公司或者其他股东请求其向公司全面履行出资义务或者返还出资，被告股东以诉讼时效为由进行抗辩的，人民法院不予支持。

公司债权人的债权未过诉讼时效期间，其依照本规定第十三条第二款、第十四条第二款的规定请求未履行或者未全面履行出资义务或者抽逃出资的股东承担赔偿责任，被告股东以出资义务或者返还出资义务超过诉讼时效期间为由进行抗辩的，人民法院不予支持。

第二十条 当事人之间对是否已履行出资义务发生争议，原告提供对股东履行出资义务产生合理怀疑证据的，被告股东应当就其已履行出资义务承担举证责任。

学会关门捉贼：股东出资不实承担责任

知识要点：出资不实责任承担

计策释义

关门捉贼：小敌困之。《剥》，不利有攸往。

对小股敌人要围困消灭，若使其逃离，则不利于远道追击。

发现小偷入屋盗窃，突然反锁房门，呼喊左邻右舍前来捉贼，这种办法往往能使小偷走投无路，束手就擒。"关门捉贼"与民间俗语"关门打狗"有异曲同工之妙，此计用于军事，是指对弱小的敌军可采取四面包围、聚而歼之的打法。如果让敌人得以脱逃，情况就会十分复杂。"关门捉贼"之计，重点在于"关"与"捉"，应当找准时机，针对不同情况采取不同的方式，如诱捉、困捉、明关、暗关。

公司设立后，发起人或其他参与者已成为"公司股东"，好比"踏入朱门"。对于未履行出资义务或者未全面履行出资义务的股东，公司和其他股东可采取"关门捉贼"之计，要求其承担相应的责任，以利于公司发展，维护其他股东的合法权益。此外，还要注意防备其贼喊捉贼，故意造成混乱，干扰局势。

裁判摘要

在公司被吊销营业执照的情形下，涉及股东出资的相关纠纷仍可通过诉讼程序解决。股东未全面履行出资义务的，应当向公司承担相应的民事责任。如合同约定了违约条款，瑕疵出资股东还应当承担违约责任。

基本案情①

2007年10月9日，TC公司、HFGF公司、昌某市国有资产经营管理中心（以下简称昌某市国资中心）签订《新疆TCHF生物科技发展有限公司合同》（以下简称《合同》），《合同》约定：TC公司、HFGF公司、昌某市国资中心决定共同出资设立TCHF公司，注册资本3000万元，其中TC公司出资1400万元、HFGF公司出资1200万元、昌某市国资中心出资400万元。TC公司以设备及厂房、土地等资产和现金100万元，共计1400万元出资入股。任何一方未按合同规定依期如数提交出资额时，每逾期一日，违约方应当向另一方支付出资额的1‰作为违约金。如逾期三个月仍未提交的，另两方有权解除合同等。

10月12日，TC公司、HFGF公司、昌某市国资中心制定《公司章程》，其中规定公司注册资本3000万元，实收资本为600万元。TC公司认缴出资1400万元，实缴货币出资200万元，出资时间为2007年11月7日，其余未缴足的注册资本1200万元于2009年11月7日之前缴足。

同日，各方还达成了《股东会纪要》，该纪要载明："各股东应按本纪要商定的期限按期出资，凡逾期出资的，应加付银行利息。超过700天尚未出资的，取消其股东资格，其出资由其他股东按比例分摊追加，或吸收新的股东顶替。"

11月7日，新疆宏某有限责任会计师事务所出具《验资报告》，载明设立中的TCHF公司已收到TC公司以货币方式缴纳出资200万元。

同月19日，公司登记机关给TCHF公司核发了企业法人营业执照。TCHF公司的公司登记资料记载TC公司出资额为1400万元、出资方式为货币和实物。

2010年11月18日，工商行政管理局作出《行政处罚决定书》，以TCHF公司于法定年检期间未参加2009年度企业年检为由，吊销TCHF公司的企业法人营业执照。

TC公司目前只以货币方式向TCHF公司缴纳出资200万元。

---

① 案例名称：沧州HFGF良种繁育有限公司诉新疆TC毛纺织（集团）有限责任公司股东出资纠纷案

案　　号：（2015）民二终字第248号

法　　院：最高人民法院

原　　告：沧州HFGF良种繁育有限公司（以下简称HFGF公司）

被　　告：新疆TC毛纺织（集团）有限责任公司（以下简称TC公司）

第 三 人：新疆TCHF生物科技发展有限责任公司（以下简称TCHF公司）

HFGF公司以TC公司未履行全面出资义务为由，向法院起诉请求：TC公司向TCHF公司缴付出资1200万元并支付利息；TC公司向HFGF公司支付逾期出资违约金（截至2012年11月8日为1314万元）。

审理意见

本案首先应当明确的问题是，已经被吊销企业法人营业执照的公司，股东未全面履行出资义务的民事责任问题应当通过何种程序予以解决。

一审法院认为，TCHF公司已经被吊销企业法人营业执照，属于公司解散的法定事由。公司是因被吊销企业法人营业执照而解散的，应当由相关清算义务人进行清算，TC公司是否应当承担未全面履行出资义务的民事责任问题也应当在清算程序中予以解决，而不应当通过诉讼程序解决，故HFGF公司的诉讼请求不能成立，判决驳回HFGF公司的诉讼请求。

二审法院认为，公司被吊销营业执照后，公司所涉相关债权债务纠纷应首先通过清算程序解决，以便公平、高效地保护公司、股东及债权人等各利益方的合法权益。但本案中，HFGF公司在TCHF公司进入清算程序之前已提起诉讼，法律并未明确限制公司被吊销营业执照的情形下，涉及股东出资的相关纠纷须先通过清算程序解决，故本案的审理不受TCHF公司进入清算程序的影响。

二审争议焦点是：其一，TC公司应否向TCHF公司缴纳1200万元的出资额并支付利息；其二，关于TC公司应否向HFGF公司承担逾期出资的违约责任。

1. TC公司应否向TCHF公司缴纳1200万元的出资额并支付利息

根据《公司章程》规定，TC公司应当缴纳的出资额为1400万元，已缴纳200万元，剩余1200万元在2009年11月7日之前履行完毕。但TC公司一直未向TCHF公司补足1200万元的出资额，其对此事实亦无异议。

本案中，TC公司未依章程规定全面履行出资义务，依法应当向TCHF公司承担相应的民事责任。根据《公司章程》规定，TC公司应当在2009年11月7日之前补足欠缴的注册资本1200万元。TCHF公司被吊销营业执照后，不再正常经营，且现已进入强制清算程序，TC公司继续履行实物出资部分，确实已无任何意义。法院认为，TC公司应向TCHF公司缴纳1200万元的实物和现金出资，均应变更为现金出资。同时，根据《股东会纪要》之约定，TC公司应向TCHF公司支付未缴纳出资额的利息。

2.关于TC公司应否向HFGF公司承担逾期出资的违约责任

《合同法》（现已失效）第七十七条第一款[①]规定："当事人协商一致，可以变更合同。"根据《合同》约定，TC公司出资额为1400万元，其中现金100万元，另外1300万元为实物出资，在2007年10月23日前完成出资义务，并明确约定了违约金条款。

而根据TC公司、HFGF公司及昌某市国资中心在《股东会纪要》中的约定，TC公司已实缴货币200万元，剩余1200万元于2009年11月7日之前缴足；至于违约责任，《股东会纪要》仅明确"各股东应按本纪要商定的期限按期出资，凡逾期出资的，应加付银行利息……"《股东会纪要》已对《合同》中约定股东出资方式、出资时限及违约责任等进行了变更。股东的出资方式、出资时间及逾期出资的违约责任，应以变更后的《合同》来认定。故HFGF公司要求TC公司按照《合同》的约定向其支付违约金，法院予以支持。

实务解读

本案例涉及的主要法律问题是股东出资不实的责任承担。2023年《公司法》修订后，股东出资实行限期认缴制，股东认缴的出资数额、出资时间等由股东在公司章程中约定但最长不超过5年。这就意味着股东出资不实的刑事责任和行政责任承担发生了变化。2014年4月24日发布的《全国人民代表大会常务委员会关于〈中华人民共和国刑法〉第一百五十八条、第一百五十九条的解释》规定："刑法第一百五十八条、第一百五十九条的规定，只适用于依法实行注册资本实缴登记制的公司[②]。"2021年发布的《市场主体登记管理条例》第四十五条也明确，只对实行注册资本实缴登记制的市场主体的发起人、股东虚假出资或者在市场主体成立后抽逃出资的，由登记机关责令改正并处罚款。《公司法》（2023年修订）第二百五十二条规定："公司的发起人、股东虚假出资，未交付或者未按期交付作为出资的货币或者非货币财产的，由公司登记机关责令改正，可以处以五万元以上二十万元以下的罚款；情节严重的，处以虚假出资或者未出资金额百分之五以上百分之十五以下的罚款；对直接负责的主管人员和其他

[①] 现调整为《民法典》第五百四十三条。
[②] 《刑法》第一百五十八条规定了虚报注册资本罪，第一百五十九条规定了虚假出资、抽逃出资罪。

直接责任人员处以一万元以上十万元以下的罚款。"主要是行政责任承担。此外，对于有限责任公司而言，股东出资不实还将承担民事责任。

一、承担责任的内容

1.补缴责任

《公司法解释（三）》第十三条第一款和第二款规定："股东未履行或者未全面履行出资义务，公司或者其他股东请求其向公司依法全面履行出资义务的，人民法院应予支持。公司债权人请求未履行或者未全面履行出资义务的股东在未出资本息范围内对公司债务不能清偿的部分承担补充赔偿责任的，人民法院应予支持；未履行或者未全面履行出资义务的股东已经承担上述责任，其他债权人提出相同请求的，人民法院不予支持。"

结合上下文文义以及该解释的目的，应当理解为股东未履行或者未全面履行出资义务时，公司或者其他股东有权请求其向公司依法全面履行出资义务，该"全面履行"包括出资本息，如股东逾期出资，应当在补足应缴纳出资额的同时支付未缴纳出资额的利息。

此外，还应当明确，该责任是一次性的责任，股东等责任人向公司或债权人已经承担前述责任后，公司或其他债权人不得再要求其承担相同的责任。

2.补充赔偿责任

股东出资不实，致使公司资产受到损害，公司有权向股东追缴，但当公司怠于行使这一权利时，公司债权人可替代公司要求出资不实的股东承担责任。根据《公司法解释（三）》第十三条第二款规定，公司债权人可请求未履行或者未全面履行出资义务的股东在未出资本息范围内对公司债务不能清偿的部分承担补充赔偿责任。

需要注意，股东赔偿的范围不超过股东未出资的范围，且属于补充赔偿责任，只有在公司不能清偿其债务的情况下，债权人才能就不能清偿的部分向未出资股东主张赔偿。诉讼过程中，公司债权人主张公司资不抵债，法院一般允许追加出资不实股东为共同被告，以减少诉讼成本，有效地保护公司债权人的权利。

3.违约责任

股东出资不实的违约责任规定在《公司法》（2023年修订）第四十九条："股东应当按期足额缴纳公司章程规定的各自所认缴的出资额。股东以货币出资的，应当将货币出资足额存入有限责任公司在银行开设的账户；以非货币财产出资的，应当依法办理其财产权的转移手续。股东未按期足额缴纳出资的，除应当向公司足额缴纳外，还应当对给公司造成的损失承担赔偿责任。"第五十条："有限责任公司设立时，股东未按照公司章程规定实际缴纳出资，或者实际出资的非货币财产的实际价额显著低于所认缴的出资额的，设立时的其他股东与该股东在出资不足的范围内承担连带责任。"第五十一条："有限责任公司成立后，董事会应当对股东的出资情况进行核查，发现股东未按期足额缴纳公司章程规定的出资的，应当由公司向该股东发出书面催缴书，催缴出资。未及时履行前款规定的义务，给公司造成损失的，负有责任的董事应当承担赔偿责任。"

股东不实出资行为违反了公司设立协议或公司章程的约定。发起人、股东往往在公司设立协议或公司章程中约定了出资方式、出资额、出资时限等，有的还约定了违约责任。股东如违反按时足额缴纳出资的合同义务，应当承担违约责任。注意承担违约责任的对象是已足额履行出资义务的股东，如其他股东也存在出资不实的行为，则不能主张违约责任，但不影响继续要求该股东承担补缴责任。

关联案例 ‖ AFE（烟台）新型显示器研发中心有限公司诉烟台市福某区国有资产经营公司股东出资纠纷案，（2018）最高法民终209号

法院认为，《公司法》第二十八条规定："股东应当按期足额缴纳公司章程中规定的各自所认缴的出资额……股东不按照前款规定缴纳出资的，除应当向公司足额缴纳外，还应当向已按期足额缴纳出资的股东承担违约责任。"《公司法解释（三）》第十三条第一款规定："股东未履行或者未全面履行出资义务，公司或者其他股东请求其向公司依法全面履行出资义务的，人民法院应予支持。"由上述规定可见，按期足额缴纳认缴的出资是股东对公司所负有的法定义务，这是公司资本维持原则的基本要求，也是对其他足额出资股东和公司债权人合法权益保护的需要。公司股东不能以其他方股东出资不足为由免除其对公司的足额出资义务。AFE（烟台）新型显示器研发中心有限公司出资是否到位并不影响烟台市福某区国有资产经营公司履行出资义务。AFE

（烟台）新型显示器研发中心有限公司处于不经营状态，非法定的或者约定的烟台市福某区国有资产经营公司免除出资义务事由。

二、承担责任的主体

（一）公司发起人

《公司法解释（三）》第十三条第三款规定，股东在公司设立时未履行或者未全面履行出资义务，依照本条第一款或者第二款提起诉讼的原告，请求公司的发起人与被告股东承担连带责任的，人民法院应予支持；公司的发起人承担责任后，可以向被告股东追偿。

（二）未尽义务的董事、高管等

《公司法》（2023年修订）第一百七十九条规定，董事、监事、高级管理人员应当遵守法律、行政法规和公司章程，对公司负有忠实义务和勤勉义务。董事、高级管理人员应当对股东未如实缴纳出资有所察觉，并应当及时向公司报告。《公司法解释（三）》第十三条第四款规定，可请求未尽忠实勤勉义务而使出资未缴足的董事、高级管理人员承担相应责任。同样，董事、高级管理人员承担责任后，可以向被告股东追偿。《公司法解释（三）》第十四条规定，如协助抽逃出资的其他股东、董事、高级管理人员或者实际控制人，应当对此承担连带责任。

（三）知道或应当知道股东未尽出资义务的受让人

《公司法》（2023年修订）第八十八条规定："股东转让已认缴出资但未届出资期限的股权的，由受让人承担缴纳该出资的义务；受让人未按期足额缴纳出资的，转让人对受让人未按期缴纳的出资承担补充责任。未按照公司章程规定的出资日期缴纳出资或者作为出资的非货币财产的实际价额显著低于所认缴的出资额的股东转让股权的，转让人与受让人在出资不足的范围内承担连带责任；受让人不知道且不应当知道存在上述情形的，由转让人承担责任。"本次修订，新增了出资期限未届满股权转让后的出资责任相关规定。吸纳了《公司法解释（三）》的规定，明确瑕疵出资股权转让后的出资责任规则。

三、有权追责的主体

《公司法》(2018年修正)仅规定股东应当按期足额缴纳公司章程中规定的各自所认缴的出资额，对于有权请求股东履行出资责任的主体未作明确规定。《公司法解释(三)》明确并拓宽了请求权主体，本次《公司法》修订，新增了有限责任公司董事会的催缴义务，及其未履行义务的赔偿责任。

1.公司及其他股东

按时足额出资是有限责任公司股东的法定义务。因此，在股东不履行出资义务的情形下，公司当然有权请求股东承担法律责任。此外，股东未履行出资义务通常构成对其他股东的违约，其他股东也可要求该股东承担责任。

2.公司债权人

《公司法解释(三)》规定了特定情形下债权人也可要求未尽出资义务的股东承担责任。如请求未履行或者未全面履行出资义务的股东在未出资本息范围内对公司债务不能清偿的部分承担补充赔偿责任、请求抽逃出资的股东在抽逃出资本息范围内对公司债务不能清偿的部分承担补充赔偿责任、协助抽逃出资的其他股东、董事、高级管理人员或者实际控制人对此承担连带责任。本次《公司法》修订，将该规则上升为法律，规定在第五十三条。

四、其他救济方式

除直接起诉要求出资不实的股东承担责任外，还可以采取以下救济方式。

1.另行募集

《公司法解释(三)》第六条规定，股份有限公司的认股人未按期缴纳所认股份的股款，经公司发起人催缴后在合理期间内仍未缴纳，公司发起人可对该股份另行募集。对于有限责任公司来讲，本次《公司法》修订，新增股东失权制度，详见第五十二条。

2.权利限制

发起人未履行或者未全面履行出资义务，其所享有的股东权利可能受到相应的限制。《公司法解释(三)》第十六条规定，股东未履行或者未全面履行出资义务或者抽逃出资，公司有权根据公司章程或者股东会决议对其利润分配请求权、新股优先认购权、剩余财产分配请求权等股东权利作出相应的合理限制。对其权利进行限制可以督促股东尽快履行出资义务，且对于其他股东也更为公平。

关联案例 ‖ 北京首某国际投资管理有限责任公司诉XSD投资发展有限公司股权确认案，最高人民法院（2007）民二终字第93号

法院认为，根据《公司法》的规定，股东出资不到位并不影响其股东资格的取得，但其享有股东权利的前提是承担股东义务。违反出资义务，也就不应享有股东的相应权利，这亦是民法中权利与义务统一、利益与风险一致原则的具体体现。本案中，由于XSD投资发展有限公司并没有履行出资义务，其股东权利的行使应当受到一定的限制，这种限制应根据具体的股东权利的性质确定，即与出资义务相对应的股东权利只能按出资比例来行使。故原审法院判决XSD投资发展有限公司如不能补足出资，则其不享有对协某健康公司16500万股的表决权、利润分配请求权及新股认购权并无不当。

实务建议

按照认缴数额缴纳注册资本是有限责任公司股东应有的义务，但是实践中往往存在出资不实、出资瑕疵的现象。为保障公司、其他履行出资义务股东以及债权人权益，应当"关门捉贼"，要求出资不实的股东承担相应责任。

一、"入门"有门槛：提前约定违约责任

在责任约定阶段，在公司设立协议及公司章程中，全体股东应当协商一致，对股东未如实履行出资义务的违约责任作出详细规定。如发生股东未履行或者未全面履行出资义务的情形，能够明确相关股东的责任。

此外，也要注意文件效力的问题。如公司设立协议、公司章程、股东会纪要等文件内容对出资方式及违约责任的约定不同，原则上认为公司章程具有最高效力，后形成的协议效力优先。

二、"关门"招式多：督促履行股东义务

在责任追究阶段，公司、其他股东及债权人均可成为要求股东承担出资不实法律责任的主体。由于公司的发起人往往实际控制公司，其他股东有权提起诉讼，要求出资不实的股东向公司履行出资义务，承担法律责任，此时的法律后果大多归属于公司。除诉讼外，还可采取另行募集、权利限制等多种手段督促股东履行义务。

法律适用

《中华人民共和国公司法》(2023 年修订)

第四十九条　股东应当按期足额缴纳公司章程规定的各自所认缴的出资额。

股东以货币出资的，应当将货币出资足额存入有限责任公司在银行开设的账户；以非货币财产出资的，应当依法办理其财产权的转移手续。

股东未按期足额缴纳出资的，除应当向公司足额缴纳外，还应当对给公司造成的损失承担赔偿责任。

第五十条　有限责任公司设立时，股东未按照公司章程规定实际缴纳出资，或者实际出资的非货币财产的实际价额显著低于所认缴的出资额的，设立时的其他股东与该股东在出资不足的范围内承担连带责任。

第五十一条　有限责任公司成立后，董事会应当对股东的出资情况进行核查，发现股东未按期足额缴纳公司章程规定的出资的，应当由公司向该股东发出书面催缴书，催缴出资。

未及时履行前款规定的义务，给公司造成损失的，负有责任的董事应当承担赔偿责任。

第五十二条　股东未按照公司章程规定的出资日期缴纳出资，公司依照前条第一款规定发出书面催缴书催缴出资的，可以载明缴纳出资的宽限期；宽限期自公司发出催缴书之日起，不得少于六十日。宽限期届满，股东仍未履行出资义务的，公司经董事会决议可以向该股东发出失权通知，通知应当以书面形式发出。自通知发出之日起，该股东丧失其未缴纳出资的股权。

依照前款规定丧失的股权应当依法转让，或者相应减少注册资本并注销该股权；六个月内未转让或者注销的，由公司其他股东按照其出资比例足额缴纳

相应出资。

股东对失权有异议的，应当自接到失权通知之日起三十日内，向人民法院提起诉讼。

第五十三条 公司成立后，股东不得抽逃出资。

违反前款规定的，股东应当返还抽逃的出资；给公司造成损失的，负有责任的董事、监事、高级管理人员应当与该股东承担连带赔偿责任。

第八十八条 股东转让已认缴出资但未届出资期限的股权的，由受让人承担缴纳该出资的义务；受让人未按期足额缴纳出资的，转让人对受让人未按期缴纳的出资承担补充责任。

未按照公司章程规定的出资日期缴纳出资或者作为出资的非货币财产的实际价额显著低于所认缴的出资额的股东转让股权的，转让人与受让人在出资不足的范围内承担连带责任；受让人不知道且不应当知道存在上述情形的，由转让人承担责任。

第一百八十条 董事、监事、高级管理人员对公司负有忠实义务，应当采取措施避免自身利益与公司利益冲突，不得利用职权牟取不正当利益。

董事、监事、高级管理人员对公司负有勤勉义务，执行职务应当为公司的最大利益尽到管理者通常应有的合理注意。

公司的控股股东、实际控制人不担任公司董事但实际执行公司事务的，适用前两款规定。

慎用空城之计：公司减资的程序与义务

知识要点：公司减资程序与责任

计策释义

> 空城计：虚者虚之，疑中生疑；刚柔之际，奇而复奇。
>
> 兵力空虚时故意显示防备虚空的样子，使敌方在疑惑中更加疑惑。在敌众我寡的紧要关头，这是奇法中的奇法。

空城计，意指虚虚实实，兵无常势，是一种心理战，用于己弱而敌强的情况。在军事中，实力空虚的一方采用此计以迷惑敌方，令敌方不敢轻率地进攻，以避免遭受更大的损失。今多用以比喻毫无实力、虚张声势吓人，或主动撤退，转移有价值的财产，仅留不值钱的空壳。商业中，使用该计策危险系数较高，容易被人识破，仅能做缓兵之计，打铁还需自身硬。

在公司经营当中，注册资本作为公司资产的重要组成部分，既是公司从事生产经营活动的经济基础，亦是公司对外承担民事责任的"担保"。如股东大唱"空城计"不当减少注册资本，则可能有损害债权人利益之嫌。应对该计策的重点是探明虚实，一招制敌，如果发现公司不当减资，公司债权人可以及时提起诉讼维权。

裁判摘要

注册资本作为公司资产的重要组成部分，既是公司从事生产经营活动的经济基础，亦是公司对外承担民事责任的"担保"。注册资本的不当减少将直接影响公司对外偿债能力，危及债权人的利益。公司在股东认缴的出资期限届满前，作出减资决议而未依法通知债权人，免除了股东认缴但尚未履行的出资义务，损害了债权人利益。债权人起诉请求股东对公司债务在减资范围内承担补充赔偿责任的，人民法院应予支持。

基本案情[①]

GL公司设立于2009年1月，注册资本2500万元，其中丁某认缴额2000万元，实际出资400万元，持股比例80%；丁某煋认缴额500万元，实际出资100万元，持股比例20%。

2010年2月1日，GL公司与WF公司签订《硅料销售合同》一份，约定WF公司向GL公司供应原生多晶硅10吨，单价39.5万元，合计人民币395万元，GL公司于合同签订后3个工作日内支付100万元，剩余货款应于2010年2月28日前支付。合同订立后，WF公司履行供货义务，但GL公司仅付款124万元。

2012年10月26日，GL公司出具《还款计划》一份，截至2012年10月25日，GL公司共计欠WF公司本息380万元，由GL公司分期偿还；于2012年10月30日前还款10万元，2012年11月至2013年9月每月还款30万元，并于2013年10月底还清。若GL公司正常执行上述还款计划，WF公司免除2012年10月26日以后的利息，如果GL公司未按上述《还款计划》执行，则向WF公司按同期银行贷款利率的两倍支付利息，WF公司有权一次性要求GL公司偿还全部本息。协议订立后，GL公司还款35万元，仍拖欠本金236万元。

法院查明，2010年11月19日，GL公司作出股东减资决定，注册资本由

---

① 案例名称：江苏WF光伏有限公司诉上海GL投资管理有限公司、丁某煋等分期付款买卖合同纠纷案

案　　号：（2015）苏商终字第00140号
法　　院：江苏省高级人民法院
原　　告：江苏WF光伏有限公司（以下简称WF公司）
被　　告：上海GL投资管理有限公司（以下简称GL公司）、丁某煋、丁某
来　　源：《最高人民法院公报》2018年第12期

2500万元减少至500万元，丁某焜、丁某持股比例不变。GL公司作出减资决议后未通知WF公司。

2011年1月20日，GL公司存于工商档案的《有关债务清偿及担保情况说明》载明，该公司在《上海商报》刊登了减资公告，GL公司及丁某焜、丁某承诺，未清偿债务及担保债权，由公司继续负责清偿，并由全体股东在法律规定范围内提供相应担保。后GL公司办理了工商变更登记手续。

现WF公司提起诉讼，要求GL公司支付拖欠的本金236万元，截至2014年4月10日迟延付款利息为153万元。丁某焜、丁某作为抽减出资的股东，应对以上债务承担担保责任。

丁某焜、丁某辩称，WF公司没有明确丁某焜、丁某应承担的担保责任，没有事实和理由要求丁某焜、丁某对公司的债务承担连带担保责任。丁某焜、丁某不应当对GL公司的债务承担担保责任。

审理意见

本案的争议焦点之一为，丁某焜、丁某是否应对GL公司所欠货款承担责任。

法院认为，《公司法》第三条①规定："公司是企业法人，有独立的法人财产，享有法人财产权。公司以其全部财产对公司的债务承担责任。有限责任公司的股东以其认缴的出资额为限对公司承担责任；股份有限公司的股东以其认购的股份为限对公司承担责任。"第一百七十七条②规定："公司需要减少注册资本时，必须编制资产负债表及财产清单。公司应当自作出减少注册资本决议之日起十日内通知债权人，并于三十日内在报纸上公告。债权人自接到通知书之日起三十日内，未接到通知书的自公告之日起四十五日内，有权要求公司清偿债务或者提供相应的担保。"据此，我国《公司法》在明确公司股东的有限责任制的同时，也明确应依法保护公司债权人的合法权益。

本案中，在GL公司与WF公司发生原生多晶硅买卖关系时，GL公司的注册资本为2500万元，后GL公司注册资本减资为500万元，减少的2000万元是丁某

---

① 参照《公司法》（2023年修订）第三条和第四条。
② 参照《公司法》（2023年修订）第二百二十四条。

焜、丁某认缴的出资额，如果GL公司在减资时依法通知其债权人WF公司，则WF公司依法有权要求GL公司清偿债务或提供相应的担保，WF公司作为债权人的上述权利并不因GL公司前期出资已缴付到位、实际系针对出资期限未届期的出资额进行减资而受到限制。但GL公司、丁某焜、丁某在明知GL公司对WF公司负有债务的情形下，在减资时既未依法通知WF公司，亦未向WF公司清偿债务，不仅违反了上述《公司法》第一百七十七条的规定，也违反了上述《公司法》第三条"有限责任公司的股东以其认缴的出资额为限对公司承担责任"的规定，损害了WF公司的合法权利。

而基于GL公司的法人资格仍然存续的事实，原审判决GL公司向WF公司还款，并判决GL公司股东丁某焜、丁某对GL公司债务在其减资范围内承担补充赔偿责任，既符合上述公司法人财产责任制度及减资程序的法律规定，又与《公司法解释（三）》第十三条第二款关于"公司债权人请求未履行或者未全面履行出资义务的股东在未出资本息范围内对公司债务不能清偿的部分承担补充赔偿责任的，人民法院应予支持"的规定一致，合法有据。二审判决：驳回上诉，维持原判。

实务解读

本案例涉及公司减资的问题。公司注册资本既是公司股东承担有限责任的基础，也是公司的交易相对方判断公司的财产责任承担能力的重要依据，公司股东负有诚信出资以保障公司债权人交易安全的责任。

公司减资时，公司股东有义务通知债权人，并根据债权人的要求进行清偿或提供担保。如果公司未按照法律规定履行减资法定程序，可能导致债权人利益受损，需要承担相应的责任。

一、公司减资的法定程序

《公司法》对公司减资的流程进行了较详尽的规定，公司进行减资，需要按照以下程序进行。

1.制订减资方案

公司董事会可根据实际情况，着手拟订具体的减资方案。一般而言，减资方案应当明确以下内容：一是减资的原因；二是减少的注册资本额度，是否系同比例减资;三是减资的对价及作价依据;四是减资后各股东的出资比例;五是减资所涉工商变更登记程序的办理等。

2.编制资产负债表和财产清单

根据资本法定原则,公司减资对公司影响巨大,必须编制资产负债表和财产清单,厘清自身的财产情况,明确减资金额。考虑到这一程序有利于确定合理的减资金额,且便于后续通知债权人,通常在股东会决议正式作出前进行此项工作。

3.作出股东会决议并修改公司章程

在完成上述工作后,可就减资事项召开公司股东会议并形成股东会决议。根据《公司法》有关规定,公司减少注册资本与变更公司章程、公司合并、分立、解散或者变更公司形式等事项均属于必须经股东会决议的事项,且必须经代表三分之二以上表决权的股东通过。涉及减资的股东会决议的内容应当包括以下内容:一是减资后的公司注册资本,股东出资及所持股权比例变化;二是减资后的股东利益、债权人利益安排;三是公司章程相应修改事项等。

4.通知、公告债权人

《公司法》(2023年修订)第二百二十四条规定:"公司减少注册资本,应当编制资产负债表及财产清单。公司应当自股东会作出减少注册资本决议之日起十日内通知债权人,并于三十日内在报纸上或者国家企业信用信息公示系统公告。债权人自接到通知之日起三十日内,未接到通知的自公告之日起四十五日内,有权要求公司清偿债务或者提供相应的担保。公司减少注册资本,应当按照股东出资或者持有股份的比例相应减少出资额或者股份,法律另有规定、有限责任公司全体股东另有约定或者股份有限公司章程另有规定的除外。"

可以看出,《公司法》对公司减资的通知公告义务分为两部分。一是及时通知债权人,二是在报纸上进行公告,并新增了在国家企业信用信息公示系统上的公告方式。由于在办理减资变更工商登记时,需审核减资登报公告,因此公司一般都会按程序履行公告义务。但出于逃避债务、维护商誉等目的,公司可能怠于履行通知债务人的义务。债务人在知情后很可能选择起诉公司以维护自身权益,公司及股东需要承担相应的法律责任。

关联案例 ‖ 上海 DLX 集团有限公司诉江苏 BEST 高科有限公司、上海 BEST 光电股份有限公司等买卖合同纠纷案,《最高人民法院公报》2017 年第 11 期

法院认为,公司减资本质上属于公司内部行为,理应由公司股东根据公司的经营状况通过内部决议自主决定,以促进资本的有效利用,但应根据《公司法》第一百七十七条第二项规定,直接通知和公告通知债权人,以避免因公司减资产生损及债权人债权的结果。根据上海 DLX 集团有限公司(以下简称 DLX 公司)与江苏 BEST 高科有限公司(以下简称江苏 BEST 公司)在合同中约定的交货、验收、付款条款以及实际履行情况看,江苏 BEST 公司与 DLX 公司的债权债务在江苏 BEST 公司减资之前已经形成。DLX 公司在订立的合同中已经留下联系地址及电话信息,且就现有证据不存在江苏 BEST 公司无法联系 DLX 公司的情形,故应推定 DLX 公司系江苏 BEST 公司能够有效联系的已知债权人。虽然江苏 BEST 公司在《江苏经济报》上发布了减资公告,但并未就减资事项直接通知 DLX 公司,故该通知方式不符合减资的法定程序,也使得 DLX 公司丧失了在江苏 BEST 公司减资前要求其清偿债务或提供担保的权利。

5. 变更工商登记

《公司法》(2023 年修订)第二百二十四条规定,公司减少注册资本,应当依法向公司登记机关办理变更登记。公司减少注册资本的,应当自股东会作出减少注册资本决议之日起十日内通知债权人,并于三十日内在报纸上或国家企业信用信息公示系统公告。

二、实质性减资与形式性减资

公司减资根据净资产是否回流,可分为实质性减资和形式性减资。实质性减资,是在注册资本已实缴的情况下,减少注册资本额,公司将一定的资产支付给减资股东。实质性减资多出现于资本过剩的情况下,减少公司资本目的在于减少资本的闲置和浪费。形式性减资,是公司注册资本尚未实缴,多出现于

公司因经营不善而造成严重亏损的情况下，公司的注册资本数额与实有资产严重不符，为了使公司资本与资产相当需要减资。①

我国《公司法》并未区分实质性与形式性减资，这一概念的区分常出现在司法审判实践当中。部分法院认为，瑕疵减资所引发的股东责任应是一种侵权责任，侵权责任的构成要件之一为损害结果的发生。但在形式性减资中，公司清偿能力未受损，并未损及债权人的利益。

关联案例 ‖ 江苏HJ控股集团有限公司、江苏SS国际投资集团有限公司等诉南某银行股份有限公司苏州分公司、吴江市SZ金涛染织有限公司等金融借款合同纠纷案，江苏省苏州市中级人民法院（2018）苏05民终7383号

法院认为，各股东承担责任的范围应以实际收取的减资额为限，南某银行主张以工商登记的减资金额作为确定各股东承担责任的范围，不予支持。

首先，有限责任公司的注册资本为在公司登记机关登记的全体股东认缴的出资额，在公司经营过程中，注册资本仅对公司承担责任的能力具有一般参考价值，公司对外承担责任的基础是公司的责任财产。公司注册资本减少并不必然导致公司清偿债务能力的下降。

其次，公司减资形态多样，既包括股东收回出资的实质减资，也包括仅变更对外公示的注册资本而不减少公司财产的形式减资。形式减资仅变更对外公示的注册资本，不导致公司财产减少，与债权人不能获得债权的后果之间没有因果关系，股东不应承担侵权赔偿责任。

最后，公司减资本属于公司自治范畴，《公司法》第一百七十七条赋予公司债权人相应权利的原因在于公司减资可能导致公司财产的减少，影响公司偿债能力，进而损害债权人利益。形式减资不导致公司清偿债务的财产减少，若此时要求股东按照工商登记的减资金额承担责任，与该条规定目的不符，也将导致债权人获得额外利益。

---

① 金晓文著：《中国公司法原理与适用》，中国法制出版社2017年版，第82页。

三、不当减资的法律责任

1.比照抽逃出资，减资股东承担补充赔偿责任

法律虽然明确规定了公司减资的法定程序，但在现实中，公司可能并不严格履行法定程序，即构成不当减资。对于不当减资的法律责任，《公司法》及司法解释并未作出明确规定。由于该情形与股东违法抽逃出资的实质以及对债权人利益受损的影响在本质上并无不同，尽管我国法律未具体规定公司不履行减资法定程序导致债权人利益受损时股东的责任，但可比照《公司法》相关原则和规定来加以认定。

> **关联案例 ‖ 山西MT运销集团曲阳MT物流有限公司诉ZC国际控股集团有限公司公司减资纠纷案，最高人民法院（2017）最高法民终422号**
>
> 法院认为，《公司法》规定，有限责任公司的股东应按其认缴的出资额履行足额出资义务，股东认缴的出资未经法定程序不得抽回、减少。本案中，ZC国际控股集团有限公司（以下简称ZC国际控股公司）在未向山西MT运销集团曲阳MT物流有限公司（以下简称曲阳MT物流公司）履行通知义务的情况下，其股东ZC国际控股公司经公司股东会决议减资退股，违反了公司资本不变和资本维持的原则，与股东未履行出资义务及抽逃出资对于债权人利益的侵害在本质上并无不同，一审法院依照《公司法解释（三）》第十三条第二款"公司债权人请求未履行或者未全面履行出资义务的股东在未出资本息范围内对公司债务不能清偿的部分承担补充赔偿责任的，人民法院应予支持"的规定，判决ZC国际控股公司应在减资范围内对上海HG公司欠付曲阳MT物流公司的债务承担补充赔偿责任，具有相应的事实和法律依据，并无不当。

2.未减资股东需对减资股东的补充赔偿责任承担连带责任

全体股东负有对公司注册资本维持的义务，公司股东之间对公司资本的出资与维持承担连带责任。因此，在发生减资时，减资股东需要向债权人承担补充赔偿责任，其他未减资的股东也要就此承担连带赔偿责任。对于股东内部责

任的分配，其他股东在承担责任后可向过错股东追偿。

实务建议

注册资本维持原则是公司法重要原则。但在实务中，因注册资本设定不合理、股东不履行实缴义务、弥补股东抽逃出资、进行股权融资等原因，公司可能需要唱"空城计"进行减资，这属于公司商业自治的合理范畴。为平衡公司商业自治行为与债权人基于对公司注册资本的信赖保护，在公司减资过程中，各方需要注意以下事项。

一、对于公司而言

首先，要准确评估公司资产。公司及股东应当对公司现有资产和债务进行评估和判断，编制资产负债表和财产清单，确定合理的减资金额。

其次，减资多发生在公司债务规模较大的情形下，如明知公司现有资产状况难以应对所有债权人的即时清偿或担保要求，建议在减资前针对不同主体制定完善的应对方案或提前与债权人沟通，避免公司陷入短时间、大规模清偿债务的被动局面。

最后，要注意履行通知及公告义务。在法律明文规定的情况下，唱"空城计"蒙混过关的可能性极小，反而会导致承担民事责任和行政处罚的不良后果。

二、对于债权人而言

1.时刻关注——探虚实

债权人应当时刻关注债务人公司的经营情况。由于进行减资登报公告是办理减资变更工商登记的必要条件，公司必定会按程序履行公告义务。即使公司逃避履行通知债务人的义务，债权人也可自公告之日起四十五日内，要求公司清偿债务或者提供相应的担保。

2.全面分析——辨虚实

可以从多个方面辨别公司的经济实力、经营状况等信息，比如注册资本是否实缴以及实缴金额，公司所在行业发展情况，公司是否涉诉，是否成为失信被执行人，以及公司的办公地址、人员规模等情况。与公司交易前以及履行合同过程中，可以从以上各个方面关注公司的经营状况，辨别公司实力的虚实，避免竹篮打水一场空。

法律适用

《中华人民共和国公司法》（2023年修订）

第二百二十四条 公司减少注册资本，应当编制资产负债表及财产清单。

公司应当自股东会作出减少注册资本决议之日起十日内通知债权人，并于三十日内在报纸上或者国家企业信用信息公示系统公告。债权人自接到通知之日起三十日内，未接到通知的自公告之日起四十五日内，有权要求公司清偿债务或者提供相应的担保。

公司减少注册资本，应当按照股东出资或者持有股份的比例相应减少出资额或者股份，法律另有规定、有限责任公司全体股东另有约定或者股份有限公司章程另有规定的除外。

第二章　股东资格与股权代持

警惕声东击西：认定股东资格参考因素

知识要点：股东资格的认定

─── **计策释义** ───

> 声东击西：敌志乱萃，不虞，坤下兑上之象，利其不自主而取之。
>
> 佯攻一地而实攻另一地，使敌人意志混乱难以预料，这是《易经》中所言洪水横流的卦象，趁敌人不能自主之际夺取胜利。

　　声东击西，是通过灵活机动的作战方针，忽东忽西，佯攻实攻相结合，制造假象，引诱敌人作出错误判断，然后乘机歼敌的策略。施此计谋时必须考虑对手的情况：敌方指挥确可扰乱，用此计必胜；如果对方指挥官头脑冷静，识破计谋，此计就无法发挥效力了。声东击西，历来为兵家所重视，但如果此计运用失策，将搬起石头砸自己的脚。商业中亦是如此，面对对手"声东击西"的不断牵制，只有镇定自若、处之泰然，方能拨云见日、析微察异。

　　在公司相关争议中，经常出现各方当事人争夺股东资格的情形，"谁是股东"这一"名分"问题成为争议焦点。各方当事人均主张自己对投资款享有权利，拥有股东资格，进而对股东权利提起诉讼。诉讼中，难免证据纷繁不清，认定股东资格颇有难度，别有用心者或顾左右而言他，无形之中施以"声东击西"之策，企图制造错觉。鉴于认定股东资格相关证据种类繁多，应当根据法律关系发生在公司内部还是外部而区别认定，才不会被乱象所迷惑。

裁判摘要

　　是否具有成为股东的意思是判断当事人是不是公司股东的重要标准。公司设立时，当事人受他人委托向公司支付出资款，因当事人自己并没有成为股东的意思，故其不是公司股东，其仅与委托人之间构成一般的债务关系，该委托人才是公司股东。其他当事人虽对出资款项本身主张权利，但只要不能证明其在公司设立时具有成为股东的意思且以该款项作为出资款，也不能认定其为公司股东。

基本案情^①

　　YH集团联合DF农化等七家公司为发起人，以募集方式设立青海YH钾肥股份有限公司（以下简称钾肥公司）。DF农化应投入注册资金274万元，所占股份200万股。DF农化因流动资金不足，请黄某（注：黄某为湖某省农业厅计财处工作人员，同时负责农业项目办工作，后因犯挪用公款罪被判处有期徒刑五年。）介绍他人联合投资。

　　1997年4月10日，经黄某介绍，襄某县农业开发经济技术协作公司（以下简称襄某县NF）（注：后改制为NF公司）法定代表人余某与DF农化法定代表人徐某海就联合投资一事进行协商，并制作了《联合投资协议》一式两份。《联合投资协议》约定，双方联合投资入股钾肥公司200万股，襄某县NF以DF农化名义入股，各自拥有100万股，DF农化在协议生效之日起一年内以资金或货款抵资方式归还襄某县NF的垫资款。两份《联合投资协议》均加盖DF农化公章，但襄某县NF未在协议上签字盖章，而是由余某将两份协议带回。

　　4月11日，DF农化向YH集团汇款37万元作为股权出资款。其余股权出资款237万元则委托黄某向湖某省机械设备进出口公司（以下简称机设公司）借款。4月14日，机设公司以"湖某省农业厅农业项目办"和DF农化为对象出具一份委

　　① 案例名称：襄樊市襄某县农业开发经济技术协作公司诉湖北DF农化中心股权纠纷案
　　案　　号：（2010）民二终字第113号
　　法　　院：最高人民法院
　　原　　告：襄樊市襄某县农业开发经济技术协作公司（以下简称NF公司）
　　被　　告：湖北DF农化中心（以下简称DF农化）
　　第 三 人：湖北省LYSJ银行贷款项目办公室（以下简称LYSJ办公室）
　　来　　源：《最高人民法院商事审判指导案例（7）·公司与金融卷》，中国法制出版社2013年版

托书，载明"受贵单位委托，我公司同意将237万元汇往YH集团"。同日，湖某省农业厅农业项目办（注：为LYSJ办公室内设部门）与机设公司签订《湖某省农业厅周转金借款合同书》，约定农业项目办向机设公司借款350万元，借款用途是"青钾进货"，借款期限一个月。黄某在合同书上加盖农业项目办公章并签名。

1997年4月15日，机设公司以二张汇票向YH集团汇款共计307万元，票汇委托书载明汇款用途为"货款"。5月2日，DF农化向YH集团出具《关于对"银行汇票"之"备注栏"中填写错误的说明》，说明37万元和237万元银行汇票备注栏错写为"货款"，该274万元为投入钾肥公司的股本金。

2009年10月12日，NF公司起诉，请求判令DF农化持有的钾肥公司股份中的2480439股为NF公司所有，并分割给NF公司，并支付分红收益。

在审理过程中，LYSJ办公室向法院申请作为有独立请求权第三人参加诉讼，主张DF农化向钾肥公司出资的款项来源于农业项目办，DF农化系挪用公款（即LYSJ银行贷款）购买股份，故应认定LYSJ办公室出资购买了200万股钾肥公司股份，该股份及形成的收益应归世行办所有。

审理意见

本案的争议焦点分为两部分：一是《联合投资协议》是否成立并实际履行，DF农化是否应按《联合投资协议》将其作为发起人认购的钾肥公司的200万股股份及其收益的50%分割给NF公司；二是LYSJ办公室是否是DF农化持有钾肥公司股份的实际出资人，其提出因其为实际出资人而应为股份的所有人和受益人的主张是否有法律依据。

1.是否应按《联合投资协议》将钾肥公司的200万股股份及其收益的50%分割给NF公司

襄某县NF法定代表人余某拿走只有DF农化签字盖章的两份《联合投资协议》原件后未在合理期限内作出承诺，未将襄某县NF签字盖章的《联合投资协议》送达DF农化，《联合投资协议》未成立，双方均未实际履行《联合投资协议》。

现有证据证明DF农化委托机设公司直接向YH集团汇款，以从机设公司取得的237万元和自有资金37万元作为股权出资款，DF农化以自有资金和借款支付了对钾肥公司的出资，DF农化为其持有钾肥公司股份的唯一出资人，NF公司与DF农化之间不存在隐名出资关系，故NF公司主张分割股权及收益的诉讼请求无事实与法律依据。

2. LYSJ办公室是否是DF农化持有钾肥公司股份的实际出资人，其提出因其为实际出资人而应为股份的所有人和受益人的主张是否有法律依据

法院认为，黄某以农业项目办名义与机设公司订立的《湖某省农业厅周转金借款合同书》虽约定农业项目办向机设公司借款350万元，但因没有证据表明该合同成立时农业项目办具有向钾肥公司出资并成为股东的意思，所以无论机设公司以汇票形式缴付的237万元出资款是否来源于农业项目办或者由农业项目办向机设公司偿还，农业项目办均不能就该237万元出资款形成的股份主张权利。

实务解读

本案例的焦点是股东资格确认问题。

一、认定股东资格的形式要件与实质要件

在司法实践中，法院认定有限责任公司股东资格会注重两个层面的要件：一是形式要件；二是实质要件。

形式要件，即能够通过外在形式表现股东身份的证据。《公司法》（2023年修订）第三十四条规定："公司登记事项发生变更的，应当依法办理变更登记。公司登记事项未经登记或者未经变更登记，不得对抗善意相对人。"工商登记是确认股东身份的有效证据，且因其属于对外公示的材料，具有对抗第三人的效力。除此之外，有限责任公司的公司章程、股东名册上均应当载明股东的姓名或者名称。通常情况下，股东名字被记载于公司章程、股东名册之上就可以认为该股东在形式层面具备了股东资格。

实质要件种类更为多样。《公司法解释（三）》规定，当事人之间对股权归属发生争议，一方请求人民法院确认其享有股权的，应当证明已经依法向公司出资或者认缴出资，或已经受让或者以其他形式继受公司股权。是否出资或继受取得股权，是获取股东资格的实质要件。由此可知，如需要证明通过对公司出资获得股东身份的，应取得出资证明或实际出资的情况证明；基于股权转让或其他形式继受取得股东身份的，应有股权转让协议、股权转让款支付凭证、

继承、赠与等股权流转证明。此外，还包括股东实际行使股权的证据，如参与股东会决议、参与公司经营等。

二、认定股东资格的不同理论与实践

从有限责任公司股东资格取得的方式和相关的法律规定来看，在司法实务中如何认定股东资格，存在不同意见。

1. 形式主义

形式主义又称外观主义、公示主义。以形式主义认定股东资格，其核心要件是以公司对外公示的材料作为确认股东资格的基本标准，即以工商登记记载的公司股东姓名或名称为准。[①]

2. 实质主义

实质主义又称真意主义，是指对表现于外的民事法律行为效力的判断依赖于当事人内心真实意思。[②]在认定股东资格时，不能仅凭借外在表示行为作为判断股东资格的基础，而是应当以股东的真实意思为准。也就是说，事实上向公司作出出资行为，并有加入公司、行使股东权利、履行股东义务的意思表示人才应当认定为公司股东。

关联案例 ‖ 吴某安诉休宁县 XSJ 房地产有限公司股权确认纠纷案，最高人民法院（2013）民申字第517号

法院认为，休宁县 XSJ 房地产有限公司（以下简称 XSJ 公司）没有设立单独的股东名册，也没有为每个股东出具单独的出资证明书。XSJ 公司制作的《明细表》载明，吴某安投入款14万元。金某生主张公司股东身份必须以登记为准，《明细表》不能产生确认公司股东身份的效力。但《公司法》第三十三条所规定的未经登记不得对抗善意第三人，是就外部效力而言。本案中，虽股东登记未发生变更，但《明细表》和收据已经证明吴某安实际出资。现有证据表明，XSJ 公司在经营过程中董事

---

① 程黎明：《有限责任公司股东资格确认的困惑及路径选择》，载《审判研究》第1辑，法律出版社2009年版，第206页。

② 同前注。

会和股东会运行并不十分规范。吴某安出资虽然未与陈某民、金某生就入股达成书面协议，但结合吴某安出资以后参加了XSJ公司的经营、决策和管理，在相关文件上签字，且金某生从未提出过异议，表明吴某安已实际享有股东权利、履行股东义务。一、二审判决确认吴某安的股东资格，亦无不当。

3. 折中主义

在形式主义和实质主义发生冲突，且都难以很好地解决现实问题的情况下，折中主义产生了。折中主义又称区分主义，其主张在认定股东资格时，应当根据法律关系发生在公司内部还是外部而区别对待。在对内认定股东资格，即在审查股东与公司的股东资格确认纠纷时，法院在裁判时可能会仅根据实质证据进行认定，探求公司实际股东，并以实际股东为公司股东，名义股东不具有公司股东资格，不享有股东的权利和义务。而在对外认定股东资格，即在审查第三人提起的股东资格确认纠纷时，法院一般会根据形式证据，尤其是工商登记情况作出裁判。名义股东对外承担股东义务后，可依公司内部实际法律关系，向应当承担义务的主体行使追偿权。

关联案例 ‖ 新乡市HT投资有限公司、韩某案外人执行异议之诉，（2018）最高法民再325号

法院认为，关于《公司法》第三十二条第三款规定的理解与适用问题，该条款规定："公司应当将股东的姓名或者名称向公司登记机关登记；登记事项发生变更的，应当办理变更登记。未经登记或者变更登记的，不得对抗第三人。"工商登记是对股权情况的公示，与公司交易的善意第三人及登记股东之债权人有权信赖工商机关登记的股权情况并据此作出判断。本案中，虽然新乡市HT投资有限公司、河南SL公司、辉县某银行就案涉新乡市HT投资有限公司所有的1000万元股权挂靠登记在河南SL公司名下达成的合意，不违反法律和行政法规禁止性规定，应为有效协议。但该协议仅具有内部效力，对于外部第三人而言，股权登记具有公信力，隐名股东对外不具有公示股东的法律地位，不得以内部股权代持协议有效为由对抗外部债权人对显名股东的正当权利。

实务建议

《韩非子·定法》讲："循名而责实"，意为依据其名义责问其实际，以求名实得以相符。股东资格确认是享有股东权利的前提，在股东争议中尤为重要。股东要谨防相对方"声东击西"，混淆股东资格认定。具体而言，应关注以下方面。

一、若主张通过出资方式取得股东资格

1.是否认缴、实缴出资

可以审查股东出资协议、公司章程、出资证明书等文件，明确股东是否认缴、实缴出资。出资人出资资金的来源并不影响其为公司设立人或股东资格的认定。

2.出资时是否存在出资或增资合意

具体而言，可以审查出资协议中是否载明具有出资并成为股东的意思，以及公司章程、股东名册等文件中是否记载了股东信息等。如出资方主张存在间接持股，则需要就间接持股关系进行举证，如股权代持协议等。

3.当事人是否行使了股东权利

主要包括：（1）是否参加股东会；（2）是否行使表决权；（3）是否获得公司股息分红。此外，对于是否担任公司高管、是否参与公司经营等，由于股东身份并非实施上述管理行为的必要条件，因此并不能直接证明当事人行使了股东权利。

二、若主张通过继受取得方式获得股东资格

1.股权继受取得的基础协议是否有效

重点审核股权转让协议的效力问题、遗嘱继承的效力问题等。

2.是否完成有效的股权变更

以股权转让方式获得股权，股权变更一般以股权转让协议约定为准。若未作明确约定，则多以协议的实际履行作为股权受让的标准。但如果未完成工商变更登记，则不具有对外公示的效力，不得对抗第三人。

法律适用

《中华人民共和国公司法》（2023年修订）

第三十三条 依法设立的公司，由公司登记机关发给公司营业执照。公司营业执照签发日期为公司成立日期。

公司营业执照应当载明公司的名称、住所、注册资本、经营范围、法定代表人姓名等事项。

公司登记机关可以发给电子营业执照。电子营业执照与纸质营业执照具有同等法律效力。

第三十四条 公司登记事项发生变更的，应当依法办理变更登记。

公司登记事项未经登记或者未经变更登记，不得对抗善意相对人。

《最高人民法院关于适用〈中华人民共和国公司法〉若干问题的规定（三）》（2020年修正）

第二十二条 当事人之间对股权归属发生争议，一方请求人民法院确认其享有股权的，应当证明以下事实之一：

（一）已经依法向公司出资或者认缴出资，且不违反法律法规强制性规定；

（二）已经受让或者以其他形式继受公司股权，且不违反法律法规强制性规定。

谋划围魏救赵：股东资格如何发生继承

知识要点：股东资格的继承

┌─── **计策释义** ───────────────────────┐

围魏救赵：共敌不如分敌，敌阳不如敌阴。

集中攻打强大之敌，不如诱使它分散兵力而后各个歼灭；打击士气高涨的敌人，不如打击气势低微的敌人。

└────────────────────────────────────┘

围魏救赵的中心就是"攻其所必救"，攻击敌人未防备的虚弱之处来间接牵制敌人，以达到最终的目的。其中，以"围魏"这个前提来达到"救赵"这个结果，用分导疏流之法使敌我双方地位发生转变，避实而击虚，因敌而制胜。

改革开放后的第一代创业者现在很多已经六七十岁，甚至部分企业家英年早逝，那么自然人股东去世，继承股权的情况就越来越常见。公司章程未对股权继承作出规定，当继承事实发生后，其他股东可能会不同意继承人成为股东，进而引发诉争。

裁判摘要

在公司章程无特殊规定的情况下，自然人股东死亡后，其合法继承人可以继承股东资格。

自然人股东的合法继承人是与公司决议有直接利害关系的民事主体，有权提起公司决议不成立之诉。

基本案情[①]

2014年1月14日，时代广场公司成立，设立时股东为李某斌、李某杰、李某东，持股比例依次为60%、20%、20%，李某斌任法定代表人、执行董事和经理。该公司章程载明：股东会会议由股东按照出资比例行使表决权。股东会会议分为定期会议和临时会议。召开股东会会议，应当于会议召开15日以前通知全体股东。

2017年2月3日，时代广场公司办理了工商变更登记，将执行董事及法定代表人由李某斌变更为李某杰，股东由李某斌、李某杰、李某东变更为李某杰（持股比例80%）、李某东（持股比例20%），并将新的章程提交备案。时代广场公司工商登记备案材料中包含出资转让协议书及落款时间为2017年2月3日的两份股东会决议。

该两份股东会决议记载：同意股东李某斌将其出资的1200万元转让给李某杰。同意免去李某斌执行董事职务。同意修改公司章程。落款处有李某杰、李某东签字，并盖有李某斌手签章。

依原告申请，法院委托鉴定机构对2017年2月3日和4日李某斌是否具有民事行为能力进行鉴定。鉴定意见认定被鉴定人李某斌2017年2月3日、4日患有器质性精神障碍，受所患疾病的影响，认识及意思表达能力不完整，应评定为限制民事行为能力人。

徐某认为时代广场公司上述股东会决议是在未经过法律规定的召集和表决程序、虚构李某斌到场和签名的事实的情况下形成的，严重违反了《公司法》的规定，故诉至法院，请求确认时代广场公司于2017年2月3日形成的两份股东会决议不成立，并判令时代广场公司向公司登记机关申请撤销依据

---

① 案例名称：李某东与徐某等诉北京GYDF时代购物广场有限公司决议纠纷案
案   号：（2019）京01民终2322号
法   院：北京市第一中级人民法院
原   告：徐某（兼被上诉人李某1、李某2的法定代理人）、李某1（学龄前儿童）、李某2（学生）
被   告：北京GYDF时代购物广场有限公司（以下简称时代广场公司）
原审第三人：李某东、李某杰

上述股东会决议作出的将李某斌股权转让给李某杰、将法定代表人和执行董事变更为李某杰的变更登记。时代广场公司、李某杰、李某东辩称徐某、李某1、李某2不是时代广场公司的股东、董事、监事，且与涉案股东会会议及相关决议没有法律上的直接利害关系，不是适格原告，无权请求确认公司决议不成立。涉诉股东会会议已经召开，且召集程序、表决方式不违反法律、行政法规或公司章程的规定，相关决议内容系全体股东真实意思表示的体现。

　　涉案人物关系见图2-1，涉案大事件时间轴见图2-2。

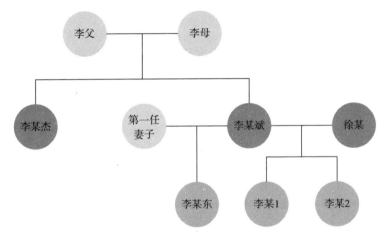

图2-1　涉案人物关系

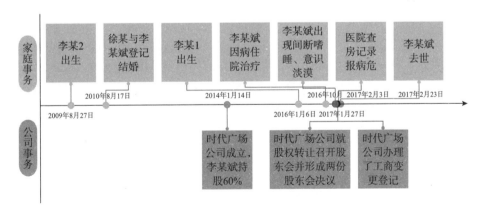

图2-2　涉案大事件时间轴

审理意见

本案中，双方争议焦点为以下两点。

其一，徐某、李某1、李某2是否具有起诉本案的主体资格；其二，2017年2月3日的两份时代广场公司股东会决议是否成立，包括股东会是否实际召开、决议是否为李某斌的真实意思表示。

1.关于第一个争议焦点

首先，决议不成立之诉在性质上属于确认诉讼，立法上并无限制起诉权人的规定。因此，在理论上，不论何人，只要存在诉讼利益，都可以提起确认不成立之诉。

其次，我国法律之中并未明确界定股东会决议效力所涉主体的范围，与决议有直接利害关系的任何人都有权利提起该类诉讼。

最后，关于直接利害关系的判断，本案争议决议内容涉及李某斌所持全部股权的转让，涉及对可能成为李某斌遗产的财产处分，涉及其法定继承人的财产权益。故李某斌的法定继承人属于与该决议有直接利害关系的人。

综上，徐某、李某1、李某2具有起诉本案的主体资格。

2.关于第二个争议焦点

股东会决议成立的要件应当包括程序要件及意思合意要件，即股东会决议成立的前提是必须依照《公司法》及公司章程规定的程序召集、召开会议，并且出席人数及表决结果达到一定的比例，如果根本未开会、未表决，应当归属于决议不成立的情形。

判断本案中股东会决议是否成立需要考虑以下三个问题。

第一，时代广场公司及李某杰、李某东陈述的股东会召集程序不符合时代广场公司章程的规定。其就上述会议的召集、召开未提交证据，无法证明实际召开过该股东会。

第二，2017年2月3日三人股东会决议是否符合不召开股东会而直接作出有效决定的情形。现无证据证明该决议上李某斌手签章为其本人所加盖，时代广场公司提交的录像中李某斌无书写能力，无法与人正常交谈，也无李某斌自己盖章的内容，不符合全体股东以书面形式一致同意作出决议的要求。

第三，案涉股东会决议是否具备意思合意要件。《精神疾病司法鉴定意见书》

认定，李某斌为限制民事行为能力人，其行为应当经法定代理人徐某同意或追认后生效，徐某拒绝追认，李某斌的上述行为归于无效。因此，2017年2月3日三人股东会会议表决结果未达到《公司法》及时代广场公司章程规定的通过比例，意思合意未形成，决议不成立。

综上，法院判决认定时代广场公司2017年2月3日股东会未实际召开，所涉决议并非全体股东一致同意形成、表决结果未达到《公司法》或者公司章程规定的通过比例，应属不成立。

实务解读

一、在公司章程无特殊规定的情况下，自然人股东死亡后，其合法继承人可以继承股东资格

《公司法》（2023年修订）第九十条规定："自然人股东死亡后，其合法继承人可以继承股东资格；但是，公司章程另有规定的除外。"主流观点认为，自然人股东死亡后，只要公司章程没有特殊规定，合法继承人就当然可以继承股东资格，其他股东不能以主张优先购买权、未办理股东名册或者工商登记对股东资格否认。

> **关联案例 ||** 营口LCQH气体有限责任公司、北方CTGJ（营口）有限责任公司公司解散纠纷再审审查与审判监督案，最高人民法院（2020）最高法民申2287号
>
> 最高院认为，本案中，王某全作为营口LCQH气体有限责任公司（以下简称LCQH公司）持股90%的股东，在其死亡前，已经同配偶孙某凤以公证赠与方式转让公司股权；在王某全死亡后，其继承人孙某凤，以及受赠人王某刚、王某昌亦可以通过继承或受赠取得公司股权以及公司股东资格，并及时召开股东会议，行使股东权利，组织公司正常运营，对此，LCQH公司的公司章程亦未有禁止规定。LCQH公司在公司股东身份、持股比例确定后，可以具备召开股东会的条件，继而对公司经营管理作出决策。

二、排除股东继承后，标的股权如何处理属于公司治理事项，即使公司内部章程并未规定如何处理，也不影响继承人不得继承股东资格的认定

关联案例 ‖ 启东市JD房地产开发有限公司、周某股东资格确认纠纷案，最高人民法院（2018）最高法民终88号

最高院认为，排除股东资格继承后，标的股权如何处理属于公司治理事项，不影响本案股东资格的判断。启东市JD房地产开发有限公司作为有限责任公司，具有独立的法人人格和治理结构，案涉股权排除继承后，究竟是由公司回购还是由其他股东受让，均可通过公司自治实现。这两种方式均有利于打破公司僵局，维持公司的人合性和封闭性，体现公司意志，保护股东权益。此外，周某虽无权继承股东资格，但其财产权利可以得到保障。

三、股权含有财产权的属性，涉及法定继承人的财产权益，法定继承人属于与该决议有直接利害关系的人，有权请求确认公司决议不成立

关于直接利害关系的判断，具体到上文分析案例，一方面，上述决议记载的时间系李某斌病重住院期间，地点为公司办公室，其上并无李某斌的亲笔签名，其法定继承人有理由对该决议是否为李某斌作出产生合理的怀疑。另一方面，争议决议内容涉及李某斌所持全部股权的转让，通过转让全部股权，李某斌丧失了时代广场公司股东资格。因股权含有财产权的属性，对李某斌股权的处分，涉及对可能成为李某斌遗产的财产的处分，涉及法定继承人的财产权益。故李某斌的法定继承人属于与该决议有直接利害关系的人。

实务建议

对"围魏救赵"的应用，重在对强大的对手施以"避其锋芒"的策略，避免与其就核心利益发生胜算不大的正面冲突，可以"绕道"从侧面出击，乘虚

而入，攻其弱点，一击致命。面临该计策时需要审时度势，分清轻重缓急，抓住重点，不给对方发现"阿喀琉斯之踵"的机会。

公司章程对于股东继承问题分为有限制和没有限制两种情况。

在没有限制的情况下，最好约定清楚，继承发生后，公司其他股东应当将继承人股东资格记载于股东名册，且配合继承人办理股东工商变更登记。

在有限制的情况下，则应当作出明确规定限制条件，比如在公司章程中规定排除继承或附条件继承或由股东会决议按特定比例表决通过等。

另外，各位股东需要注意的是：即使公司章程限制或排除股东资格继承权，但是基于《民法典》，继承人仍然应当享有获得与股权价值相对应财产的权利。

法律适用

《中华人民共和国民法典》

第二十二条　不能完全辨认自己行为的成年人为限制民事行为能力人，实施民事法律行为由其法定代理人代理或者经其法定代理人同意、追认；但是，可以独立实施纯获利益的民事法律行为或者与其智力、精神健康状况相适应的民事法律行为。

《中华人民共和国公司法》（2023年修订）

第五十九条　股东会行使下列职权：

（一）选举和更换董事、监事，决定有关董事、监事的报酬事项；

（二）审议批准董事会的报告；

（三）审议批准监事会的报告；

（四）审议批准公司的利润分配方案和弥补亏损方案；

（五）对公司增加或者减少注册资本作出决议；

（六）对发行公司债券作出决议；

（七）对公司合并、分立、解散、清算或者变更公司形式作出决议；

（八）修改公司章程；

（九）公司章程规定的其他职权。

股东会可以授权董事会对发行公司债券作出决议。

对本条第一款所列事项股东以书面形式一致表示同意的，可以不召开股东会会议，直接作出决定，并由全体股东在决定文件上签名或者盖章。

第六十六条 股东会的议事方式和表决程序，除本法有规定的外，由公司章程规定。

股东会作出决议，应当经代表过半数表决权的股东通过。

股东会作出修改公司章程、增加或者减少注册资本的决议，以及公司合并、分立、解散或者变更公司形式的决议，应当经代表三分之二以上表决权的股东通过。

第九十条 自然人股东死亡后，其合法继承人可以继承股东资格；但是，公司章程另有规定的除外。

《最高人民法院关于适用〈中华人民共和国公司法〉若干问题的规定（四）》（2020年修正）

第一条 公司股东、董事、监事等请求确认股东会或者股东大会、董事会决议无效或者不成立的，人民法院应当依法予以受理。

第五条 股东会或者股东大会、董事会决议存在下列情形之一，当事人主张决议不成立的，人民法院应当予以支持：

（一）公司未召开会议的，但依据公司法第三十七条第二款或者公司章程规定可以不召开股东会或者股东大会而直接作出决定，并由全体股东在决定文件上签名、盖章的除外；

（二）会议未对决议事项进行表决的；

（三）出席会议的人数或者股东所持表决权不符合公司法或者公司章程规定的；

（四）会议的表决结果未达到公司法或者公司章程规定的通过比例的；

（五）导致决议不成立的其他情形。

避免上屋抽梯：名股实债的认定和效力

知识要点：名股实债的认定和效力

计策释义

上屋抽梯：假之以便，唆之使前，断其援应，陷之死地。遇毒，位不当也。

故意给对方一些便利，以诱导敌人深入我方，乘机切断他的后援，最终陷他于死地。这是从《噬嗑卦》"遇毒，位不当也"中悟出的道理。

此计用在军事上，是指诱敌深入，然后截断敌人援兵，以便将敌围歼的谋略。因为敌人一般不是那么容易上当的，所以应该先安放好"梯子"，也就是故意给方便。等敌人"上屋"之后即可拆掉"梯子"，围歼敌人。面对此计，只有不为"小利"所动，善于观察分析，才有希望破除。

在商业案例中，如投资方约定了极低的固定收益率，向相关企业投资，提供巨额资金支持。融资方享受了股权融资具有的成本低、周期长的益处，却施以"上屋抽梯"之计，不愿承担因回购条款产生的损失风险，称其属于"名股实债"，希望认定投资属于债权，由此产生了争议。

裁判摘要

通过增资入股、逐年退出及回购机制对目标公司进行投资，符合商业惯例和普遍交易模式，不属于为规避监管所采取的"名股实债"借贷情形。即便具备保本返息承诺、无条件回购这两个核心要件，也不能必然构成"名股实债"的充分条件。

基本案情①

2015年9月，NF公司（甲方）、TL公司（乙方）、HC数控机床股份公司（以下简称HC公司）（丙方）、汉某区政府（丁方）共同签订《投资协议》，约定NF公司以现金1.87亿元对HC公司进行增资，持股比例为31.86%，投资年收益率为1.2%。对于股权回购约定：甲方持有HC公司股权期间，HC公司如发生关闭、解散、清算或破产等情形，甲方有权立即选择乙方或者丁方收购其持有的HC公司全部或部分股权。如选择乙方承担收购义务，丁方应当就乙方的收购价款的支付承担差额补足义务。对于投资年收益约定：投资完成日后如甲方每期实际自HC公司所获得现金投资收益低于本协议约定的投资收益，则丁方应最晚在当季度月末最后一个工作日前补足甲方，以确保甲方实现其预计的年投资收益率目标，甲方有权要求乙方承担补足义务；如甲方选择乙方承担补足义务的，乙方无法补足的部分，由丁方继续补足。协议还约定了违约责任等其他事项。

9月14日，NF公司依照《投资协议》的约定，将1.87亿元增资款缴付至HC公司。HC公司公司章程记载NF公司为该公司股东，出资额为1.87亿元，持股比例为31.86%。

2017年10月26日，NF公司收到HC公司发出的《告全体股东书》和所附的汉某市中级人民法院于2017年10月25日作出的（2017）陕07民破2号民事裁定，该裁定受理了案外人WX财务有限公司对HC公司的破产重整申请。

12月，NF公司向TL公司、汉某区政府发函，要求其一次性回购NF公司所持HC公司全部股权，但TL公司及汉某区政府未履行回购义务。

TL公司举证证明，HC公司向NF公司分别于2017年12月20日支付收益款470226.99元，于2018年3月19日支付465059.66元，于2018年8月18日支付475394.32元。

---

① 案例名称：中国NF重点建设基金有限公司诉TL资本管理有限公司股权转让纠纷案
案　　号：（2019）最高法民终355号
法　　院：最高人民法院
原　　告：中国NF重点建设基金有限公司（以下简称NF公司）
被　　告：TL资本管理有限公司（以下简称TL公司）

NF公司起诉要求TL公司依照约定一次性回购其所持有的HC公司全部股权，支付回购款1.87亿元及投资收益、违约金等。

TL公司认为，《投资协议》属于"名股实债"，其实质为借款协议，并非公司股权投资协议，该协议约定了明确的借款期限及每年1.2%的固定收益，NF公司出资并非取得HC公司的股权，仅是向HC公司进行的债权投资，属于借款法律关系，不能主张回购股权。

审理意见

本案的争议焦点是《投资协议》的性质问题。

法院认为，结合协议签订背景、目的、条款内容及交易模式、履行情况综合判断，NF公司与HC公司之间并非借款关系，而是股权投资关系，理由如下。

1.本案系NF公司按照国家发改委等四部委联合印发《专项建设基金监督管理办法》（发改投资〔2016〕1199号）的规定，通过增资方式向HC公司提供资金，该投资方式符合国家政策，不违反《公司法》及行业监管规定。事实上，基金通过增资入股、逐年退出及回购机制对目标公司进行投资，是符合商业惯例和普遍交易模式的，不属于为规避监管所采取的"名股实债"借贷情形。

2.NF公司增资入股后，HC公司修改了公司章程、NF公司取得了股东资格并享有表决权，虽然不直接参与HC公司日常经营，但仍通过审查、审批、通知等方式在一定程度上参与管理，这也是基金投资模式中作为投资者的正常操作，显然不能以此否定其股东身份。

3.虽然案涉协议有固定收益、逐年退出及股权回购等条款，但这仅是股东之间及股东与目标公司之间就投资收益和风险分担所作的内部约定，并不影响交易目的和投资模式。并且在投资期限内，NF公司作为实际股东之一，其对外仍是承担相应责任和风险的。

4.NF公司根据协议约定获得了固定收益，但该固定收益仅为年1.2%，远低于一般借款利息，明显不属于通过借贷获取利息收益的情形。其本质仍是NF公司以股权投资方式注入资金帮助企业脱困的投资行为，只有这样HC公司及其股东TL公司才能以极低的成本获取巨额资金。

综上，案涉《投资协议》系股权投资协议，并非借款协议。

实务解读

本案涉及"名股实债"问题与股东资格的认定。名股实债系指投资人将资金以股权投资的方式投入目标公司，并约定在一定期限届满或者一定条件下收回投资本金和获得固定利益回报的投资模式，其核心要素在于收回投资本金并获得固定收益。

中国证券投资基金业协会于2017年2月13日发布的《证券期货经营机构私募资产管理计划备案管理规范第4号》对名股实债作出定义："本规范所称名股实债，是指投资回报不与被投资企业的经营业绩挂钩，不是根据企业的投资收益或亏损进行分配，而是向投资者提供保本保收益承诺，根据约定定期向投资者支付固定收益，并在满足特定条件后由被投资企业赎回股权或者偿还本息的投资方式。"

一、名股实债的认定

《最高人民法院民二庭第5次法官会议纪要》（2017—2018年）认为，名股实债并无统一的交易模式，实践中，应根据当事人的投资目的、实际权利义务关系等因素综合认定其性质。投资人目的在于取得目标公司股权，且享有参与公司的经营管理权利的，应认定为股权投资，投资人是目标公司股东，在一定条件下可能构成抽逃出资。投资人目的并非取得目标公司股权，而仅是获取固定收益，且不参与公司经营管理权利的，应认定为债权投资，投资人是目标公司或有回购义务股东的债权人。

具体而言，在司法实践中，认定是否为名股实债主要从以下方面出发。

1.投资人是否追求对目标公司的股权进行管理和支配

区分是否为名股实债的关键因素是投融资双方的真实目的是否在于股权标的物的所有权移转。我国《公司法》规定，股东享有收益权、分红权、参与重大决策、投票权等权益。如果涉及股权投资，投资人应当追求以上股东权利，特别是参与公司决策等管理支配权利。而在名股实债交易中，为保持融资方原有管理体系，投资人仅对特定事项具有发言权、决策权，甚至只享有有限的知情权。

关联案例 ‖ GT信托有限责任公司诉武汉BGC置业有限公司借款合同纠纷案，最高人民法院（2019）最高法民终1532号

法院认为，GT信托有限责任公司（以下简称GT公司）虽经工商变更登记为武汉BGC置业有限公司（以下简称BGC公司）股东，但BGC公司并未举证证明GT公司实际参与了BGC公司的后续经营管理。虽然《增资协议》约定有GT公司派驻人员参与BGC公司的董事会、监事会等内容，但从协议的内容及履行方式看，GT公司不参与BGC公司的日常经营管理，派驻董事的目的主要是对公司重大事项进行监督，GT公司实际不承担BGC公司的经营风险，只是获取固定回报，而非参与或控制目标公司的经营管理。尽管GT公司通过工商变更登记取得BGC公司93.07%的股权，但其股东权利义务与普通股东不同，GT公司并非实际控制BGC公司经营的股东。

2.投资人的投资收益是否与所投资公司的经营业绩挂钩

名股实债的另一个显著特点是交易方在事前约定的固定收益或者回购价格既不取决于目标公司上市后公司股票二级市场的交易价格，也不取决于公司的实际盈利情况。与完全的股权投资不同，投资人对其投入的资本金尚未丧失管领权，并不承担目标公司经营失败的风险。[①]如果协议约定投资者在明确的投资期限内享有固定为某一数额的投资收益，且该收益不与公司的实际经营业绩相关，即可认定其具有明显的债权投资特征，不属于股权投资。

3.约定保本返息承诺、回购不必然构成"名股实债"

增资入股及回购机制是符合商业惯例和普遍交易模式的投资方式，即便具备保本返息承诺、无条件回购这两个核心要件，也不能必然构成"名股实债"的充分条件，不属于为规避监管所采取的"名股实债"借贷情形。

---

① 最高人民法院民事审判第二庭编：《商事审判指导》2019年第1辑（总第48辑），人民法院出版社2019年版，第221—222页。

关联案例 ‖ 上海JS股权投资基金管理有限公司诉胡某华、宋某芳公司增资纠纷案，上海市高级人民法院（2020）沪民再29号

法院认为，从该两份合同的内容看，《ZB环保科技（上海）股份有限公司投资协议》（以下简称《投资协议》）第二条约定，ZB环保科技（上海）股份有限公司（以下简称ZB公司）在全国中小企业股份转让系统挂牌后，上海JS股权投资基金管理有限公司（以下简称JS公司）可以选择通过资本市场的股权交易退出或者继续持有ZB公司股权获得分红或者以其他方式退出，意即JS公司投资ZB公司的主合同目的在于在ZB公司于全国中小企业股份转让系统挂牌成功后通过股权交易或者分红获得收益。《补充协议》记载，如若ZB公司不能在此时间前于"全国中小企业股份转让系统"挂牌上市，乙方可要求甲方按照乙方投资额的同等数额价款并加10%年回报率向乙方购回乙方所持有全部股权，保证乙方顺利退出不受损失。

《投资协议》仅约定了ZB公司挂牌情况下的退出方式和投资收益及风险控制，《补充协议》系控制JS公司的投资风险，基于各方对于ZB公司未来挂牌与否的不确定性而对JS公司退出途径所作的协议安排。因此，JS公司对ZB公司的投资性质系股权投资，而非保本保收益的名股实债。

二、名股实债的效力

需要明确的是，许多行政主管部门都对名股实债交易作出过监管规定，但并不意味着名股实债协议无效。在判断名股实债的效力时，需关注以下方面。

1.名股实债不因"禁止企业间借贷"而无效

根据《最高人民法院关于审理民间借贷案件适用法律若干问题的规定》第十条，企业间基于生产、经营需要订立的民间借贷合同，如无《民法典》总则编规定的无效事由，应当认定为有效。

2.名股实债不因虚伪意思表示而无效

司法实践中，法院通常认为，"名股实债"的借贷协议构成虚伪意思表示中的隐藏行为。名义上的股权转让（或增资扩股）属于虚伪意思表示，行为人与相对人以虚假的意思表示实施的民事法律行为无效。但以虚假的意思表示隐藏

的民事法律行为的效力，依照有关法律规定处理。如借贷协议是当事人的真实意思表示，且不违反法律、行政法规的禁止性规定，应属有效。

3. 名股实债内外有别

在司法实践中，法院通常认为，在"名股实债"的交易模式下，应区别内部关系和外部关系分别处理。在涉及交易各方当事人之间的内部纠纷时，相关权利义务应根据其内部协议约定进行确认。但在投资人未通过法定程序完成股权退出之前，其内部约定并不具有外部效力，目标公司对外公示的股权结构、工商登记信息会对其他债权人（尤其是普通债权人）形成权利外观，故对外应遵循外观主义。如存在善意第三人基于信赖而导致利益受损的情形，应保护第三人的信赖利益。

关联案例 || 钟某良诉赣州 SR 钨业股份有限公司、陈某雷合伙协议纠纷、借款合同纠纷案，最高人民法院（2018）最高法民终785号

法院认为，案涉《股权回购协议》的性质应界定为"名股实债"。本案所涉纠纷系钟某良、LS投资、赣州SR钨业股份有限公司（以下简称SR公司）之间的内部关系，其实质系债权债务关系。就《股权回购协议》的效力而言，在"名股实债"的交易模式下，投资方持有股份及工商变更登记会对其他债权人（尤其是普通债权人）形成权利外观，故应区别内部关系和外部关系分别处理。对外应遵循外观主义，保护第三人的信赖利益，尤其是在目标公司破产或解散的情况下，应优先保护其他债权人的合法利益；对内则应采用实质重于形式原则，探究当事人之间的真实意思表示。本案系处理钟某良、LS投资及SR公司之间内部的债权债务关系，尚不涉及外部第三人的信赖保护问题。《股权回购协议》作为处理内部债权债务关系的契约性安排，系当事人的真实意思表示，其内容不违反法律、行政法规的效力性强制性规定，应为合法有效。

实务建议

在投资关系中，是股权还是债权往往真假难辨。可能存在意为股权投资却被认定为债权，无法享受投资收益的情形；也可能存在实为债权却被认定为股权，无法在破产程序中申报权利的情况。

为防止某一方当事人"上屋抽梯"，故意混淆股权投资和债权投资，建议如下。

一、投资前，应当谨慎选择投资项目

"固定回报"和"名股实债"的界定经常不甚明晰，因此在选择PPP项目、地方政府融资平台等项目时，要慎重行事。评判自身的投资行为是否损害其他股东利益乃至社会公众利益，否则可能存在被认定为逃避监管、损害公共利益而导致协议无效的情形。此外，还可以约定融资方寻找第三方专业担保公司提供担保，以降低投资风险。

二、投资时，明确区分是股权还是债权投资

交易当事人双方应在投资协议中对双方关键权利义务关系作出约定。如进行股权投资，则可通过约定股东行使权利的方式，参与标的企业运营，这样在降低商业风险的同时也能避免被认定为债权投资。如仅为债权投资，则除应充分构建明确合理的债权关系外，还应在交易过程中收集与留存证明其债权债务关系的证据，才能确保投资者可以债权人身份顺利退出。

三、投资后，根据实际法律关系行使权利

如果为股权投资，投资人应当积极行使股东权利，可以委派董事、高管、财务等人员参与公司的经营管理，从而加强监管、减少因资金滥用所导致的纠纷。如果为债权投资，可要求交易双方向标的公司出具承诺函，尽量缩小"名股实债"交易可能对标的公司造成的影响。投资者亦应当注意掌握项目公司的动态，要求融资方履行披露义务，避免退出受阻。

法律适用

《中华人民共和国民法典》

第一百四十六条 行为人与相对人以虚假的意思表示实施的民事法律行为无效。

以虚假的意思表示隐藏的民事法律行为的效力，依照有关法律规定处理。

《最高人民法院关于审理民间借贷案件适用法律若干问题的规定》（2020年第二次修正）

第十条 法人之间、非法人组织之间以及它们相互之间为生产、经营需要订立的民间借贷合同，除存在民法典第一百四十六条、第一百五十三条、第一百五十四条以及本规定第十三条规定的情形外，当事人主张民间借贷合同有效的，人民法院应予支持。

《关于加强中央企业PPP业务风险管控的通知》（国资发财管〔2017〕192号）

四、优化合作安排，实现风险共担。……规范融资增信。在PPP项目股权合作中，不得为其他方股权出资提供担保、承诺收益等；项目债务融资需要增信的，原则上应由项目自身权益、资产或股权投资担保，确需股东担保的应由各方股东按照出资比例共同担保。

适时无中生有：认定股权代持法律关系

知识要点：股权代持关系的认定

计策释义

无中生有：诳也，非诳也，实其所诳也。少阴、太阴、太阳。

运用假象欺骗对方，但并非全为虚假，用大大小小的假象去掩护真相，让对方把受骗的假象当成真相。

无中生有，其"无"指的是虚假，其"有"指的是真实。无中生有，就是真假互换，虚实互变，以虚假的表象扰乱敌人，使敌方造成判断失误。其计可分解为以下步骤：先通过示敌以假，让敌人误以为真；再故意出示破绽，令敌方识破我方之假，掉以轻心；最后，我方变假为真，让敌方仍误以为假。此时敌方已被扰乱，我方即可掌握主动权。"无中生有"不是有意瞒骗，而是示"无"藏"有"，最终的关键在"有"而不在"无"，商业中，不能长期披着虚假的外衣，更不能以假骗人。

在股权代持中，实际出资人与他人约定，该他人以自己名义代替实际出资人，成为公司的"名义股东"。发生争议时，虚假与真实难免交织，当事人企图在真真假假中实现目的。其中常见的就是实际出资人与代持股东之间因股权代持协议产生的纠纷。在股权代持约定不明的情况下，真实股东可采用"无中生有"，认定股权归属。

裁判摘要

书面代持协议并非确认股权代持关系存在的必要条件。如双方没有签署股权代持协议，但已经实际支付了股权转让款，从争议股权对应的出资款来源、双方是否有股权代持的合意等方面进行认定，依据优势证据原则并结合案件事实，确信双方代持股权关系具有高度可能性的，应当确认存在股权代持关系。

基本案情[①]

2007年12月，MF集团有限公司（以下简称MF公司）竞拍取得BJ市场地块321亩国有商业用地的开发权。

2008年3月6日，项目公司成立，即MH公司。该公司工商登记股东为MF公司，控股100%；实际隐名股东为陆某生，占15%股份，JY房地产公司等四家公司共占85%股份。

8月23日，MF公司委托人陈某华向薛某坪出具《承诺书》，承诺薛某坪付清案涉地块国有土地使用权受让款后，将上述地块土地使用权及MH公司股权转让给薛某坪。

2009年5月21日，薛某坪向陈某华出具一份《委托书》，载明："本人全权委托陆某生前来办理收购贵公司85%股权转让事务，所有手续文书都以陆某生名义办理。"

5月23日，陆某生与陈某华签订《收购股权书》。

7月22日，MH公司股东变更为陆某生，法定代表人为陆某生。

9月1日，陆某生与BJ公司签订《股权转让协议》，将其在MH公司所拥有的100%股权以21.8亿元转让给BJ公司。

9月3日，陈某华出具《股权收购证明》，证明："一、MH公司的股东同意将

---

① 案例名称：薛某坪诉陆某生、江苏苏浙皖BJ市场发展有限公司委托代理合同纠纷案
案　　号：（2013）民一终字第138号
法　　院：最高人民法院
原　　告：薛某坪
被　　告：陆某生、江苏苏浙皖BJ市场发展有限公司（以下简称BJ公司）
第 三 人：江苏MH房地产开发有限公司（以下简称MH公司）
来　　源：《民事审判指导与参考》（第66辑）

其持有的MH公司85%的股权转让给薛某玶；二、薛某玶委托陆某生完成收购并在收购后以陆某生名义持有该股权。"

9月16日，薛某玶函告陆某生，称系委托陆某生收购MH公司85%股权，现要求陆某生在七日内将该股权过户到薛某玶名下。

9月23日，经工商登记，MH公司股东变更为BJ公司。

11月23日，YH置业发展有限公司股东之一赵某虎接受公安局询问时，称"当时蒚某福问陆某生该地块股权是否有其他问题，陆某生说薛某玶已购买了股权，但只付了4800万元转让金，钱还没付清。薛某玶支付购买金是通过他（陆某生）在溧某市的一个侄子。没有和他（陆某生）办书面手续……"

2010年3月7日，江苏省溧某市公安机关对陆某生讯问时，关于MH公司股权收购，陆某生明确确认："我至多出500万元，假如有（薛某玶所称能从某银行融资的1.5亿元）这笔钱，那我就帮你收过来。"

薛某玶起诉称，其作为转让MH公司股权的实际出资人，其与陆某生之间已经形成股权代持关系。请求确认股权代持关系有效，《股权转让协议》无效，陆某生、MH公司配合履行股权变更义务；陆某生、BJ公司连带承担赔偿损失1亿元。

陆某生答辩称，双方之间系借贷关系，不存在委托收购股权和代持股份关系，且该借款已全部归还，应依法驳回薛某玶的全部诉讼请求。

审理意见

本案争议焦点有二：一是薛某玶与陆某生之间是委托收购股权并且代持股权的关系还是借贷关系；二是薛某玶要求陆某生办理股权回转登记是否有事实和法律依据。

1.薛某玶与陆某生之间是委托收购股权并代持股权的关系

法院认为，双方之间无论是薛某玶主张的委托收购股权并代持的关系，还是陆某生认为的借贷关系，均无直接的书面证据，因此薛某玶、陆某生各自的主张能否成立，应依据民事诉讼优势证据原则，综合各方面证据加以分析判断。虽然薛某玶与陆某生之间未签订委托收购股权并代持股权的书面合同，但薛某玶向陆某生汇付款项的事实客观存在。对该笔款项的性质，陆某生虽然主张为借贷，但未能提供任何证据证明。陈某华等证人的证言能够互相印证，且与本案其他证据、事实相吻合，证人证言真实可信，可以采信。根据本案现有证据，能够认定薛某坪和陆某生之间确实存在薛某坪委托陆某生收购股权并且代持股权的关系，理据充分，应予以确认。

2.薛某坪无权要求陆某生办理股权回转登记

基于前述，陆某生与BJ公司签订《股权转让协议》转让本案争议股权的行为构成无权处分。2012年7月1日起施行的《最高人民法院关于审理买卖合同纠纷案件适用法律问题的解释》第三条第一款规定："当事人一方以出卖人在缔约时对标的物没有所有权或者处分权为由主张合同无效的，人民法院不予支持。"根据上述规定，薛某坪主张陆某生与BJ公司签订的《股权转让协议》无效，无法律依据。此外，在薛某坪未能提供充分证据证明陆某生与BJ公司存在恶意串通损害其利益的情况下，亦不能因此否认案涉《股权转让协议》的效力。

陆某生系记载于股东名册上的MH公司股东，BJ公司与其签订《股权转让协议》受让其股权，并已依照法律规定办理了变更登记。在本案中，薛某坪并未能提供充分证据证明BJ公司受让该股权时存在恶意以及股权转让价格不合理。参照《物权法》（现已失效）第一百零六条第一款规定，薛某坪主张办理股权回转登记，理据不足，不予支持。但参照该条第二款规定，薛某坪作为案涉股权的实际权利人，有权向无权处分人陆某生请求赔偿损失。

实务解读

本案例涉及股权代持关系的认定问题。股权代持基于实际出资人和名义股东的意思产生，本质上属于法律行为，[①]法律行为通过表示行为产生法律效果。要认定股权代持关系，本质上就是认定当事人将股权代持的效果意思通过一定方式表现于外部的行为。在司法实践中，认定股权代持关系重点考虑以下要素。

一、存在股权代持协议

根据《公司法解释（三）》第二十四条规定，认定股权代持关系的前提是实际出资人和名义出资人订立有效合同，明确约定了股权代持关系，即由实际出

---

① 赵旭东、顾东伟：《隐名出资的法律关系及其效力认定》，载《国家检察官学院学报》2011年第2期，第141页。

资人出资并享有投资权益，以名义出资人为名义股东。股权代持协议是证明双方就股权代持达成合意并反映合意内容的书面文件，是认定股权代持关系成立的重要依据。股权代持协议具有内容明确、不易变更的特点，可以有效减少争议。在协议生效时，可以据此明确实际出资人与名义股东双方的权利义务。在协议无效时，可以据此确定违约责任。

二、存在出资凭据

根据《公司法解释（三）》第二十二条规定，当事人之间对股权归属发生争议，一方请求人民法院确认其享有股权的，应当证明已经依法向公司出资或者认缴出资，或继受公司股权。由此可见，存在出资凭据是实际出资人主张存在股权代持关系的关键证据。

关联案例 ‖ 彭某亮诉成都SJ美容有限公司、张某股东资格确认纠纷案，最高人民法院（2017）最高法民申4748号

法院认为，《最高人民法院关于适用〈中华人民共和国民事诉讼法〉的解释》第一百零八条第一款规定："对负有举证证明责任的当事人提供的证据，人民法院经审查并结合相关事实，确信待证事实的存在具有高度可能性的，应当认定该事实存在。"

虽然公司注册资金是由张某缴纳，但张某无法说明50万元注册资金的来源。彭某亮举示的银行凭证，能够证明其向田某均转款50万元，且张某等人系于同日前往银行存入50万元用于公司验资。故原审法院认定彭某亮为成都JS美容有限公司出资人的事实成立。

三、双方存在建立股权代持关系的共同意思表示

在实践中，有时仅凭出资凭据无法确认股权代持关系、辨明股东资格。商事主体之间的资金往来性质存在多种可能性，委托投资、共同投资、赠与、借款、还款等，他人很难判断资金往来背后实际发生的事实及当事人之间的真实意思表示。实际出资人仅证明存在资金流转关系并不能证明建立了股权代持关

系，关键是要证明双方对代持股权形成委托关系或者代持股权关系形成了共同意思表示，或者其实际形成了事实上的代持股权关系。

关联案例 || 刘某诉王某股东资格确认纠纷案，最高人民法院（2015）民二终字第96号

法院认为，根据本案现有证据查明的案件事实，王某为江苏SA公司登记股东，以股东身份完成出资、增资、分红及股权转让行为等。王某取得的股东身份登记，具有公示效力。刘某在诉讼中主张其与王某之间存在代持股份关系，证据不充分。代持股份关系应当基于委托关系形成，委托关系为双方法律行为，需双方当事人有建立委托关系的共同意思表示，签订委托合同或者代持股份协议，对未签订合同但双方当事人有事实行为的，也可以依法认定存在委托代持股份关系，并以此法律关系确定双方当事人的民事权利和义务。单方法律行为不能建立委托代持股份关系。

本案中刘某未提交其与王某之间关于建立委托关系或者代持股份关系的协议，其提交的其他证据也不能证明其与王某之间对委托关系或者代持股份关系形成了共同意思表示或者其间实际形成了事实上的代持股份关系。因刘某在本案中未能提供直接证据证明其主张，提交的间接证据未能形成完整的证据链，不具有排他性，举证不具有优势，其在本案中的诉讼主张，本院不予支持。王某与刘某之间的资金往来实际存在，其资金关系可以另行解决。

四、行使股东权利

股权代持往往约定实际出资人履行出资义务，并享有《公司法》规定的股东相关权利。虽然对外需以名义股东身份行使股东权利，但对内往往由实际出资人享有决策权、代持股权的分红权等。在发生争议时，法院会根据是否行使股东权利作为判断是否存在股权代持关系的依据之一。

> **关联案例 ‖ 袁某群诉樊某华股东资格确认纠纷案，最高人民法院（2017）最高法民再348号**
>
> 　　法院认为，袁某群主张其与樊某华之间存在隐名持股关系，但仅有口头协议，不能提供书面证据，樊某华对口头协议不予认可。根据本案查明的事实，可以确认樊某华具有与汪某俊共同出资设立LH房产公司的意愿。虽然LH房产公司的出资转账由袁某群安排代办，设立程序虽也由刘某英代办，但在LH房产公司成立之前，樊某华已代表LH房产公司与JSL拍卖公司洽谈购买HF大厦，且在拍卖成交书上代表LH房产公司签字确认。应认定樊某华具有与汪某俊共同出资设立LH房产公司、成为公司股东的意愿。而除了汪某俊的陈述，尚没有其他证据能够证明袁某群与汪某俊达成了设立LH房产公司的合意。HF大厦项目作为LH房产公司的唯一项目，关乎公司股东重大利益，樊某华不仅参与项目前后的实际经营管理，且先后均有投资，《补充协议》《特别约定》《说明》载明的相关条款证明樊某华享受投资收益，自担风险。综上分析，根据本案查明的事实，不能确认袁某群与樊某华之间存在隐名投资关系。

实务建议

　　股权代持是公司实务中较为常见的一种行为。实际出资人出于规避特殊监管等目的，与名义股东签订协议，由名义股东作为公司登记的股东持有股权，实际出资人履行出资义务并享有投资收益。如果在实践中出于种种特殊原因，并没有形成清晰完整的股权代持协议，当与名义股东之间发生争议时，实际出资人还可以"无中生有"，综合各种手段证明股权代持关系的存在。

一、避免"无"——应签署书面文件明确股权代持事宜

　　实际出资人为保护自身合法权益，避免发生纠纷，签署书面文件是最稳妥的方法。具体而言，需要签署以下文件。

　　1.应当与名义股东签署《股权代持协议》，明确约定双方权利义务及违约条款，特别应当载明如实际出资人要求，名义股东应当配合实际出资人办理工商

变更登记手续，使得实际股东或其指定的第三人成为公司注册股东。

2.应当取得公司其他股东关于知悉实际出资人与名义股东之间股权代持事实的声明，其中应载明其他股东关于同意此安排，并同意根据实际出资人的需求配合办理显名手续。

3.应当取得名义股东配偶、子女和其他利害关系人签署关于认可股权代持事实的文件，并承诺不就该部分股权主张权利，以防名义股东因离婚或去世而需要分割财产或发生继承，就其代持股权的权利归属产生争议。

二、务必"有"——未签署书面代持文件需要注意保留证据

如实际出资人与名义股东未签署书面协议，为证明双方存在股权代持关系，需要注意以下三个方面。

1.证明实际出资人对出资财产享有所有权，保留用于出资的实物资产权属证书或者货币相关凭证。

2.证明双方存在股权代持的合意，包括聊天记录、录音、证人证言等。

3.实际出资人应当实际参与公司设立、经营管理、决策等，实际行使股东权利，并保留相关证据。

法律适用

《最高人民法院关于适用〈中华人民共和国民事诉讼法〉的解释》（2022年修正）

第一百零八条第一款　对负有举证证明责任的当事人提供的证据，人民法院经审查并结合相关事实，确信待证事实的存在具有高度可能性的，应当认定该事实存在。

《最高人民法院关于适用〈中华人民共和国公司法〉若干问题的规定（三）》（2020年修正）

第二十二条　当事人之间对股权归属发生争议，一方请求人民法院确认其享有股权的，应当证明以下事实之一：

（一）已经依法向公司出资或者认缴出资，且不违反法律法规强制性规定；

（二）已经受让或者以其他形式继受公司股权，且不违反法律法规强制性规定。

第二十四条　有限责任公司的实际出资人与名义出资人订立合同，约定由

实际出资人出资并享有投资权益，以名义出资人为名义股东，实际出资人与名义股东对该合同效力发生争议的，如无法律规定的无效情形，人民法院应当认定该合同有效。

前款规定的实际出资人与名义股东因投资权益的归属发生争议，实际出资人以其实际履行了出资义务为由向名义股东主张权利的，人民法院应予支持。名义股东以公司股东名册记载、公司登记机关登记为由否认实际出资人权利的，人民法院不予支持。

实际出资人未经公司其他股东半数以上同意，请求公司变更股东、签发出资证明书、记载于股东名册、记载于公司章程并办理公司登记机关登记的，人民法院不予支持。

明察暗度陈仓：判断股权代持关系效力

知识要点：股权代持的效力

计策释义

暗度陈仓：示之以动，利其静而有主，"《益》动而巽"。

正面佯攻佯动以迷惑敌方，随即乘虚而入，以达军事上的出奇制胜。

孙子云："凡战者，以正合，以奇胜。"所谓"正"，指的是兵法中的常规原则；所谓"奇"，指的是与常规原则相对而言的灵活用兵之法。兵法中，"明修栈道，暗度陈仓"，通过佯攻迷惑敌人，隐蔽真实的进攻路线，以达到出奇制胜的作用。商业中，指将真实的意图隐藏在表面的行动背后，用明显的行动迷惑对方，使敌人产生错觉，并忽略自己的真实意图。

股权代持，又称隐名出资，即实际出资人与他人约定，以该他人名义代实际出资人的名义出资为公司的股东，履行股东权利义务，由实际出资人承担投资收益和风险。可谓"明修栈道，暗度陈仓"，是希望以隐蔽股东身份为手段达到获取收益的目的。股份代持纠纷中常见的纠纷类型主要有以下几种：一是代持协议效力纠纷；二是隐名股东确权显名纠纷；三是隐名股东债务纠纷；四是投资资金性质纠纷；五是代持股被转让时善意第三人保护纠纷；等等。其中隐名股东确权显名纠纷占比过半。[①]尤其需要注意的是，现实中存在诸多导致股权

---

① 《上海市第二中级人民法院2012—2016股权代持纠纷案件审判白皮书》，载"法信"，https://www.faxin.cn/lib/lfsf/SfContent.aspx?gid=H5789&libid=010401&userinput=%25e8%2582%25a1%25e6%259d%2583%25e4%25bb%25a3%25e6%258c%2581，最后访问日期：2024年5月12日。

代持协议无效的情形。

裁判摘要

1.股权的挂靠或代持行为，也就是通常意义上的法人股隐名持有。法人股隐名持有存在实际出资人和挂名持有人，双方应签订相应的协议以确定双方的关系，从而否定挂名股东的股东权利。对于一方原本就是法人股的所有人，对方通过有偿转让的方式取得法人股的所有权，双方所签订的是法人股转让协议，协议中确定了转让对价以及所有权的转移问题的，不属于股权的代持或挂靠，可以认定双方是通过出售方式转移法人股的所有权，即使受让方没有支付过任何对价，出让方也已丧失了对系争法人股的所有权，而只能根据转让协议主张相应的债权。

2.根据我国《公司法》和《证券法》的相关规定，公司股权转让应办理变更登记手续，以取得对外的公示效力，否则不得对抗第三人。同时，根据《证券法》公开、公平、公正的交易原则以及上市公司信息公开的有关规定，对上市公司信息披露的要求，关系到社会公众对上市公司的信赖以及证券市场的交易安全和秩序。因此，作为上市公司，其股东持有股权和变动的情况必须以具有公示效力的登记为据。

基本案情①

上海BD投资股份有限公司（以下简称BD公司）系SYWG公司股东，同时，BD公司投资成立了上海WG企业发展有限公司（以下简称WG公司），WG公司系GH公司股东。

SYWG公司于1994年购入上海JB股份有限公司（以下简称上海JB公司）法人股，2000年10月10日，SYWG公司与GH公司签订法人股转让协议书一份，

---

① 案例名称：SYWG证券股份有限公司诉上海GH置业有限公司财产权属纠纷案
案　　号：（2008）沪高民二（商）终字第106号
法　　院：上海市高级人民法院
原　　告：SYWG证券股份有限公司（以下简称SYWG公司）
被　　告：上海GH置业有限公司（以下简称GH公司）
第 三 人：SH银行股份有限公司福某支行（以下简称福某支行）
来　　源：《最高人民法院公报》2010年第3期

主要约定：SYWG公司同意将所持上海JB公司法人股400万股转让给GH公司，转让金额合计640万元；GH公司在协议生效之日起十五日内，将上述转让款项划入SYWG指定账户。签约后，双方于同年10月13日至ZD公司办理了相关过户手续。后该400万股法人股经送股增至600万股。

2002年1月24日，SYWG公司与GH公司签订还款质押协议一份，约定：鉴于GH公司并未履行划款义务，现GH公司确认对SYWG公司负有640万元未履行的债务，并以其名下600万股上海JB公司法人股作为质押；本协议生效后，GH公司负责办理上述股权质押登记手续。同年4月26日，双方至ZD公司办理了相关的质押登记手续。

2002年10月、11月，法院作出两份判决，GH公司对案外人所欠福某支行借款本金及利息承担连带保证的还款责任。法院在执行上述两起案件中，轮候冻结了本案系争600万股上海JB公司法人股。

2007年3月21日，系争法人股上市流通。

8月，SYWG公司向原审法院提起诉讼，提出：其于2000年10月前系上海JB公司的前五大股东，由于当时规定前五位股东不得成为公司的配股承销商，其为了避嫌而能承接上海JB公司配股承销业务，遂将400万股上海JB公司股份挂靠在GH公司名下并办理了过户手续。后因中国证券监督管理委员会（以下简称证监会）加强了对上市公司非流通股协议转让的管理，系争股权无法转回。GH公司曾承诺将系争股权归还SYWG公司，但至今未归还，故请求判令确认系争600万股法人股归SYWG公司所有。

对此，GH公司不持异议。

第三人福某支行申请参加诉讼并提出，SYWG公司所称代持法人股没有事实依据，目的是与GH公司串通以规避法院执行，要求法院驳回SYWG公司诉请。

审理意见

本案争议焦点是：SYWG公司与GH公司之间对系争法人股是股权转让关系还是股权代持关系？系争股权应否归SYWG公司所有？

1. SYWG公司与GH公司之间系股权转让关系

法院认为，（1）SYWG公司与GH公司所签订的系争法人股转让协议书；（2）SYWG公司与GH公司在股权转让后又签订了还款质押协议；（3）按照证监会规定转让全部股权不合常理；（4）获得配股承销权与继续持有相应股权之间必须作出选择，不可兼而得之；（5）SYWG公司所提供的相关证据难以证明其有关代持的主张等方面论述，SYWG公司与GH公司之间所存在的应是股权转让关系，SYWG公司关于其与GH公司实际是股权代持关系的主张证据不足，法院不予采信。

2. 即使按SYWG公司所称，其与GH公司存在实际的代持股权关系，SYWG公司要求确认系争法人股归其所有的主张，依法亦不能予以支持

法院认为，SYWG公司与GH公司签订股权转让协议后已在ZD公司办理了股权转让的变更登记手续，故系争股权已移转于受让人GH公司名下，即股权变动已发生法律效力。根据我国《公司法》和《证券法》的相关规定，公司股权转让应办理变更登记手续，以取得对外的公示效力，否则不得对抗第三人。该规定遵循的是商法的外观主义原则，立法目的在于维护商事交易安全。

同时，根据《证券法》公开、公平、公正的交易原则以及上市公司信息公开的有关规定，对上市公司信息披露的要求，关系到社会公众对上市公司的信赖以及证券市场的交易安全和秩序。因此，上海JB公司作为上市公司，其股东持有股权和变动的情况必须以具有公示效力的登记为据。SYWG公司称其为了规避证监会有关规定而通过关联企业GH公司隐名持有股权，并要求确认已登记在GH公司名下的股权实际为其所有，显然不符合上述相关法律规定，也有违《公司法》所规定的诚实信用原则。

现GH公司被法院执行的债务达亿元之多，而其名下系争股权市值仅3000余万元，远不足以支付对外债务。故GH公司的债权人基于ZD公司登记而申请法院查封执行GH公司名下系争股权的信赖利益，应依法予以保护。

因此，即使如SYWG公司所称有实际的代持股权关系存在，系争股权也不能归SYWG公司所有。

实务解读

本案例涉及股权代持协议效力问题。《公司法解释（三）》第二十四条规定了股权代持，有限责任公司的实际出资人与名义出资人订立合同，约定由实际出资人出资并享有投资权益，以名义出资人为名义股东，如无法律规定的无效情形，人民法院应当认定该合同有效。

这是因为实际出资人与名义出资人约定由名义股东行使股权，但由实际出资人享有投资权益，属于当事人之间的自由约定。根据契约自由的精神，如无其他违法情形，该约定应有效。[①]那么，值得探究的是，在股权代持中，哪些情形属于违法情形，会导致股权代持协议无效呢？

一、《民法典》规定合同无效的情形

我国法律并未就股权代持协议的无效情形专门作出明确规定。股权代持协议本质上属于合同，应当适用合同无效的相关规定。

《民法典》规定了以下五种合同无效的情形：（一）一方以欺诈、胁迫的手段订立合同，损害国家利益；（二）恶意串通，损害国家、集体或者第三人利益；（三）以合法形式掩盖非法目的；（四）损害社会公共利益；（五）违反法律、行政法规的强制性规定。

二、股权代持协议无效的具体情形

在以下情形中，可能危及股权代持协议的效力。

1. 代持上市公司股份的协议无效

《公司法》（2023年修订）第一百四十条第二款，新增禁止违反法律、行政法规代持上市公司股票的规定。公司上市发行人必须股份清晰，股份不存在重大权属纠纷，公司上市需遵守如实披露的义务，披露的信息必须真实、准确、完整，这是证券行业监管的基本要求，也是证券行业的基本共识。由此可见，上市公司发行人必须真实，不允许发行过程中隐匿真实股东，否则公司股票不得上市发行。通俗而言，即上市公司股份不得隐名代持。

关联案例 ‖ 杨某国诉林某坤股权转让纠纷案，最高人民法院（2017）最高法民申2454号

首先，在YMD公司上市前，林某坤代杨某国持有股份，以林某坤名义参与公司上市发行，实际隐瞒了真实股东或投资人身份，违反了发行人如

---

① 参见最高人民法院民二庭负责人就《关于适用〈中华人民共和国公司法〉若干问题的规定（三）》答记者问。

实披露义务，为上述规定明令禁止。其次，中国证券监督管理委员会根据《证券法》授权对证券行业进行监督管理，是为保护广大非特定投资者的合法权益。要求拟上市公司股权必须清晰，约束上市公司不得隐名代持股权，系对上市公司监管的基本要求，否则如上市公司真实股东都不清晰的话，其他对于上市公司系列信息披露要求、关联交易审查、高管人员任职回避等监管举措必然落空，必然损害到广大非特定投资者的合法权益，从而损害到资本市场基本交易秩序与基本交易安全，损害到金融安全与社会稳定，从而损害到社会公共利益。

2.违反特定行业规定的代持股权协议无效

虽然代持股权协议未直接违反法律、行政法规，但其违反了特定行业规定，也可能导致协议无效的法律后果。在司法实践中，法院从行业的规范目的和内容实质两方面论述，认为：（1）行业规定关于禁止代持股权的相关规定与有关法律的立法目的一致，都是加强监督管理，维护社会经济秩序和社会公共利益；（2）禁止代持股权的规定具有实质上的正当性与合法性，进而认为违反特定行业规定在一定程度上具有与直接违反《保险法》等法律、行政法规一样的法律后果。

关联案例 ‖ 福州TC实业有限公司诉福建WJ投资有限公司营业信托案，最高人民法院（2017）最高法民终529号

福州TC实业有限公司、福建WJ投资有限公司签订的《信托持股协议》内容，明显违反原中国保险监督管理委员会制定的《保险公司股权管理办法》（2014年修订）第八条关于"任何单位或者个人不得委托他人或者接受他人委托持有保险公司的股权"的规定，对该《信托持股协议》的效力审查应从《保险公司股权管理办法》禁止代持保险公司股权规定的规范目的、内容实质，以及实践中允许代持保险公司股权可能出现的危害后果进行综合分析认定。

第一，从《保险公司股权管理办法》禁止代持保险公司股权的制定依据和目的来看，尽管《保险公司股权管理办法》在法律规范的效力位阶上属于部门规章，并非法律、行政法规，但原中国保险监督管理委员会是依据《保险法》第一百三十四条关于"国务院保险监督管理机构依照法律、行政法规制定并发布有关保险业监督管理的规章"的明确授权，为保持保险公司经营稳定，保护投资人和被保险人的合法权益，加强保险公司股权监管而制定。据此可以看出，该管理办法关于禁止代持保险公司股权的规定与《保险法》的立法目的一致，都是加强对保险业的监督管理，维护社会经济秩序和社会公共利益，促进保险事业的健康发展。

第二，从《保险公司股权管理办法》禁止代持保险公司股权规定的内容来看，该规定系原中国保险监督管理委员会在本部门的职责权限范围内，根据加强保险业监督管理的实际需要具体制定，该内容不与更高层级的相关法律、行政法规的规定相抵触，也未与具有同层级效力的其他规范相冲突，同时其制定和发布亦未违反法定程序，因此《保险公司股权管理办法》关于禁止代持保险公司股权的规定具有实质上的正当性与合法性。综上可见，违反原中国保险监督管理委员会《保险公司股权管理办法》有关禁止代持保险公司股权规定的行为，在一定程度上具有与直接违反《保险法》等法律、行政法规一样的法律后果。

3.公务员签订代持协议可能有效，但无权要求成为工商登记股东

根据《公务员法》有关规定，公务员不得从事或者参与营利性活动，在企业或者其他营利性组织中兼任职务。司法实践中，有法院认为《公务员法》中的相关规定属管理性规范，并非效力性规范，若违反上述法律规定，可按《公务员法》的相关规定承担相应的法律责任，并不必然导致协议无效。但是，由于该规范与当事人的"市场准入"资格有关，如违反该规范，公务员并不能据此请求成为具有公示效力的工商登记股东。

关联案例 ‖ 陈某斌、张某霞诉上海GZ木业有限公司股东资格确认纠纷案，上海市第二中级人民法院（2014）沪二中民四（商）终字第489号

法院认为，《公务员法》（2006年1月1日起施行）第五十三条第（十四）项关于公务员不得"从事或者参与营利性活动，在企业或者其他营利性组织中兼任职务"的规定，属管理性禁止性规范，并不属于效力性强制性规范。公务员若违反了该规范，应由其管理机关追究其相应责任，但并不能以此影响合同效力。故上海GZ木业有限公司以陈某斌、张某霞违反前述规定为由，认为涉案股东协议无效的观点，本院不予采纳。

虽然陈某斌、张某霞与陈某兰之间的股权代持协议有效，但陈某斌、张某霞均为公务员，其已违反了《公务员法》的相关规范，而这些规范是与当事人的"市场准入"资格有关，该类规范订立的目的之一在于由特定管理机关依法履行其管理职能，以维护社会秩序。鉴于此，陈某斌、张某霞上诉提出请求成为具有公示效力的工商登记股东的主张，与前述法律规定相悖，不能成立，本院不予支持。

实务建议

实务中，股权代持行为频发的原因有二：一是规避法律法规相关规定，如外商投资准入的规定、国家部委管理性规定、《公司法》股东人数限制的规定、国家公职人员禁止投资或入股的规定等；二是规避特殊限制，如股权激励、资产隔离、关联交易、竞业限制等。投资人应增强法律意识，避免暗度陈仓而误入歧途。

一、勿入绝路，避免合同无效

虽说提倡"逢山开路，遇河架桥"的精神，但需要警惕合同无效的后果，莫入歧途。股权代持投资人如想以委托他人持股的形式投资，应首先对目标公司所在行业是否存在禁止股权代持的规定进行详细了解，避免因股权代持协议被认定无效而影响其投资目的的实现。

法院在审理此类案件时侧重对社会公共利益的审视。如果双方签订代持协议的目的是规避保险、证券等特定行业的准入禁止性规定，最高院认为其损害了金融安全、行业管理秩序和社会公共利益，则倾向于认定该股权代持协议无效。

二、熟知后果，提前另寻他路

如股权代持协议被确认无效，将产生以下法律后果：第一，股权代持协议直接导致实际出资人无法依据该协议要求将股份过户至其名下。一般情况下，虽然股权代持协议无效，但显名股东的股权是依法定程序注册而取得的，因此显名股东得以合法持有股份。第二，实际出资人可依对应的股权数量请求公平分割相关委托投资利益。

适用公平原则时着重考虑以下两方面的因素：一是对投资收益的贡献程度，即考虑谁实际承担了投资期间的机会成本和资金成本，按照"谁投资、谁收益"原则，将收益主要分配给承担投资成本的一方；二是对投资风险的交易安排，即考虑谁将实际承担投资亏损的不利后果，按照"收益与风险相一致"原则，将收益主要分配给承担了投资风险的一方。

法律适用

《中华人民共和国公司法》（2023年修订）

第一百四十条　上市公司应当依法披露股东、实际控制人的信息，相关信息应当真实、准确、完整。

禁止违反法律、行政法规的规定代持上市公司股票。

《最高人民法院关于适用〈中华人民共和国公司法〉若干问题的规定（三）》（2020年修正）

第二十四条第一款　有限责任公司的实际出资人与名义出资人订立合同，约定由实际出资人出资并享有投资权益，以名义出资人为名义股东，实际出资人与名义股东对该合同效力发生争议的，如无法律规定的无效情形，人民法院应当认定该合同有效。

枉费远交近攻：隐名股东如何维护权益

知识要点：隐名股东显名问题

───── **计策释义** ─────

远交近攻：形禁势格，利从近取，害以远隔。上火下泽。

受到地势的限制和阻碍，先攻取就近的敌人有利，越过近敌去攻取远隔之敌是有害的。水火相克则又可相生，循环无穷。

《战国策·秦策三》："王不如远交而近攻，得寸，则王之寸；得尺，亦王之尺也。今舍此而远攻，不亦缪乎？""远交近攻"一计适用于多国参战的混乱格局，在相互排斥拉拢之中，各国争相夺取私利。通过用恩惠与远方国家交好，分化瓦解敌方联盟，各个击破。先攻打邻国，在消灭了近敌之后，"远交"的国家又成为新的攻击对象了。商业中，"远交近攻"之计可引申为：为了开拓市场，可以打压邻近的市场或竞争对手；同时，为了使整体竞争形势对自己有利，对远处的市场或竞争对手也可适当联合。

在股权代持关系中，根据商法上的公示公信和外观主义原则，第三人对公司登记和公示信息的信赖利益应当受到保护。代持股关系属于代持股东与实际出资人之间的合同法律关系，不能以此对抗公司债权人。实际出资人在代持股权被执行时，行使"远交近攻"之计。"近攻"——起诉名义股东，确认股权代持关系，证明自己是实际股东。"远交"——与债权人交好，争取债权人暂缓执行该股权，但若是据此提出对债权人的执行异议，通常难以获得支持。

裁判摘要

隐名股东在公司对外关系上不具有公示股东的法律地位，其不能以其与名义股东之间的约定为由对抗外部债权人对名义股东主张的正当权利。因此，当名义股东因其未能清偿到期债务而成为被执行人时，其债权人依据工商登记中记载的股权归属，有权向人民法院申请对该股权强制执行。

基本案情[①]

2010年10月14日，颜某才与郭某生签订《联合竞买地块协议》约定，公司注册资金1000万元，颜某才持股51%，郭某生持股49%。若能竞买到西城区某地块则成立公司。

郭某生、徐某忠、谢某春及案外人黄某永四方签订《联合竞买地块协议》，约定四方联合竞买西城区该地块，各占公司12.25%股权。该协议没有具体时间，其中内容多数与2010年10月14日颜某才与郭某生签订的《联合竞买地块协议》相同。

颜某才、郭某生代表ZS公司竞拍得西城区该地块并办理相关的手续。

11月9日，ZS公司成立。股东为颜某才（出资额310万元，出资比例15.5%）、滕某明（出资额710万元，出资比例35.5%）、郭某生（出资额490万元，出资比例24.5%）、徐某忠（出资额310万元，出资比例24.5%）。

同日，郭某生、徐某忠、谢某春及黄某永四方签订《协议书》，约定因已取得相应的地块，郭某生、徐某忠邀请谢某春、黄某永投资入股ZS公司，谢某春、黄某永不参与该项目的经营管理，由郭某生、徐某忠代表参加管理。

2011年1月2日，郭某生、徐某忠、谢某春签订《补充协议书》，约定四人股份调整为，郭某生从其23.5%股份中拿出4.5%给谢某春，徐某忠从其22.5%股份中拿出3.5%给谢某春，黄某永持有股份1%不变。郭某生、徐某忠、谢某

---

① 案例名称：谢某春诉卢某生、施某服、邓某珍案外人执行异议之诉案
案　　　号：（2016）最高法民终701号
法　　　院：最高人民法院
原　　　告：谢某春
被　　　告：卢某生、施某服、邓某珍
第 三 人：刘某兰、郭某生、江西XCJS投资有限公司（以下简称XCJS公司）、廖某伟、赣州ZS房地产开发有限公司（以下简称ZS公司）、徐某忠、颜某才、滕某明

春股份比例分别为19%、19%、10%；该协议作为谢某春取得公司股份比例的合法依据，不管公司或法律规定是否承认谢某春的股东身份，郭某生、徐某忠均承诺按谢某春股份比例将公司应分配的红利支付给谢某春；郭某生、徐某忠代表谢某春参加公司董事会，应将会议内容告知谢某春，也可邀请其参加；如因该协议的履行产生纠纷，造成谢某春退出股份，郭某生、徐某忠应分别将投入其名下的出资额返还给谢某春，公司资产增值部分变现支付，如公司资产贬值，谢某春按股份比例承担亏损。

1月12日至1月14日，谢某春按照上述协议约定，以谢某红、谢某辉名义将1198万元投资股金款付给郭某生。1月14日，郭某生、徐某忠出具《出资证明书》，认可收到谢某春的投资款。

2013年1月24日，卢某生、施某服、邓某珍与郭某生、刘某兰、XCJS公司民间借贷纠纷一案，法院作出执行裁定书，评估、拍卖郭某生持有的ZS公司24.5%的股权。谢某春于2015年5月18日向法院提出执行异议申请书，要求中止对郭某生持有的ZS公司24.5%股权的拍卖或保留属于谢某春的4.5%股权份额。该院裁定驳回谢某春的异议，谢某春遂提起执行异议之诉。

另查明，谢某春诉郭某生合伙协议纠纷一案，谢某春主张解除双方相关的协议，并要求郭某生返还投资款1198万元及利息。法院于2014年11月19日作出判决解除双方签订的协议，郭某生返还谢某春投资款1198万元及利息。郭某生上诉，认为双方不是投资关系，而是代持股关系，谢某春系ZS公司的股东。江西省高级人民法院将该案发回重审。谢某春与郭某生合伙协议纠纷一案重审后，因江西省高级人民法院正在审理案外人执行异议之诉一案，江西省赣州市中级人民法院裁定谢某春与郭某生合伙协议纠纷一案中止审理。

审理意见

该案争议焦点：一是谢某春主张确认其股东资格的诉讼请求是否成立；二是关于谢某春提出停止执行ZS公司股权的诉讼请求能否成立。

1.谢某春主张确认其股东资格的诉讼请求是否成立

法院认为，第一，谢某春提交的证据不足以确认其享有ZS公司的股东资格。郭某生虽然向谢某春出具了《出资证明书》，认可谢某春通过郭某生向ZS公司出资，但是并没有证据表明该笔投资款实际缴纳给ZS公司或用于ZS公司经营。

第二，谢某春不具备确认股东资格的法定要件。即使谢某春通过郭某生完成了对 ZS 公司的实际出资，也要满足公司其他股东半数以上同意这一要件。谢某春没有举证证明其满足公司其他股东半数以上同意这一要件，不能确认具有股东资格。

综上，对于谢某春主张确认其持有 ZS 公司 4.5% 的股权的上诉请求，因缺乏事实和法律依据，法院不予支持。

2.关于谢某春提出停止执行 ZS 公司股权的诉讼请求能否成立

法院认为，依法进行登记的股东具有对外公示效力，隐名股东在公司对外关系上不具有公示股东的法律地位，其不能以其与显名股东之间的约定为由对抗外部债权人对显名股东主张的正当权利。因此，当显名股东因其未能清偿到期债务而成为被执行人时，其债权人依据工商登记中记载的股权归属，有权向人民法院申请对该股权强制执行。

根据该案现已查明的事实，ZS 公司在工商登记中记载的股东为郭某生、徐某忠、颜某才、滕某明。卢某生、施某服、邓某珍依另案生效调解书向法院申请冻结并强制执行郭某生在 ZS 公司的股权，有事实和法律依据。因此，该案中，谢某春是否为 ZS 公司的隐名股东，不影响卢某生、施某服、邓某珍实现其请求对郭某生股权进行强制执行的权利主张。故谢某春关于停止对郭某生所持有 ZS 公司股权强制执行的请求，没有事实和法律依据，该院不予支持。

实务解读

本案例涉及股权代持关系中的两大问题：一是实际投资人显名；二是实际投资人能否对抗执行。

一、实际投资人显名的条件

《公司法解释（三）》设置了实际投资人显名的两个条件。第一，实际投资人已经依法向公司出资或者认缴出资，且不违反法律法规强制性规定，这可谓是显名的实质条件。第二，公司其他股东过半数同意，即实际投资人显名的程序条件，此要件源于有限责任公司的人合属性。除此之外，其他股东行使优先购买权、公司章程之约定等也可能影响实际出资人的显名主张。

最高人民法院 2019 年 11 月 8 日印发的《全国法院民商事审判工作会议纪要》

（以下简称《九民纪要》）第二十八条"实际出资人显名的条件"拓宽了对显名的要求："实际出资人能够提供证据证明有限责任公司过半数的其他股东知道其实际出资的事实，且对其实际行使股东权利未曾提出异议的，对实际出资人提出的登记为公司股东的请求，人民法院依法予以支持。"《九民纪要》将《公司法解释（三）》实际出资人显名需经半数以上股东明示同意的规定进行了拓展，如半数以上股东默示同意，即其他股东明知实际出资人实际行使或者享有股东权利，如实际出资人与公司有明确约定，或实际出资人参加股东会行使股东权利等，但未曾表示异议，则实际出资人无须经过决议程序，可直接请求显名。

> **关联案例 ‖ 张某兰诉淮阴市HX房地产开发有限公司股东资格确认纠纷案，（2017）最高法民申37号**
>
> 法院认为，关于张某兰是否具有淮阴市HX房地产开发有限公司（以下简称HX公司）股东资格问题，《协议书》和《补充合同书》均可证明，HX公司及其股东均同意张某兰向HX公司缴纳出资成为股东，且HX公司的其他股东对张某兰以殷某的名义进行投资均是明知的。张某兰多次以HX公司股东的身份参加股东会议，实际行使股东权利。根据《外商投资产业指导目录（2015年修订）》内容，房地产开发并未列入上述目录限制类或禁止类产业，故不涉及国家规定实施准入特别管理（负面清单）的外商投资企业的设立和变更，不再需要审批。因此，原审判决依据当事人之间的约定以及出资事实确认张某兰为HX公司的股东，适用法律并无不当。

二、实际投资人能否对抗执行

《公司法》（2023年修订）第五十六条规定："有限责任公司应当置备股东名册，记载下列事项：（一）股东的姓名或者名称及住所；（二）股东认缴和实缴的出资额、出资方式和出资日期；（三）出资证明书编号；（四）取得和丧失股东资格的日期。记载于股东名册的股东，可以依股东名册主张行使股东权利。"依据该条规定，依法进行登记的股东具有对外公示效力，不得对抗第三人。关于该"第三人"是否包括债权人，实际出资人能否对抗债权人强制执行，一度存在争议。

有观点认为，实际出资人可以对抗债权人的强制执行要求。根据《公司法解释（三）》第二十六条的规定，股权善意取得制度的适用主体仅限于与名义股东存在股权交易的第三人。据此，商事外观主义原则的适用范围不包括非交易第三人。

最高人民法院（2015）民申字第2381号民事裁定书即持此观点。法院认为，商事外观主义作为商法的基本原则之一，其实际上是一项在特定场合下权衡实际权利人与外部第三人之间利益冲突所应遵循的法律选择适用准则，通常不能直接作为案件处理依据。外观主义原则的目的在于降低成本，维护交易安全，但其适用也可能损害实际权利人的利益。案涉执行案件申请执行人中某银行南郊支行并非针对CC公司名下的股权从事交易，仅仅因为债务纠纷而寻查CC公司的财产还债，并无信赖利益保护的需要。若适用商事外观主义原则，将实质权利属于HG公司的股权用以清偿CC公司的债务，将严重侵犯HG公司的合法权利。因此，依照《民法通则》（现已失效）第七十五条第二款之规定，中某银行南郊支行无权通过申请法院强制执行的方式取得案涉执行标的另一银行1000万股份。

2016年，最高人民法院裁判观点发生了变化。在（2016）最高法民再360号民事判决书中，法院认为，虽然HH集团与ZS财富之间形成了委托代持关系，但是HH集团就涉案股份并不享有足以排除强制执行的民事权益，不能排除人民法院的强制执行。主要理由如下。

第一，从实际出资人与名义股东的内部代持法律关系的性质分析

代持法律关系其本质属于一种债权债务关系，受合同法相对性原则的约束，隐名股东就该债权仅得以向名义股东主张，对合同当事人以外的第三人不产生效力。在公司对外关系上，名义股东具有股东的法律地位，隐名股东不能以其与名义股东之间的约定为由对抗外部债权人对名义股东的正当权利。

第二，从信赖利益保护的角度分析

根据商事法律的外观主义原则，交易行为的效果以交易当事人行为的外观为准。即使外在的显示与内在的事实不一致，商事主体仍须受此外观显示的拘束，外观的显示优越于内在的事实。法定事项一经登记，即产生公信力，善意第三人基于对登记的信赖而实施的行为，受到法律的保护，即使登记事项不真

实、与第三人的信赖不符，善意第三人也可以依照登记簿的记载主张权利。

第三，从债权人和隐名股东的权责和利益分配上衡量

首先，债权人对名义股东的财产判断可以通过外部信息，如股权信息查询获得，但代持关系却较难知悉，属于债权人无法预见的风险，不能苛求债权人尽此查询义务，风险分担上应向保护债权人倾斜，若制度以此运行则产生的社会成本更小。其次，实际出资人的权利享有相应的法律救济机制。即使名义股东代持的股权被法院强制执行，隐名股东依然可以依据其与名义股东之间的股权代持协议的约定以及信托、委托制度的基本原则，请求名义股东赔偿自己遭受的损失。再次，对涉案股份的执行并未超过实际出资人的心理预期。实际出资人在显名为股东之前，其心理预期或期待的利益仅仅是得到合同法上的权益，而非得到公司法上的保护。最后，从风险和利益一致性的角度考虑，实际出资人选择隐名是有其商业利益考虑的，既然通过代持关系获得了这种利益，或其他在显名情况下不能或者无法获得的利益，则其也必须承担因为此种代持关系所带来的固有风险，承担因此可能出现的不利益。因此，由HH集团承担因选择代持关系出现的风险和不利，更为公平合理。

第四，从司法政策价值导向上衡量

现实生活中，基于多种原因产生了股份代持的现象，但从维护交易安全、降低交易成本的角度看，如果侧重于承认和保护隐名股东的权利从而阻却执行，客观上则会鼓励通过代持股份方式规避债务、逃避监管，徒增社会管理成本。

实务建议

股权代持关系中，实际出资人选择隐名，能够实现某种商业利益，但同时也面临股权代持所带来的风险。常见风险如实际出资人显名受阻，或名义股东负债导致该代持股权被强制执行等。此时，实际出资人想要"远交近攻"式地要求排除强制执行，通常难以得到法院支持。

实际出资人为降低风险，可从以下方面着手。

一、在代持股协议中约定违约条款

明确名义股东违约责任的条款，包括擅自处分股权、怠于履行义务、因名义股东个人原因导致股权被司法限制、处置时的违约责任等。实际出资人虽然不能以其与名义股东之间的约定为由对抗第三人，但可以依据其与名义股东之间的股权代持协议的约定，要求名义股东承担违约、侵权责任，请求名义股东赔偿损失。

二、妥善固定、保留相关证据资料

实际出资人需要注意保留其他股东知道其实际出资的事实，且对其实际行使股东权利未提出异议的证据，包括但不限于书面声明、出席股东会通知、股东会决议、股东之间的电子邮件、聊天记录等，确保在条件成熟时得以显名，登记为公司股东。

三、对代持股权设立质押担保

在股权代持关系中，实际出资人可与名义股东约定，对代持股权办理股权质押登记，将该股权质押给实际出资人，以确保名义股东无法擅自将该部分股权转让、质押、赠与给第三人。如因名义股东的自身原因，代持股权面临被法院执行拍卖、变卖的，实际出资人可行使优先受偿权。

法律适用

《中华人民共和国公司法》（2023年修订）

第五十六条　有限责任公司应当置备股东名册，记载下列事项：

（一）股东的姓名或者名称及住所；

（二）股东认缴和实缴的出资额、出资方式和出资日期；

（三）出资证明书编号；

（四）取得和丧失股东资格的日期。

记载于股东名册的股东，可以依股东名册主张行使股东权利。

《最高人民法院关于适用〈中华人民共和国公司法〉若干问题的规定（三）》（2020年修正）

第二十四条第三款　实际出资人未经公司其他股东半数以上同意，请求公司变更股东、签发出资证明书、记载于股东名册、记载于公司章程并办理公司登记机关登记的，人民法院不予支持。

《全国法院民商事审判工作会议纪要》

28.【实际出资人显名的条件】实际出资人能够提供证据证明有限责任公司过半数的其他股东知道其实际出资的事实，且对其实际行使股东权利未曾提出异议的，对实际出资人提出的登记为公司股东的请求，人民法院依法予以支持。公司以实际出资人的请求不符合公司法司法解释（三）第24条的规定为由抗辩的，人民法院不予支持。

第三章　股东权利与股东责任

妙用打草惊蛇：股东知情权实现与救济

知识要点：股东知情权

> ### —— 计策释义 ——
>
> 打草惊蛇：疑以叩实，察而后动；复者，阴之媒也。
>
> 发现了疑点就应当考实查究清楚，而后采取相应的行动，是发现隐藏之敌的重要手段。

发现蛇的策略是打草，打草是为发现蛇而做准备。"草"与"蛇"是两类互相区别而又联系的事物。此计用在军事上，一则指对于隐蔽的敌人，己方不得轻举妄动，以免敌方发现我军意图而采取主动；二则指用佯攻助攻等方法打"草"，引"蛇"出洞，中我埋伏，聚而歼之。

在公司商事活动中，大股东往往实际控制公司运营，小股东可能被排除在外。为保护中小股东合法权益，《公司法》规定了股东知情权，赋予中小股东了解掌握公司经营管理等重要情况的权利，进而保障中小股东可以依法行使资产收益、参与重大决策和选择管理者等股东权利。通过行使股东知情权，可以惊动意欲损害公司或小股东利益的大股东，进而实现引蛇出洞。

裁判摘要

股东知情权是指股东享有了解和掌握公司经营管理等重要信息的权利，是股东依法行使资产收益、参与重大决策和选择管理者等权利的重要基础。账簿查阅权是股东知情权的重要内容。《公司法》（2005年修订）第三十四条第二款①规定："股东可以要求查阅公司会计账簿。股东要求查阅公司会计账簿的，应当向公司提出书面请求，说明目的。公司有合理根据认为股东查阅会计账簿有不正当目的，可能损害公司合法利益的，可以拒绝提供查阅，并应当自股东提出书面请求之日起十五日内书面答复股东并说明理由。公司拒绝提供查阅的，股东可以请求人民法院要求公司提供查阅。"股东要求查阅公司会计账簿，但公司怀疑股东查阅会计账簿的目的是为公司涉及的其他案件的对方当事人收集证据，并以此为由拒绝提供查阅的，不属于上述规定中股东具有不正当目的、可能损害公司合法利益的情形。

基本案情②

2003年10月15日，JD公司成立，是从事房地产开发的有限责任公司。截至2004年8月7日，该公司的股东持股情况为：施某生460万元、王某兴250万元、张某林160万元、孙某65万元、吴某65万元。

2007年9月7日，张某林将其持有的全部股份转让给李某君。

2009年4月8日，四原告向被告JD公司递交申请书，称："申请人李某君、吴某、孙某、王某兴作为江苏JD公司股东，对公司经营现状一无所知。公司经营至今没有发过一次红利，并对外拖欠大量债务，使四申请人的股东权益受到了严重侵害。四申请人为了解公司实际情况，维护自己合法权益，现依据《公司法》，依法行使股东对公司的知情权。现四申请人准备于2009年4月23日前，在公司住所地依据《公司法》的规定查阅或复制公司的所有资料（含公司所有会计账簿、原始凭证、契约、通信、传票、通知等），特向公司提出书面申请。望公司准备好所有资料，以书面形式答复四申请人的委托代理人江苏联某伟业律师事务所方某律师。申请人：王某兴、孙某、吴某、张某林（代）。"

4月20日，被告JD公司函复四原告："本公司已于2009年4月8日收到……

① 参照《公司法》（2023年修订）第五十七条。
② 案例名称：李某君、吴某、孙某、王某兴诉江苏JD置业发展有限公司股东知情权纠纷案
法 　　院：江苏省宿迁市中级人民法院
原 　　告：李某君、吴某、孙某、王某兴
被 　　告：江苏JD置业发展有限公司（以下简称JD公司）
来 　　源：《最高人民法院公报》2011年第8期

《申请书》以及《授权委托书》。对于《申请书》以及《授权委托书》中所述事项，因涉及较多法律问题，我公司已授权委托某律师事务所王某律师、万某律师，代表我公司依法予以处理。请你直接与王某律师、万某律师联系。"

被告JD公司复函之前，4月14日，四原告诉至法院，并提出上述诉求。

审理意见

本案的争议焦点有三点：一是四上诉人提起知情权诉讼是否符合法律规定的前置条件；二是四上诉人要求行使知情权是否具有不正当目的；三是四上诉人主张行使知情权的范围是否符合法律规定。

1. 四上诉人提起知情权诉讼是否符合法律规定的前置条件

《公司法》规定，股东提起账簿查阅权诉讼的前置条件是股东向公司提出了查阅的书面请求，且公司拒绝提供查阅。本案中，四上诉人于2009年4月8日向JD公司提出要求查阅或复制公司的所有资料（含公司所有会计账簿、原始凭证、契约、通信、传票、通知等）以了解公司实际财务状况的书面请求，虽然4月14日四上诉人至一审法院起诉时JD公司尚未作出书面回复，但JD公司在4月20日的复函中并未对四上诉人的申请事项予以准许，且在庭审答辩中亦明确拒绝四上诉人查阅、复制申请书及诉状中所列明的各项资料。至此，四上诉人有理由认为其查阅权受到侵犯，进而寻求相应的法律救济途径，此时不宜再以四上诉人起诉时十五天答复期未满而裁定驳回其起诉，而应对本案作出实体处理，以免增加当事人不必要的讼累。

2. 四上诉人要求行使知情权是否具有不正当目的

本案中，四上诉人向被上诉人JD公司提出书面请求说明其行使知情权的目的是了解公司实际经营现状，显属其作为有限责任公司股东应享有的知情权。JD公司以四上诉人具有不正当目的为由拒绝其查阅，则应对四上诉人是否具有不正当目的并可能损害其合法利益承担举证责任。

法院认为，《公司法》第三十四条规定的公司拒绝查阅权所保护的是公司的合法利益，而不是一切利益。基于诚实信用原则，案件当事人理应对法庭或仲裁庭如实陈述，并按法庭或仲裁庭要求提供自己掌握的真实证据，以拒不出示不利于己的证据为手段而获得不当利益为法律所禁止。如JD公司持有在仲裁案中应当提供而未提供相关证据，则不能认定股东查阅公司账簿可能损害其合法利益。

综上，股东知情权是股东固有的、法定的基础性权利，无合理根据证明股东具有不正当目的，则不应限制其行使。JD公司拒绝四上诉人对公司会计账簿行使查阅权的理由和依据不足，不予采信。

3.四上诉人主张行使知情权的范围是否符合法律规定

公司的具体经营活动只有通过查阅原始凭证才能知晓，不查阅原始凭证，中小股东可能无法准确了解公司真正的经营状况。四上诉人查阅权行使的范围应当包括会计账簿（含总账、明细账、日记账和其他辅助性账簿）和会计凭证（含记账凭证、相关原始凭证及作为原始凭证附件入账备查的有关资料）。对于四上诉人要求查阅其他公司资料的诉请，因超出了《公司法》第三十四条规定的股东行使知情权的查阅范围，不予支持。

关于四上诉人要求复制被上诉人JD公司会计账簿及其他公司资料的诉讼请求，法院认为，《公司法》赋予了股东获知公司运营状况、经营信息的权利，但同时也规定了股东行使知情权的范围。《公司法》第三十四条第一款将股东有权复制的文件限定于公司章程、股东会会议记录、董事会会议决议、监事会会议决议和财务会计报告。第二款仅规定股东可以要求查阅公司财务会计账簿，但并未规定可以复制，而JD公司章程亦无相关规定，因此四上诉人要求复制JD公司会计账簿及其他公司资料的诉讼请求既无法律上的规定，又超出了公司章程的约定，不予支持。

实务解读

股东知情权是指法律赋予股东通过查阅公司的财务会计报告、会计账簿等有关公司经营、管理、决策的相关资料，实现了解公司的经营状况和监督公司高管人员活动的权利。

一、行使知情权的主体

根据《公司法》及《最高人民法院关于适用〈中华人民共和国公司法〉若干问题的规定（四）》（以下简称《公司法解释（四）》）规定，公司股东是行使股东知情权的主体。《公司法解释（四）》特别规定，公司有证据证明前款规定的原告在起诉时不具有公司股东资格的，人民法院应当驳回起诉，但原告有初步证据证明在持股期间其合法权益受到损害，请求依法查阅或者复制其持股期间的公司特定文件材料的除外。

在实务中，可能存在公司原股东将股权转让后又发现在持股期间存在权益受损害的情形。在此情况下，公司原股东并不必然丧失以其之前所具有股东资格而提起股东知情权诉讼的权利。原股东通过查阅或者复制其持股期间的公司材料，是为进一步确认其持股期间利益受损的事实，并据此提起相应诉讼以维护己方持股期间的合法权益。

《公司法》知情权条款所规定的股东，应当理解为遭受利益损害时具有股东身份的股东。但需要注意，原股东应当提供初步证据证明在持股期间其合法权益受到损害，否则将承担败诉风险。

关联案例 ‖ 高某诉张某宁损害股东利益责任纠纷案，北京市第一中级人民法院（2020）京01民终5021号

法院认为，当事人对自己提出的诉讼请求所依据的事实，应当提供证据加以证明，但法律另有规定的除外。在作出判决前，当事人未能提供证据或者证据不足以证明其事实主张的，由负有举证证明责任的当事人承担不利的后果。该案中，高某主张在其具有YBY公司股东身份期间，张某宁实施了损害其利益的行为且给其造成经济损失142052元，其对此应当承担相应举证责任。YBY公司作为独立法人主体，享有独立的法人财产权。该案中，高某所提举的证据为YBY公司2015年1月至8月的账目，但账目本身仅能体现YBY公司的财务收支情况。股东依据《公司法》的规定有权按照实缴出资比例分取红利，但YBY公司的具体账目记载及其公司财务收支金额并不等同于股东可得收益金额。高某据此主张其诉讼请求金额系张某宁损害其利益应赔偿其损失的金额，但其在该案中所举证据无法得出张某宁实施了侵害其利益的行为且给其造了损失的结论。故，高某在该案中所提诉讼请求无事实及法律依据，法院不予支持。

二、行使知情权的限制

由于股东的知情权涉及股东和公司之间的利益冲突，在保护股东利益的同时也应适当照顾公司的利益，使双方利益平衡，故知情权的行使应当符合一定的条件并受一定的限制。《公司法》规定，公司有合理根据认为股东查阅会计账簿有不正当目的，可能损害公司合法利益的，可以拒绝提供查阅。那么，什么样的目的属于不正当目的？考虑到立法目的是保护中小股东合法利益，有观点认为，与股东维护其作为股东的正当利益无关的目的和动机应属"不正当目的"。反之，获取信息的目的与保护股东的利益具有直接的关系的目的就是正当的。[①] 从实务角度，应当从两点来判断其是否为不正当目的：一是可能损害公司合法利益；二是有合理根据表明有不正当目的。[②]

《公司法解释（四）》规定了三种应当认定股东有"不正当目的"的情形：（一）股东自营或者为他人经营与公司主营业务有实质性竞争关系业务，但公司章程另有规定或者全体股东另有约定的除外；（二）股东为了向他人通报有关信息查阅公司会计账簿，可能损害公司合法利益；（三）股东在向公司提出查阅请求之日前的三年内，曾通过查阅公司会计账簿，向他人通报有关信息损害公司合法利益。此外，还规定了兜底条款，即"股东有不正当目的的其他情形"。在司法实践中，关于不正当目的的争议主要围绕第一种情形展开，需要判断两个要件：第一，发生冲突的是否确为双方的主营业务；第二，双方主营业务是否构成实质性竞争关系。法院一般会综合考量双方企业的业务种类、经营范围、生产规模等客观因素，对股东投资其他企业与公司之间是否存在实质竞争关系予以认定。

关联案例 ‖ LKST公司诉北京CXLC环保科技有限责任公司股东知情权纠纷案，北京市高级人民法院（2020）京民终184号二审

法院认为，根据《合资经营合同》约定的北京CXLC环保科技有限责任公司（以下简称CXLC公司）设立的目的可以看出，CXLC公司成立的目的即是推广LKST公司在烟气处理项目领域内的知识产权和其他相关的服务和项目，LKST公司现有的享有专利的有机催化剂，以及能够促使LKST公司享有的专利工艺实现从废气中除去硫和氮氧化物的催化剂在区域

---

① 王军：《中国公司法》，高等教育出版社2017年版，第323页。
② 人民法院出版社法规编辑中心：《公司法司法解释及司法观点全编》，人民法院出版社2019年版，第62页。

内的销售等，由此可见 LKST 公司在 CXLC 公司成立之前其经营范围即包括从事生产和销售催化剂，《合资经营合同》同时约定 LKST 公司在合同约定时间和区域内禁止 LKST 公司直接或间接销售上述产品等，而 CXLC 公司提供的现有证据不能证明 LKST 公司在上述合同约定的时间和区域内自己经营或者为他人经营与 CXLC 公司主营业务有实质性竞争关系业务，故 CXLC 公司仅以 LKST 公司的经营范围包含生产和销售催化剂而主张双方存在实质性竞争关系，法院不予支持。

三、行使知情权的范围

《公司法》（2023 年修订）第五十七条第二款规定："股东可以要求查阅公司会计账簿……"账簿查阅权是股东知情权的重要内容。股东对公司经营状况的知悉，最重要的内容之一就是通过查阅公司账簿了解公司财务状况。《会计法》第九条第一款规定："各单位必须根据实际发生的经济业务事项进行会计核算，填制会计凭证，登记会计帐簿，编制财务会计报告。"第十四条规定："会计凭证包括原始凭证和记帐凭证。办理本法第十条所列的经济业务事项，必须填制或者取得原始凭证并及时送交会计机构。……记帐凭证应当根据经过审核的原始凭证及有关资料编制。"第十五条第一款规定："会计帐簿登记，必须以经过审核的会计凭证为依据，并符合有关法律、行政法规和国家统一的会计制度的规定。"因此，在 2011 年公报案例中，最高人民法院认为，不查阅原始凭证，中小股东可能无法准确了解公司真正的经营状况，查阅权行使的范围应当包括会计账簿（含总账、明细账、日记账和其他辅助性账簿）和会计凭证（含记账凭证、相关原始凭证及作为原始凭证附件入账备查的有关资料）。

但近年来，这一观点已发生了变化。2019 年，北京市高级人民法院作出新的裁判观点。在 2019 年 8 月 26 日《HRBX 国际融资租赁有限公司与 FB 投资有限公司股东知情权纠纷二审民事判决书》[（2019）京民终 323 号] 中，对于是否允许股东查阅会计原始凭证的问题，北京高院认为，我国《公司法》规定股东有查阅公司会计账簿的权利，未将制作公司会计账簿涉及的有关凭证列入股东可以行使股东知情权的范围，故此股东诉讼请求中有关查阅的范围和方式超出我国《公司法》规定的部分，法院不予支持。最高人民法院在 2020 年 3 月 26 日《FB

投资有限公司、HRBX国际融资租赁有限公司股东知情权纠纷再审审查与审判监督民事裁定书》[（2019）最高法民申6815号]一案中亦认为，会计账簿不包括原始凭证和记账凭证。股东知情权和公司利益的保护需要平衡，故不应当随意超越法律的规定扩张解释股东知情权的范畴。《公司法》（2018年修正）仅将股东可查阅财会资料的范围限定为财务会计报告与会计账簿，没有涉及原始凭证。本次《公司法》修订，第五十七条明确了股东有权查阅公司会计凭证。此外，还明确了股东有权查阅、复制公司股东名册，并明确股东可以委托会计师事务所、律师事务所等中介机构辅助行使查阅权的权限及其合法行使查阅权的要求。更进一步地，本次《公司法》修订还新增了股东对全资子公司相关材料的查阅、复制权。

实务建议

公司股东巧用"打草惊蛇"行使知情权，有利于详细了解掌握公司经营管理等重要情况，是股东行使资产收益、参与公司重要事项决策以及选择管理者等权利的前提与基础。关于股东如何行使知情权，建议如下。

一、行使前，在公司章程中详细约定——打草先种草

为便于公司股东行使知情权，可在公司章程中对股东行使知情权相关程序作出细化规定，明确查阅时间和地点等。需要注意，《公司法》规定的股东知情权范围是法定股东知情权范围的最低标准，公司章程可约定赋予股东更大范围的知情权。但不得实质性剥夺股东知情权，否则相关约定无效。

二、行使时，注意履行法定程序——打草惊出蛇

实务中，履行知情权应当履行特定程序，如果经过特定程序仍被拒绝行使股东知情权，则已然达到了"惊蛇"的目的。

第一，股东应向公司提出书面请求，并在书面请求中说明查阅目的。

第二，股东如通过邮寄方式向公司提交书面请求，应注意保留相关证据材料，必要时可采取公证的方式，以防公司拖延或抗辩称未收到请求。

第三，如公司未能自股东提出书面请求之日起十五日内书面答复股东并说明理由，股东可向法院提起诉讼，寻求司法救济。

三、胜诉后，判决履行与保密义务——打草惊走蛇

股东取得胜诉判决后，法院应当在判决中明确查阅或复制特定文件材料的时间、地点和特定文件材料的名录，股东可据此查阅相关文件，还可以由会计师、律师等中介机构执业人员辅助进行。

如果公司存在故意藏匿或销毁相关资料等拒不配合执行的行为，则可能构成拒不执行判决、裁定罪。如果公司主张相关财务资料自始不存在，明显违背市场监管要求的，需承担行政责任。

另外，需要注意，股东及辅助股东查阅公司文件材料的会计师、律师等均负有保密义务。如相关人员行使知情权后泄露公司商业秘密，导致公司合法利益受到损害，需承担赔偿相关损失的法律责任。

法律适用

《中华人民共和国公司法》(2023 年修订)

第五十七条　股东有权查阅、复制公司章程、股东名册、股东会会议记录、董事会会议决议、监事会会议决议和财务会计报告。

股东可以要求查阅公司会计账簿、会计凭证。股东要求查阅公司会计账簿、会计凭证的，应当向公司提出书面请求，说明目的。公司有合理根据认为股东查阅会计账簿、会计凭证有不正当目的，可能损害公司合法利益的，可以拒绝提供查阅，并应当自股东提出书面请求之日起十五日内书面答复股东并说明理由。公司拒绝提供查阅的，股东可以向人民法院提起诉讼。

股东查阅前款规定的材料，可以委托会计师事务所、律师事务所等中介机构进行。

股东及其委托的会计师事务所、律师事务所等中介机构查阅、复制有关材料，应当遵守有关保护国家秘密、商业秘密、个人隐私、个人信息等法律、行政法规的规定。

股东要求查阅、复制公司全资子公司相关材料的，适用前四款的规定。

《最高人民法院关于适用〈中华人民共和国公司法〉若干问题的规定（四）》(2020 年修正)

第七条　股东依据公司法第三十三条、第九十七条或者公司章程的规定，

起诉请求查阅或者复制公司特定文件材料的，人民法院应当依法予以受理。

公司有证据证明前款规定的原告在起诉时不具有公司股东资格的，人民法院应当驳回起诉，但原告有初步证据证明在持股期间其合法权益受到损害，请求依法查阅或者复制其持股期间的公司特定文件材料的除外。

第八条 有限责任公司有证据证明股东存在下列情形之一的，人民法院应当认定股东有公司法第三十三条第二款规定的"不正当目的"：

（一）股东自营或者为他人经营与公司主营业务有实质性竞争关系业务的，但公司章程另有规定或者全体股东另有约定的除外；

（二）股东为了向他人通报有关信息查阅公司会计账簿，可能损害公司合法利益的；

（三）股东在向公司提出查阅请求之日前的三年内，曾通过查阅公司会计账簿，向他人通报有关信息损害公司合法利益的；

（四）股东有不正当目的的其他情形。

第九条 公司章程、股东之间的协议等实质性剥夺股东依据公司法第三十三条、第九十七条规定查阅或者复制公司文件材料的权利，公司以此为由拒绝股东查阅或者复制的，人民法院不予支持。

第十一条 股东行使知情权后泄露公司商业秘密导致公司合法利益受到损害，公司请求该股东赔偿相关损失的，人民法院应当予以支持。

根据本规定第十条辅助股东查阅公司文件材料的会计师、律师等泄露公司商业秘密导致公司合法利益受到损害，公司请求其赔偿相关损失的，人民法院应当予以支持。

杜绝以逸待劳：股东如何请求盈余分配

知识要点：公司盈余分配请求权

> **计策释义**
>
> 以逸待劳：困敌之势，不以战；损刚益柔。
>
> 使敌人的势力损耗，不一定需要使用武力；敌方刚强之势消耗了，我方的力量自然就会增强。

以逸待劳出自《孙子·军争篇》："以近待远，以佚待劳，以饱待饥，此治力者也。"意思是，以己方的从容休整对付敌方的精疲力尽，采取守势，养精蓄锐，等待来攻的敌人疲劳时再出击。因势利导可使自己变被动为主动，不一定要用直接进攻的方法。使用这一计策时，一定要对自己和对方所处的环境、意图，以及彼此间的实力对比情况了如指掌。该计策的关键在于适时掌握主动权，抓住有利时机，并非一直处于"逸"的状态就能够获得胜算，也不可把以逸待劳的"待"字理解为消极被动的等待，久拖不决极有可能导致失策。

"天下熙熙，皆为利来；天下攘攘，皆为利往。"股东投资公司最重要的目的就是获取投资回报，《公司法》也保障了股东的分红权。在公司实际经营的过程中，对小股东而言，比较关心的问题是公司是否盈利、如何分取红利。

当公司有利润可供分配却"不分一杯羹"时，中小股东要积极作为。中小股东可依法提出分配利润的议案、提议召开临时股东会，要求股东会对公司利润分配的事项作出相关决议，并在决议中载明利润分配方案。在取得载有具体利润分配方案的股东会决议后，中小股东就进一步掌握了主动权，可诉请法院强制分配利润。

裁判摘要

利润分配请求权成立须同时满足有可供分配的税后利润、合法有效的利润分配决议和公司拒绝执行决议的理由不成立三个条件。股东会未作出利润分红决议之前，股东直接向法院起诉要求公司盈余分配的，不予支持。

基本案情①

KY公司系有限责任公司，2015年3月31日成立，工商登记的股东为陈某、大连KY公司，陈某占有20%的股份，大连KY公司占有80%的股份，陈某担任该公司执行董事及法定代表人。KY公司章程载明：股东会负责审议批准公司的利润分配方案和弥补亏损的方案；执行董事的职权包括制订公司的利润分配方案和弥补亏损的方案；执行董事为公司的法定代表人。

2016年，大连KY公司与陈某签订《解除劳动关系协议》1份，载明："陈某于2016年9月30日离职，以下就双方劳动关系解除后针对工作期间股权转让、法人变更、责权约定等相关问题达成协议如下：一、股权转让约定。1.陈某因在大连KY公司所占10%股权未实际出资，现将全部股权无条件转让给大连KY公司指定的后续项目负责人；2.陈某在KY公司所占20%股权无条件转让10%给大连KY公司，因陈某未实际出资，大连KY公司给予陈某保留10%股权，该股权陈某仅有利润分红权，不承担出资义务，亦没有投票权和管理权，未来公司解散亦没有分配资产和承担亏损的权利和义务。二、法人变更约定。陈某不再担任KY公司法定代表人职务，并配合大连KY公司办理相关变更业务。"

陈某称其发现KY公司在2015年12月30日至2017年12月28日期间通过网

---

① 案例名称：陈某与无锡KY资产管理有限公司公司盈余分配纠纷案
案　　号：（2019）苏02民终483号
法　　院：江苏省无锡市中级人民法院
原　　告：陈某
被　　告：无锡KY资产管理有限公司（以下简称KY公司）
来　　源：《中国法院2022年度案例》

银转账方式向大连KY公司汇款11次，金额总计242.52万元。陈某认为，因KY公司对外汇款等事宜均由大连KY公司派驻在KY公司的财务人员负责，大连KY公司的上述行为系滥用股东权利导致KY公司不分配利润，损害了其股东权益。故陈某向法院诉请判决KY公司向其分配利润。

KY公司辩称，KY公司向大连KY公司汇款系基于其与大连KY公司签订的服务协议，KY公司向大连KY公司支付的费用包括人工成本、服务费、差旅费等。公司盈余分配属于公司自治的范畴，且陈某并未提供初步证据证明大连KY公司存在利用大股东的优势地位损害小股东利益的情形。陈某不认可大连KY公司提供服务的广度和深度，但在现代科技水平下，许多服务都是远程支持，也并非所有的服务都会留下书面痕迹，即使审计也仅仅是做数据计算，无法认定本案的服务项目是否发生及收费是否合理。

审理意见

本案的争议焦点为：KY公司应否向陈某分配利润。

法院认为，《公司法解释（四）》第十四条规定："股东提交载明具体分配方案的股东会或者股东大会的有效决议，请求公司分配利润，公司拒绝分配利润且其关于无法执行决议的抗辩理由不成立的，人民法院应当判决公司按照决议载明的具体分配方案向股东分配利润。"第十五条规定："股东未提交载明具体分配方案的股东会或者股东大会决议，请求公司分配利润的，人民法院应当驳回其诉讼请求，但违反法律规定滥用股东权利导致公司不分配利润，给其他股东造成损失的除外。"

因此，股东有权请求公司分配利润的情形为以下两点。

1.公司已通过分配利润的股东会决议，无正当理由未予执行。

2.公司未通过分配利润的股东会决议，但大股东滥用股东权利导致公司不分配利润，给其他股东造成损失。

第一，陈某的请求不符合上述第一种情形。依照KY公司章程规定，应由公司执行董事制订公司的利润分配方案，由公司股东会审议批准公司的利润分配方案。本案中，KY公司并未作出分配利润的股东会决议，且陈某作为公司的执行董事，也从未制订并向股东会提出过利润分配方案。

第二，陈某的请求也不符合上述第二种情形。陈某认为系大连KY公司滥用大股东的优势地位转移KY公司利润，导致KY公司不分配利润，对此KY公司一审中提供了与大连KY公司逐年签订的服务协议、服务费明细表、请款单及服务费发票等证据用以证明服务合同关系真实发生，陈某认为服务协议系后补，没有真实履行，但并未提供任何相反证据予以反驳。且陈某本人即为大连KY公司派驻至KY公司的人员之一，其工资、差旅费等均包含在KY公司所支付的服务费中，一审中陈某还陈述KY公司的汇款事宜均由大连KY公司派驻在KY公司的财务人员负责，可见其对大连KY公司向KY公司提供服务的事宜是明知的。

综上，陈某上述抗辩缺乏事实依据，本院不予采信。

对于陈某的审计申请，陈某申请对KY公司2015年3月31日至2018年6月4日期间的财务状况及盈余数额进行司法审计，但公司并非有利润就必须向股东分配，公司是否分配利润还与公司长期经营决策有关，其申请审计的事项与本案事实认定不具有关联性。陈某还申请对案涉服务协议是否真实履行及大连KY公司提供的服务价值进行司法审计。

对此，本院认为，陈某并未提供初步证据证明大连KY公司与KY公司之间的服务协议是虚假交易，且对服务价值的认知本身具有很大的主观性，该项审计不具有可操作性。故对陈某在本案中提出的两项审计申请，本院均不予准许。

综上，陈某未举证证明KY公司已通过利润分配的股东会决议或大连KY公司存在滥用股东权利导致KY公司不分配利润的情形，对其要求KY公司分配利润的请求，本院不予支持。判决驳回上诉，维持原判。

实务解读

本案中，依照KY公司章程规定，应由公司执行董事制订公司的利润分配方案，由公司股东会审议批准公司的利润分配方案。KY公司并未作出分配利润的股东会决议，且陈某作为公司的执行董事，也从未制订并向股东会提出过利润分配方案，因此不符合"股东提交载明具体分配方案的股东会或者股东大会的有效决议"这一利润分配的程序条件。

"由于股东投资的最终目的就是获得投资收益，因此利润分配权是股东权利的核心。在《公司法》理论上，股东的利润分配权分为抽象的利润分配权和具体的利润分配权。所谓抽象的利润分配权，是指公司在每个会计年度进行决算后，股东依据公司的决定获取相应红利的权利。由于公司是否有利润可分配和是否分配利润具有不确定性，因此抽象的利润分配权属于期待权，但同时又是股东所享有的一种固有权，公司章程或公司机关不得剥夺或限制。所谓具体的利润分配权，是指公司股东会或股东大会对有关利润分配事项作出决议后，股东所享有的分配请求权。请求公司分配利润是股东的固有权利，但是否以及如何进行利润分配，既属于公司发展谋略和商业判断的范畴，更取决于公司是否具备可分配利润等现实情况，具有不确定性，因此通常情况下，司法审判不宜亦难以介入公司利润分配。"[1]

最高人民法院颁布的《公司法解释（四）》确立了利润分配纠纷案件裁判的基本原则。利润分配请求权的构成要件须同时满足有可供分配的税后利润、合法有效的利润分配决议、公司拒绝执行决议的理由不成立这三个条件才能成立。

一、公司盈余分配的实质条件是有可供分配的税后利润。股东应当在提取法定公积金、弥补亏损后才能向股东分配利润

股东投资公司的目的主要是在公司有盈余时分配利润以获得收益，但基于保护公司及其债权人利益的需要，公司分配股利的资金来源不能是公司的资本，只能是公司的利润。

关联案例 ‖ 湖南省ZQ房地产开发有限公司、严某针公司盈余分配纠纷再审案，最高人民法院（2019）最高法民再88号

最高人民法院认为，公司应当在提取当年法定公积金、弥补亏损之后向股东分配税后利润。换言之，公司盈余分配决议内容应当反映当年法定公积金提取、弥补亏损的内容。执行公司盈余分配方案也应当具备已经提取当年法定公积金、弥补亏损的条件。原判决未查明上述事实，即认定湖南省ZQ房地产开发有限公司应按照案涉《股东协议》《会议纪要》向严某针、杨某辉分配公司盈余，存有不当。

---

[1]　贺小荣、曾宏伟：《关于适用〈中华人民共和国公司法〉若干问题的规定（四）的理解与适用》，载《人民司法·应用》2017年第28期，第43—44页。

二、股东未提异议的，已经股东会确认的分配方案，其再就该分配方案提出异议，人民法院不予支持，金额以分配方案为准

利润如何分配，属于公司意思自治范畴，股东可在法定范围内自主约定公司盈余分配比例、时间与形式等，司法一般不予干涉。对于公司尚未作出利润分配决议的，股东的利润分配请求权仍属于抽象性的盈余分配请求权，是一种期待权，在诉讼法上表现为确认之诉，股东不能直接起诉公司要求分配利润。"由于公司盈利及分配政策的不确定性，每年度分配与否及数额均为未知，唯有实质、形式要件皆备的，才得以转化为既得权也即具体股利分配请求权。"[①]

对于公司股东会作出利润分配决议的，股东的盈余分配请求权已转化为具体的盈余分配请求权，权利性质已从期待权转化为既得权，在诉讼法上表现为给付之诉。故对已经股东会决议通过的利润分配方案，原则上不可撤销，应无条件执行。

关联案例 ‖ 庄某阳、安徽砀山 KF 置业有限公司公司盈余分配纠纷再审审查与审判监督案，最高人民法院（2020）最高法民申 3355 号

最高人民法院认为，关于本案所涉应分配利润问题，《资产清查报告》已将《专项审计报告》确认的未分配利润 488.68 万元记载于"负债清算情况——其他应付款清算情况"栏目中，并在扣除 10% 法定公积金的基础上，确定了公司股东米某精应分配利润数额。同时，《资产清查报告》对安徽砀山 KF 置业有限公司（以下简称 KF 公司）剩余财产分配提出处理办法，并确定剩余资产分配方案。截至 2020 年 3 月 18 日，KF 公司资产分配方案已经股东确认，庄某阳未对剩余资产分配提出尚有未分配利润的异议。庄某阳在 KF 公司剩余财产分配完毕并已于 2020 年 4 月 24 日注销登记后，又依据《资产清查报告》主张二审判决认定 KF 公司应付庄某阳公司盈余款数额有误，缺乏事实依据。对其主张本院不予支持。

---

① 李建伟：《法院如何支持股东的抽象股利分配请求权——来自 197 份商事裁决书的类型化分析》，载《中外法学》2021 年第 2 期，第 485 页。

三、有证据证明公司有盈余且存在部分股东变相分配利润、隐瞒或转移公司利润等滥用股东权利情形的，诉讼中可强制盈余分配

虽然《公司法解释（四）》确立了人民法院原则上不支持股东抽象利润分配请求权的裁判规则，但是考虑到大股东排挤、压榨小股东，以及董事会等内部人控制等原因，导致大股东变相分配公司利润，损害小股东利润分配请求权的现实情况，《公司法解释（四）》第十五条但书条款亦规定了有限的肯定抽象利润分配之诉的除外情形，以期为中小股东受到的不公平损害提供救济渠道。

对于股东滥用权利损害小股东利润分配请求权的具体情形，最高人民法院认为，"从司法实践来看，股东控制公司从事下列行为之一的，可以认定为滥用股东权利：给在公司任职的股东或者其指派的人发放与公司规模、营业业绩、同行业薪酬水平明显不符的过高薪酬，变相给该股东分配利润的；购买与经营不相关的服务或者财产供股东消费或者使用，变相给该股东分配利润的；为了不分配利润隐瞒或者转移公司利润的。"[1]

关联案例 ‖ 庆阳市 TY 热力有限公司、李某军公司盈余分配纠纷案，最高人民法院（2016）最高法民终 528 号[2]

最高人民法院认为，在公司盈余分配纠纷中，虽请求分配利润的股东未提交载明具体分配方案的股东会或股东大会决议，但当有证据证明公司有盈余且存在部分股东变相分配利润、隐瞒或转移公司利润等滥用股东权利情形的，诉讼中可强制盈余分配，且不以股权回购、代位诉讼等其他救济措施为前提。

在确定盈余分配数额时，要严格公司举证责任以保护弱势小股东的利益，但还要注意优先保护公司外部关系中债权人、债务人等的利益，对于有争议的款项因涉及案外人实体权利而不应在公司盈余分配纠纷中作出认定和处理。有盈余分配决议的，在公司股东会或股东大会作出决议时，在

① 贺小荣、曾宏伟：《关于适用〈中华人民共和国公司法〉若干问题的规定（四）的理解与适用》，载《人民司法·应用》2017年第28期，第44页。
② 来源于《最高人民法院公报》2018年第8期（总第262期）。

公司与股东之间即形成债权债务关系，若未按照决议及时给付则应计付利息，而司法干预的强制盈余分配则不然，在盈余分配判决未生效之前，公司不负有法定给付义务，故不应计付利息。

盈余分配义务的给付主体是公司，若公司的应分配资金因被部分股东变相分配利润、隐瞒或转移公司利润而不足以支付时，不仅直接损害公司的利益，也损害到其他股东的利益，利益受损的股东可直接依据《公司法》第二十条第二款的规定向滥用股东权利的公司股东主张赔偿责任，或依据《公司法》第二十一条的规定向利用其关联关系损害公司利益的控股股东、实际控制人、董事、监事、高级管理人员主张赔偿责任，或依据《公司法》第一百四十九条的规定向违反法律、行政法规或者公司章程的规定给公司造成损失的董事、监事、高级管理人员主张赔偿责任。

实务建议

股东要依法积极主动行使盈余分配请求权，除公司或其他股东违反法律规定滥用股东权利导致公司不分配利润，给其他股东造成损失外，需要密切关注以下方面。

一、资格条件——确定请求人享有股东资格

公司盈余分配请求权是股东基于其股东资格和地位而固有的一项权利，与股东身份密不可分。即便隐名股东与名义股东之间存在股权代持关系，隐名股东系公司的实际出资人，但隐名股东并非公司的登记股东，不能直接以股东身份要求公司向其支付利润，隐名股东只能依据其与名义股东之间的股权代持合同主张其权利。

二、实质要件——税后利润在弥补亏损和提取公积金后仍有节余

股东请求公司分配利润需满足实质要件及程序要件。实质要件包括公司需存在税后利润，且税后利润已经弥补公司之前的亏损；税后利润已经计提法定公积金、任意公积金。该要件可以通过查阅公司账目或者审计报告等手段予以

确定，或通过行使知情权确定。

三、前置程序——股东会决议形成利润分配方案

公司盈余是否分配，如何分配属于公司股东会的职权范围。在公司股东会未就公司利润分配方案进行决议之前，公司股东直接向人民法院起诉请求判令公司向股东分配利润缺乏法律依据。请求股东要通过股东会决议形成利润分配方案，股东会决议合法有效是请求公司给付利润的前提条件。

四、章程设计——特别规定利润分配问题

建议在设计章程时，可就分配利润的问题作出特别规定，如规定按年度分配，或者每年须就分配利润事项作出决议等。或规定公司经营情况发生重大变化时，公司有权调整利润分配政策，或委托第三方机构就公司的账目资料进行审计，以防止长期不分配公司利润而引起争议。

五、时间限制——分配利润的法定期限

本次《公司法》修订，在第二百一十二条新增了利润分配的法定期限，即"股东会作出分配利润的决议的，董事会应当在股东会决议作出之日起六个月内进行分配"，与原《最高人民法院关于适用〈中华人民共和国公司法〉若干问题的规定（五）》规定的一年期限相比，分配时间大幅缩短，能够更加有效率地强化对股权利润分配权的保护。

法律适用

《中华人民共和国公司法》（2023年修订）

第五十九条　股东会行使下列职权：

（一）选举和更换董事、监事，决定有关董事、监事的报酬事项；

（二）审议批准董事会的报告；

（三）审议批准监事会的报告；

（四）审议批准公司的利润分配方案和弥补亏损方案；

（五）对公司增加或者减少注册资本作出决议；

（六）对发行公司债券作出决议；

（七）对公司合并、分立、解散、清算或者变更公司形式作出决议；

（八）修改公司章程；

（九）公司章程规定的其他职权。

股东会可以授权董事会对发行公司债券作出决议。

对本条第一款所列事项股东以书面形式一致表示同意的，可以不召开股东会会议，直接作出决定，并由全体股东在决定文件上签名或者盖章。

第六十七条 有限责任公司设董事会，本法第七十五条另有规定的除外。

董事会行使下列职权：

（一）召集股东会会议，并向股东会报告工作；

（二）执行股东会的决议；

（三）决定公司的经营计划和投资方案；

（四）制订公司的利润分配方案和弥补亏损方案；

（五）制订公司增加或者减少注册资本以及发行公司债券的方案；

（六）制订公司合并、分立、解散或者变更公司形式的方案；

（七）决定公司内部管理机构的设置；

（八）决定聘任或者解聘公司经理及其报酬事项，并根据经理的提名决定聘任或者解聘公司副经理、财务负责人及其报酬事项；

（九）制定公司的基本管理制度；

（十）公司章程规定或者股东会授予的其他职权。

公司章程对董事会职权的限制不得对抗善意相对人。

第一百七十二条 国有独资公司不设股东会，由履行出资人职责的机构行使股东会职权。履行出资人职责的机构可以授权公司董事会行使股东会的部分职权，但公司章程的制定和修改，公司的合并、分立、解散、申请破产，增加或者减少注册资本，分配利润，应当由履行出资人职责的机构决定。

第二百一十条 公司分配当年税后利润时，应当提取利润的百分之十列入公司法定公积金。公司法定公积金累计额为公司注册资本的百分之五十以上的，可以不再提取。

公司的法定公积金不足以弥补以前年度亏损的，在依照前款规定提取法定公积金之前，应当先用当年利润弥补亏损。

公司从税后利润中提取法定公积金后，经股东会决议，还可以从税后利润中提取任意公积金。

公司弥补亏损和提取公积金后所余税后利润，有限责任公司按照股东实缴的出资比例分配利润，全体股东约定不按照出资比例分配利润的除外；股份有限公司按照股东所持有的股份比例分配利润，公司章程另有规定的除外。

公司持有的本公司股份不得分配利润。

第二百一十一条　公司违反本法规定向股东分配利润的，股东应当将违反规定分配的利润退还公司；给公司造成损失的，股东及负有责任的董事、监事、高级管理人员应当承担赔偿责任。

第二百一十二条　股东会作出分配利润的决议的，董事会应当在股东会决议作出之日起六个月内进行分配。

《最高人民法院关于适用〈中华人民共和国公司法〉若干问题的规定（四）》（2020年修正）

第十四条　股东提交载明具体分配方案的股东会或者股东大会的有效决议，请求公司分配利润，公司拒绝分配利润且其关于无法执行决议的抗辩理由不成立的，人民法院应当判决公司按照决议载明的具体分配方案向股东分配利润。

第十五条　股东未提交载明具体分配方案的股东会或者股东大会决议，请求公司分配利润的，人民法院应当驳回其诉讼请求，但违反法律规定滥用股东权利导致公司不分配利润，给其他股东造成损失的除外。

《最高人民法院关于适用〈中华人民共和国公司法〉若干问题的规定（五）》（2020年修正）

第四条　分配利润的股东会或者股东大会决议作出后，公司应当在决议载明的时间内完成利润分配。决议没有载明时间的，以公司章程规定的为准。决议、章程中均未规定时间或者时间超过一年的，公司应当自决议作出之日起一年内完成利润分配。

决议中载明的利润分配完成时间超过公司章程规定时间的，股东可以依据民法典第八十五条、公司法第二十二条第二款规定请求人民法院撤销决议中关于该时间的规定。

防范偷梁换柱：异议股东如何请求回购

知识要点：异议股东回购请求权

计策释义

偷梁换柱：频更其阵，抽其劲旅，待其自败，而后乘之，曳其轮也。

对暂时纠结在一起的部队，多次变动它的布阵，抽调开它的主力，等待它自趋失败，然后趁机制服它。

偷梁换柱，指用偷换的办法，暗中改变事物的本质和内容，以达蒙混欺骗的目的。"偷天换日""偷龙换凤""调包计"，都是同样的意思。古时作战讲究列阵迎敌，其中"天衡"和"地轴"分别相当于阵式的梁和柱，是精兵主力之所在。在对阵时，暗中调走敌人的主力，分散和削弱敌人的力量，即为偷梁换柱。此计归于第五套"并战计"中，本意是乘友军作战不利，借机兼并他的主力为己方所用。

在公司经营中，大股东可能行使"偷梁换柱"之计，滥用控制权地位暗中转移公司优质资产，企图中饱私囊。小股东可对股东会该项决议投反对票，请求公司按照合理的价格收购其股权。通过行使异议股东回购请求权，可以维护自身权益，但需要注意仍受到诸多限制。

裁判摘要

根据《公司法》第七十四条①之规定，对股东会决议转让公司主要财产投反

---

① 参照《公司法》（2023年修订）第八十九条。

对票的股东有权请求公司以合理价格回购其股权。非因自身过错未能参加股东会的股东，虽未对股东会决议投反对票，但对公司转让主要财产明确提出反对意见的，其请求公司以公平价格收购其股权，法院应予支持。

基本案情①

袁某晖为 CJ 置业公司股东。2010 年 3 月 5 日，CJ 置业公司形成股东会决议，明确由沈某、钟某光、袁某晖三位股东共同主持工作，确认全部财务收支、经营活动和开支、对外经济行为必须通过申报并经全体股东共同联合批签才可执行，对重大资产转让要求以股东决议批准方式执行。但是，根据 CJ 置业公司与袁某晖的往来函件，在实行联合审批办公制度之后，CJ 置业公司对案涉二期资产进行了销售，该资产从定价到转让，均未取得股东袁某晖的同意，也未通知其参加股东会。

同时，CJ 置业公司《公司章程》中规定，股东权利受到公司侵犯，股东可书面请求公司限期停止侵权活动，并补偿因被侵权导致的经济损失。如公司经法院或公司登记机关证实：公司未在所要求的期限内终止侵权活动，被侵权的股东可根据自己的意愿退股，其所拥有的股份由其他股东协议摊派或按持股比例由其他股东认购。CJ 置业公司在没有通知袁某晖参与股东会的情况下，于 5 月 31 日作出股东会决议，取消了袁某晖的一切经费开支。

袁某晖在 8 月 19 日申请召开临时股东会，明确表示反对二期资产转让，要求立即停止转让上述资产，CJ 置业公司驳回了袁某晖的申请，并继续对二期资产进行转让。

CJ 置业公司股东之间因利益纠纷已产生多次诉讼。

袁某晖向法院起诉，请求判决 CJ 置业公司根据《公司法》之规定收购袁某晖 20% 股权。

---

① 案例名称：袁某晖诉 CJ 置业（湖南）发展有限公司请求公司收购股份纠纷案
案　　号：（2014）民申字第 2154 号
法　　院：最高人民法院
原　　告：袁某晖
被　　告：CJ 置业（湖南）发展有限公司（以下简称 CJ 置业公司）
来　　源：《最高人民法院公报》2016 年第 1 期

审理意见

此案的争议焦点为袁某晖是否有权请求CJ置业公司回购股权。

法院认为，根据《公司法》第七十四条之规定，对股东会决议转让公司主要财产投反对票的股东有权请求公司以合理价格回购其股权。从形式上看，袁某晖未参加股东会，未通过投反对票的方式表达对股东会决议的异议。但是，《公司法》第七十四条的立法精神在于保护异议股东的合法权益，之所以对投反对票作出规定，意在要求异议股东将反对意见向其他股东明示。本案中袁某晖未被通知参加股东会，无从了解股东会决议，并针对股东会决议投反对票。CJ置业公司继续对二期资产进行转让，已经侵犯了袁某晖的股东权益。因此，法院依照《公司法》第七十四条之规定，认定袁某晖有权请求CJ置业公司以公平价格收购其股权。

本案中，CJ置业公司在没有通知袁某晖参与股东会的情况下，于2010年5月31日作出股东会决议，取消了袁某晖的一切经费开支，CJ置业公司和其股东会没有保障袁某晖作为股东应享有的决策权和知情权，侵犯了袁某晖的股东权益，符合CJ置业公司《公司章程》中所约定的"股东权利受到公司侵犯"情形。因此，袁某晖有权根据《公司章程》的规定，请求公司以回购股权的方式让其退出公司。

从本案实际处理效果看，CJ置业公司股东之间因利益纠纷产生多次诉讼，有限公司人合性已不复存在，通过让股东袁某晖退出公司的方式，有利于尽快解决公司股东之间的矛盾和冲突，从而保障公司利益和各股东利益。如果CJ置业公司有证据证明袁某晖存在侵占公司资产的行为，可以另行主张。

综上，袁某晖请求CJ置业公司收购其20%股权符合《公司法》和CJ置业公司《公司章程》的规定。

实务解读

此案例涉及异议股东回购请求权的问题。

在股东意见发生分歧时，为保护中小股东利益，《公司法》（2023年修订）第八十九条规定了异议股东回购请求权，在公司的重大决议导致公司发生根本性的变化、从而将使异议股东遭受重大损失的情况下，异议股东可请求公司回购其股权，退出公司。

一、异议股东行使回购请求权的法定事由

《公司法》（2023年修订）第八十九条规定了异议股东行使回购请求权的三种法定事由：公司连续五年不向股东分配利润，而公司该五年连续盈利，并且符合分配利润条件的；公司合并、分立、转让主要财产的；公司章程规定的营业期限届满或者章程规定的其他解散事由出现，股东会通过决议修改章程使公司存续的。相比之前，本次《公司法》修订还新增了控股股东压迫情形下中小股东股权回购救济的一般规定，即"公司的控股股东滥用股东权利，严重损害公司或者其他股东利益的，其他股东有权请求公司按照合理的价格收购其股权"。

1.公司连续五年符合分配利润条件而不向股东分配利润

在实践中，适用此条款主张回购股权难度较高。第一，异议股东需要举证证明公司连续五年存在盈利，且符合分配利润条件。但中小股东往往并不直接掌握公司运营情况及财务状况，难以获取完整的公司财务资料，无法准确审计公司利润。第二，即使掌握了公司符合分配利润条件的证据，公司可能根本未作出过分配公司利润的股东会决议，则股东提出异议的基础根本不存在。

关联案例 ‖ 李某滨诉天津FL船务代理有限公司请求公司收购股份案，天津市第三中级人民法院（2020）津03民终1900号

李某滨是天津FL船务代理有限公司（以下简称FL公司）的股东，享有作为股东的资产收益权利。但李某滨未提交载明具体分配方案的股东会或者股东大会的有效决议，双方也均认可FL公司自成立以来未作出过分配公司利润的股东会决议，李某滨无法举证证明其可以直接依据载明具体分配方案的股东决议向其分配利润。

李某滨主张FL公司存在违反法律规定滥用股东权利不向其分配利润的情形，对此负有举证说明FL公司存在滥用股东权利的行为并应向其分配150万元利润的事实。第一，李某滨并未向法庭举证证实FL公司存在何种滥用股东权利不分配利润的情形，FL公司对此也不予认可。第二，李某滨不能举证说明FL公司应向其分配150万元利润的事实，生效判决亦确认不

能提供审计财务资料不完全属于FL公司的责任，现双方均无法提供FL公司完整的财务审计资料，李某滨提供的相关银行流水记录并不是完整的FL公司的财务资料，亦不足以作为审计FL公司利润的依据。

2.公司合并、分立、转让主要财产

适用该条款的关键点在于，如何认定主要财产。在司法实践中，法院通常认为主要财产的认定应当从转让财产价值占公司资产的比重、转让的财产对公司正常经营和盈利的影响以及转让财产是否导致公司发生根本性变化等多角度进行考察，其中应以转让财产是否导致公司发生根本性变化作为判断的主要标准。也有法院采用财产价值占公司资产的比重是否达到50%、转让的财产对公司正常经营是否造成决定性影响等标准，来认定什么是公司主要财产。

3.公司章程规定的营业期限届满或者章程规定的其他解散事由出现，股东会通过决议修改章程使公司存续

适用该条款的标准相对清晰，情节较为明确。

关联案例 ‖ 黄某逊诉无锡XZR国际集团有限公司请求公司收购股份纠纷案，江苏省无锡市中级人民法院（2019）苏02民终2555号

2016年7月8日，无锡XZR国际集团有限公司（以下简称XZR集团）召开股东会临时会议，对是否同意将XZR集团章程第四条"股东的合营期限为12年，即自核准开业登记之日起至时满12年止"修改为"公司的营业期限为：长期"进行决议，黄某逊表决反对。最终，通过了将公司营业期限确定为"长期"的股东会决议。由于2016年7月8日召开股东会并通过了延长XZR集团经营期限为长期的决议，对此黄某逊表示反对，因此黄某逊要求公司以9551703.32元收购其持有的3.68%的股份，于法有据，法院予以支持。

二、异议股东行使回购请求权的限制

异议股东行使回购请求权受到较为严格的限制，包括两种：一是程序限制，股东需对股东会该项决议投反对票；二是时间限制，自股东会决议通过之日起

六十日内，股东与公司不能达成股权收购协议的，股东可以自股东会决议通过之日起九十日内起诉。但该限制并不绝对，在特殊情形下可以突破限制。

1.行使异议股东回购请求权的程序限制

异议股东行使回购请求权的程序限制可拆解为两个要件：一是公司按程序召开股东会；二是股东出席会议并就表决事项投反对票。但在实践中，这两个要件并不一定能如期发生。公司有可能并不召开股东会，而是由控股股东单方面作出决定，或虽召开股东会但并不通知中小股东参会，中小股东根本无法行使投票权利表达反对意见。

程序限制的突破：一般情形下公司应就重大事项召开股东会，通知股东作出决议，异议股东需出席并投反对票，但特殊情形下由于公司原因不召开股东会或股东非由于自身原因未出席股东会，股东亦有权请求公司回购其股权。

2.行使异议股东回购请求权的时间限制

《公司法》规定了股东可以自股东会决议通过之日起九十日内向人民法院提起诉讼，该期间属于除斥期间。《最高人民法院关于适用〈中华人民共和国公司法〉若干问题的规定（一）》规定，原告以《公司法》第七十四条第二款[①]规定事由，向人民法院提起诉讼时，超过《公司法》规定期限的，人民法院不予受理。

时间限制的突破：理论上，除斥期间不适用有关诉讼时效中止、中断和延长的规定，存续期间届满则权利消灭。但在实践中，如确有理由表明存在特殊情形，即使超过该期间，法院仍有可能受理起诉，维护当事人的合法权益。

关联案例 ‖ 李某骏诉常州市 CL 生活用品有限公司请求公司收购股份纠纷案，江苏省常州市中级人民法院（2014）常商终字第133号

在李某骏提起公司回购股权之诉后，因常州市 CL 生活用品有限公司（以下简称 CL 公司）及其他两位股东否认开过第十三次股东会并形成延长公司经营期限的决议，并且李某骏客观上不持有该公司股东会决议原件，导致李某骏只能撤回公司股权回购之诉，并以公司出现解散事由为由提起解散 CL 公司之诉，在提起解散 CL 公司诉讼的过程中，CL 公司提交了公司

---

① 参照《公司法》（2023年修订）第八十九条第二款。

第十三次股东会决议，且CL公司以该份股东会决议在工商部门办理了延长公司经营期限手续并已核准。李某骏撤回2011年7月提起的公司股权回购之诉，完全是因为CL公司及其他股东违反诚信原则，恶意否认开过第十三次股东会并形成延长公司经营期限的决议，导致诉讼程序进程的变化。现李某骏依据CL公司提供的第十三次股东会决议提起公司股权回购之诉，本案应视为2011年7月李某骏提起CL公司回购股权之诉一案的延续，故李某骏的起诉没有违反法律关于提起公司回购股权之诉的除斥期间的规定。

实务建议

在此案中，被告利用其在公司中的优势地位"偷梁换柱"，转移公司大额资产，这也是公司经营过程中常见的问题。应对此计策，需要做到小心谨慎，不给他人可乘之机；严守"梁"和"柱"，防止被偷换；一旦发现，要立即实施补救措施。

在公司发展进程中，股东在经营战略、利益分配等重大事项上经常发生分歧。在"资本多数决"原则之下，中小股东常处于不利地位。在公司的重大决议导致公司发生根本性的变化、从而将使异议股东遭受重大损失时，中小股东可行使回购请求权，要求公司回购股权，保障其顺利退出企业。

具体而言，行使异议股东回购请求权的一般程序如下。

一、公司召开股东会就有关事项作出决议

有限责任公司召开股东会，作出连续五年盈利的情况下不分配利润、公司合并、分立、转让主要财产、营业期限届满或其他解散事由出现时修改章程使公司存续的决议。

二、股东出席股东会并对有关决议投反对票

有限责任公司股东应出席股东会会议，或委托其他人代为出席股东会，并就前述相关决议投反对票，明确提出异议。

特殊情形下，股东非由于自身原因未出席股东会，或非由于自身原因难以知晓相关决议时，在司法实践中，根据公平及诚信原则，也可突破这一限制，适用回购请求权。

三、股东向公司提出回购股权的请求

股东向公司提出回购股权的请求是必经的前置程序。在司法实践中，如股东未向公司以书面形式提出回购请求即直接提起诉讼，有被法院驳回起诉的风险。公司有义务积极配合，完成回购行为，保障异议股东回购请求权的实现。

四、未在规定时间内达成协议，股东可起诉

如果自股东会会议决议通过之日起六十日内，股东与公司不能就股权回购事项达成一致协议，股东就可以自股东会会议决议通过之日起九十日内向人民法院提起诉讼。该九十日系除斥期间，不适用诉讼时效中止或者中断等相关规定。

法律适用

《中华人民共和国公司法》（2023年修订）

第八十九条　有下列情形之一的，对股东会该项决议投反对票的股东可以请求公司按照合理的价格收购其股权：

（一）公司连续五年不向股东分配利润，而公司该五年连续盈利，并且符合本法规定的分配利润条件；

（二）公司合并、分立、转让主要财产；

（三）公司章程规定的营业期限届满或者章程规定的其他解散事由出现，股东会通过决议修改章程使公司存续。

自股东会决议作出之日起六十日内，股东与公司不能达成股权收购协议的，股东可以自股东会决议作出之日起九十日内向人民法院提起诉讼。

公司的控股股东滥用股东权利，严重损害公司或者其他股东利益的，其他股东有权请求公司按照合理的价格收购其股权。

公司因本条第一款、第三款规定的情形收购的本公司股权，应当在六个月内依法转让或者注销。

《最高人民法院关于适用〈中华人民共和国公司法〉若干问题的规定（一）》（2014年修正）

第三条　原告以公司法第二十二条第二款、第七十四条第二款规定事由，向人民法院提起诉讼时，超过公司法规定期限的，人民法院不予受理。

识别苦肉之计：约定同股不同权可有效

知识要点： 同股不同权约定有效

计策释义

苦肉计：人不自害，受害必真；假真真假，间以得行。童蒙之吉，顺以巽也。

正常情况下人不会自我伤害，若他受害必然是真情；利用这种常理则以假作真，以真作假，那么苦肉计就可实行了。幼稚蒙昧之人所以吉利，是因为柔顺服从。

"人不自害"已成为一种深入人心的心理定式，而苦肉计就是反其道而行之，先把自己苦苦折磨一番，以血泪的代价争取接近敌人。在军事中，此计其实是一种特殊做法的离间计。运用此计，"受害"是假，"自害"是真。己方要造成矛盾激化、受到迫害的假象，借机打入敌人内部去进行间谍活动。

商业中，为了实现追求的特殊目的或者特别的安排，往往采取放弃权益的策略，比如在股东行使权利方面，股东也可以行使"苦肉计"，主动限制甚至放弃自身权利，以换取其他利益。只要经全体股东一致同意，该约定应为有效。

裁判摘要

约定放弃收益条款，是股东间基于平等、自愿原则协商后，对公司管理权、股东分红权及一方股东支付另一方股东固定收益事项的特别安排。该约定不违反《公司法》的强制性规定，亦不损害国家、集体以及第三人和公司的合法权益，应当认定其有效。

基本案情①

2006年6月，浙江NH石油化工有限公司（以下简称浙江NH公司）设立，注册资本1亿元，股东分别为陆某伟、高某云（系夫妻）。舟山NH油污水处理有限公司（以下简称舟山NH公司）系浙江NH公司全资子公司，注册资本1亿元。

2011年9月28日，陆某伟、高某云与LD公司订立《股权转让合同》及其附件，约定转让标的物为浙江NH公司的60%股权包括其全资所属舟山NH公司，含浙江NH公司（包括舟山NH公司）全部有形资产和无形资产；双方同意由LD公司负责并安排浙江NH公司（包括舟山NH公司）的日常经营管理，陆某伟、高某云不参与，陆某伟、高某云承诺在实际收取约定收益的前提下，放弃对浙江NH公司（包括舟山NH公司）分红和新增投资部分的净资产增值的权益；LD公司每年支付给陆某伟、高某云股权转让基准日40%股权总价，共计15240万元的10%作为约定收益（第八年起，双方另行评估商定每年递增比例），该收益自2012年1月1日起按年度计算分期在年度内付清；如一方逾期履行本合同约定义务，则应按逾期履行部分日万分之八支付违约金。

2012年2月8日，陆某伟与LD公司又签订《股东协议》，确定浙江NH公司与舟山NH公司按照LD公司的管理模式运行，陆某伟不参与日常经营管理；董事会、监事、总经理的构成，LD公司不以陆某伟担任浙江NH公司副董事长、推荐董事人员而认为其参与公司的日常经营管理；股东约定，不按照出资比例分红，而是约定收益；LD公司未按约每年支付约定收益，则承担违约责任，同时陆某伟有权按《公司法》规定享有参与公司日常经营管理的权益。

2012年2月22日，上述股权转让完成工商变更登记（含浙江NH公司和舟山NH公司）。

2014年12月，陆某伟向LD公司发送《关于要求立即支付2012年至2014年

① 案例名称：陆某伟诉LD能源集团有限公司股权转让合同纠纷案
案　　号：（2016）沪民终497号
法　　院：上海市高级人民法院
原　　告：陆某伟
被　　告：LD能源集团有限公司（以下简称LD公司）

三年收益之律师函告》。

随后，陆某伟向法院起诉要求LD公司支付2012年度至2015年度约定收益合计人民币6096万元，并要求LD公司按日万分之八计支付延期付款违约金。

LD公司辩称，协议约定的收益没有任何对价，显失公平，性质上属于单方允诺，LD公司有权在支付前撤销该意思表示。

审理意见

本案的争议焦点是《框架协议》《股权转让合同》及《股东协议》中约定放弃分红权及管理权换取约定收益的条款是否有效。

法院认为，本案当事人之间基于诚信和商业判断所订立的《框架协议》《股权转让合同》及《股东协议》均为真实意思表示，不违反法律规定，应具有法律约束力。本案中，陆某伟系基于上述合同中有关支付约定收益的特别条款，诉求LD公司予以履行，具有充分的事实依据。同时，该条款是上述一系列股权转让协议中不可分割的部分，是股东间平等、自愿协商后对于公司管理权、股东分红权及一方股东支付另一方股东固定收益等的特别安排。该约定不违反《公司法》的强制性规定，亦不损害国家、集体以及目标公司（浙江NH公司与舟山NH公司）的合法权益，故予以确认。

对于LD公司抗辩称该约定收益条款在法律性质上属于无对价的、单方允诺条款，LD公司有权在实际履行前予以撤销，法院认为，依据整个合同订立的内容，可以确定该约定收益条款的订立具备了一定的对价关系，即作为浙江NH公司的一方股东（含全资子公司舟山NH公司），陆某伟承诺放弃参与公司经营管理、按照出资比例分红、参与重大决策以及选择管理者等自益权，由相关条款予以印证，故不存在显失公平，同样也不属于《合同法》意义上的赠与合同关系。即使该条款类似于理论上的单务合同关系，也只有在出现不可抗力致使不能实现合同目的的情形下，LD公司可以行使法定解除权，而非《合同法》第五十四条①规定的撤销权。

实务解读

本案涉及股东能否自由约定不行使或不按出资比例行使股东权利的问题。出资

---

① 参照《民法典》第一百四十七和一百五十一条。

是持有股权、行使股东权利的基础，一般情况下股东出资比例与持股比例、分红比例、行使表决权等权利应当保持一致。但在商事实践中，一方面，有限责任公司股东出资形式不同，股东可能通过知识产权等非货币财产出资；另一方面，有限责任公司具有资合性和人合性的双重特性，资本不是决定公司发展的唯一因素。

因此，我国《公司法》赋予了股东意思自治的权利，允许股东约定不按出资比例来确定持股比例和股东权利。当产生纠纷时，股东之间关于出资比例和持股比例、行使股东权利不一致的约定一般应认定为有效。本次《公司法》修订，第一百四十四条新增了股份有限公司"类别股"制度，并于第一百四十五条和第一百四十六条中明确了股份有限公司发行类别股时公司章程应当记载的事项，以及新增类别股股东的分类表决制度。

一、股东可约定不按出资比例行使股东权利

1.可约定不按出资比例行使分红权

获取资产收益是股东最重要的基本权利之一。根据《公司法》规定，股东按照实缴的出资比例分取红利，但是全体股东约定不按照出资比例分取红利的除外。也就是说，《公司法》赋予了股东自由约定分配利润方案的权利。这是因为分红权属于股东自益权，股东可以自行处分。但是为防止大股东滥用资本多数决的原则侵害小股东分红权，公司法严格限制了约定不按照出资分取红利的程序，即要求全体股东一致同意。可以召开股东会，审议批准公司的利润分配方案。如全体股东以书面形式一致表示同意的，也可不召开股东会，直接作出决定，并由全体股东在决定文件上签名、盖章。

关联案例 ‖ 刘某琼诉四川GD建设集团有限公司、王某鸣与公司有关的纠纷案，（2020）最高法民申3891号

法院认为，《公司法》（2018年修正）第三十四条①规定："股东按照实缴的出资比例分取红利；公司新增资本时，股东有权优先按照实缴的出资比例认缴出资。但是，全体股东约定不按照出资比例分取

---

① 参照《公司法》（2023年修订）第二百二十七条、第二百一十条。

红利或者不按照出资比例优先认缴出资的除外。"由于股东享有的分红权属于股东自益权,系股东为自己利益而行使的权利,因此,公司一般应按股东实缴出资比例分配红利。若公司决定不按出资比例分配利润,则必须经过全体股东约定,不得采取多数决的方式决定,其目的在于防止占多数股份股东分配方式因滥用股东权利和公司资本多数决的原则侵害小股东的合法利益,以大股东股权上的优势侵害小股东享有的分红权利。此外,四川GD建设集团有限公司《公司章程》第十三条第四项亦约定"股份按出资比例分取红利"。据此,当四川GD建设集团有限公司股东会约定不按出资比例对公司利润进行分配时,需经公司全体股东同意。而刘某琼、王某衡并未在《2016年利润分配股东会决议》上签字,则该决议上载明的股东分配比例,并未经过全体股东一致同意,因此,该决议载明的利润分配比例并不符合《公司法》第三十四条的规定以及《公司章程》的约定,故对刘某琼、王某衡并不产生约束力。

2.可约定不按出资比例行使表决权

股东的表决权,是股东就股东会议的议案进行投票表决的权利,本质是股东参与公司经营管理的核心权利。[1]最高人民法院2019年发布的《九民纪要》规定,如何行使表决权等问题,应当根据公司章程来确定。公司章程没有规定的,应当按照认缴出资的比例确定。如果股东会作出不按认缴出资比例而按实际出资比例或者其他标准确定表决权的决议,股东请求确认决议无效的,人民法院应当审查该决议是否符合修改公司章程所要求的表决程序,即必须经代表三分之二以上表决权的股东通过。由以上规定可知,股东可约定不按认缴出资比例行使表决权,其程序限制较分红权有所放宽,经代表三分之二以上表决权的股东同意即可。

---

[1] 最高人民法院民事审判第二庭编著:《〈全国法院民商事审判工作会议纪要〉理解与适用》,人民法院出版社2019年版,第128页。

关联案例 ‖ 南京ZHTJ电子系统工程有限公司诉南京BM建筑科技有限公司公司决议撤销案，江苏省南京市中级人民法院（2018）苏01民终10492号

法院认为，《公司法》（2018年修正）第四十二条规定："股东会会议由股东按照出资比例行使表决权；但是，公司章程另有规定的除外。"股东协议书系南京BM建筑科技有限公司（以下简称BM公司）全体股东协商一致签订，内容与BM公司章程大致相同，仅就部分事项进行修改、增补，故应当认定为各方协商一致以股东协议书修正BM公司章程。股东协议书约定，BM公司股东会的表决权比例为：南京ZHTJ电子系统工程有限公司34%、李某荣33%、邵某华33%，同时约定协议中涉及南京ZHTJ电子系统工程有限公司、李某荣、邵某华三方内部权利义务的，若与公司章程不一致，以本协议为准，故该股东协议书虽未进行备案，但在涉及各股东表决权时，仍应以该协议为准。李某荣、邵某华合计持有表决权比例为66%，故案涉临时股东会决议已表决通过。

3.可约定放弃行使股东权利

如前所述，参与公司经营管理、按照出资比例分红、参与重大决策以及选择管理者等股东权利属于自益权，股东可以自由处分，可约定不按比例行使相关股东权利，当然也可以约定放弃股东权利，以换取其他利益。如无相反证据表明，一般认定为不存在显失公平的情形，相关协议有效。

在上市公司中，约定放弃行使表决权的情况更为多见。由于转让方所持股份可能尚处于限售状态、收购方希望以较小的代价取得控制权、表决权委托模式中委托方与被委托方的一致行动关系可能触发30%的要约收购线等原因，越来越多的上市公司选择了"股权转让＋原控股股东放弃表决权"的方式。

> **关联案例 ‖** 上海YS投资发展股份有限公司关于控股股东签署《股份转让协议》《表决权放弃协议》《股票质押协议》暨控制权变更的提示性公告
>
> 表决权放弃：甲方同意，标的股份办理完毕过户登记手续时，自愿放弃其持有的上市公司3175124股股份（占上市公司股本总额的2%）对应的表决权。表决权放弃相关事项具体以甲乙双方签署的《表决权放弃协议》约定为准。
>
> 双方一致同意，表决权放弃期限自本次转让的标的股份登记至乙方名下之日起至下列情形发生届满之日终止。
>
> 乙方或其指定第三方通过认购标的公司非公开发行股份等方式，从而实现乙方或其指定第三方合计直接持有标的公司股份数大于甲方及其关联方持有的股份，且与甲方及其关联方合计持有标的公司股份的持股比例差距超过7%之日。

二、股东可约定不按出资比例确定持股比例

一般情况下，股东应按照出资比例持有股权。《公司法》仅对股东出资作出明确规定，但并未规定股东必须按照出资比例决定持股比例。有限责任公司各股东的持股比例对公司资本是否充足和公司债权人债权实现并没有影响，仅影响公司内部股东的权利义务，因此，亦属于公司股东意思自治的范畴。

> **关联案例 ‖** 郑州GH投资有限公司诉深圳市QD信息技术有限公司股权确认纠纷案，最高人民法院（2011）民提字第6号
>
> 法院认为，股东认缴的注册资本是构成公司资本的基础，但公司的有效经营有时还需要其他条件或资源。因此，在注册资本符合法定要求的情况下，我国法律并未禁止股东内部对各自的实际出资数额和占有股权比例作出约定，这样的约定并不影响公司资本对公司债权担保等对外基本功能

的实现，并非规避法律的行为，应属于公司股东意思自治的范畴。《10.26协议》约定KM投资公司1000万元的注册资本全部由郑州GH投资有限公司（以下简称GH公司）负责投入，而该协议和KM投资公司的章程均约定股权按照深圳市QD信息技术有限公司（以下简称QD公司）55%、GH公司35%、YX公司15%的比例持有。根据上述内容，QD公司、GH公司、YX公司约定对KM投资公司的全部注册资本由GH公司投入，而各股东分别占有KM投资公司约定份额的股权，这是各方对各自掌握的经营资源、投入成本及预期收入进行综合判断的结果，是各方当事人的真实意思表示，并未损害他人的利益，不违反法律和行政法规的规定，属有效约定，当事人应按照约定履行。

实务建议

公司股东依法享有资产收益、参与重大决策和选择管理者等权利。这些权利根据《公司法》自治原则和物权处分原则，股东有权放弃或者按照自己的意愿处分，通过"苦肉计"约定"忍痛割爱"相关内容的协议应为有效。但在操作时，需要注意以下问题。

一、不得违反法律法规

股东处分自身股东权利不得违反法律、行政法规强制性或者禁止性规定。特别是上市公司在放弃表决权时，必须注意不得对上市公司财务状况产生重大不利影响，不得影响公司的独立性等。

二、严格履行规定程序

根据法律规定，另行约定分红权需经全体股东同意，表决权应根据公司章程确定，另行约定表决权的股东会决议需经代表三分之二以上表决权的股东通过。对于不按出资比例确定持股比例的程序，法律未作明文规定。为避免不必要的纠纷，建议股东在约定相关内容时，列入公司章程，并通过股东会决议，由全体股东协商一致并签署。

三、防止股东滥用权利

股东不得滥用股东权利损害公司或者其他股东的利益。公司股东需谨防放弃表决权后，实际控制人股东滥用表决权损害公司、股东或债权人的利益。对此，可在协议中约定，发生实际控制人股东滥用表决权的情形时，股东有权解除相关协议，重新掌握表决权。

法律适用

《中华人民共和国公司法》（2023年修订）

第五十九条 股东会行使下列职权：

（一）选举和更换董事、监事，决定有关董事、监事的报酬事项；

（二）审议批准董事会的报告；

（三）审议批准监事会的报告；

（四）审议批准公司的利润分配方案和弥补亏损方案；

（五）对公司增加或者减少注册资本作出决议；

（六）对发行公司债券作出决议；

（七）对公司合并、分立、解散、清算或者变更公司形式作出决议；

（八）修改公司章程；

（九）公司章程规定的其他职权。

股东会可以授权董事会对发行公司债券作出决议。

对本条第一款所列事项股东以书面形式一致表示同意的，可以不召开股东会会议，直接作出决定，并由全体股东在决定文件上签名或者盖章。

第六十五条 股东会会议由股东按照出资比例行使表决权；但是，公司章程另有规定的除外。

第一百四十四条 公司可以按照公司章程的规定发行下列与普通股权利不同的类别股：

（一）优先或者劣后分配利润或者剩余财产的股份；

（二）每一股的表决权数多于或者少于普通股的股份；

（三）转让须经公司同意等转让受限的股份；

（四）国务院规定的其他类别股。

公开发行股份的公司不得发行前款第二项、第三项规定的类别股；公开发行前已发行的除外。

公司发行本条第一款第二项规定的类别股的，对于监事或者审计委员会成员的选举和更换，类别股与普通股每一股的表决权数相同。

第一百四十五条　发行类别股的公司，应当在公司章程中载明以下事项：

（一）类别股分配利润或者剩余财产的顺序；

（二）类别股的表决权数；

（三）类别股的转让限制；

（四）保护中小股东权益的措施；

（五）股东会认为需要规定的其他事项。

第一百四十六条　发行类别股的公司，有本法第一百一十六条第三款规定的事项等可能影响类别股股东权利的，除应当依照第一百一十六条第三款的规定经股东会决议外，还应当经出席类别股股东会议的股东所持表决权的三分之二以上通过。

公司章程可以对需经类别股股东会议决议的其他事项作出规定。

第二百一十条　公司分配当年税后利润时，应当提取利润的百分之十列入公司法定公积金。公司法定公积金累计额为公司注册资本的百分之五十以上的，可以不再提取。

公司的法定公积金不足以弥补以前年度亏损的，在依照前款规定提取法定公积金之前，应当先用当年利润弥补亏损。

公司从税后利润中提取法定公积金后，经股东会决议，还可以从税后利润中提取任意公积金。

公司弥补亏损和提取公积金后所余税后利润，有限责任公司按照股东实缴的出资比例分配利润，全体股东约定不按照出资比例分配利润的除外；股份有限公司按照股东所持有的股份比例分配利润，公司章程另有规定的除外。

公司持有的本公司股份不得分配利润。

《全国法院民商事审判工作会议纪要》

7.【表决权能否受限】股东认缴的出资未届履行期限，对未缴纳部分的出资是否享有以及如何行使表决权等问题，应当根据公司章程来确定。公司章程没有规定的，应当按照认缴出资的比例确定。如果股东（大）会作出不按认缴出资比例而按实际出资比例或者其他标准确定表决权的决议，股东请求确认决议无效的，人民法院应当审查该决议是否符合修改公司章程所要求的表决程序，即必须经代表三分之二以上表决权的股东通过。符合的，人民法院不予支持；反之，则依法予以支持。

巧用欲擒故纵：股东滥用权利承担责任

知识要点：股东滥用权利责任承担

计策释义

欲擒故纵：逼则反兵，走则减势。紧随勿迫，累其气力，消其斗志，散而后擒，兵不血刃。《需》，有孚，光。

逼迫敌人太紧，可能致使敌人拼死反扑，若让其逃离则可使其势力减散。紧随敌人但并不逼近，使其劳累，斗志消散，而后再擒拿敌军，不动兵器杀戮，有耐心就会有吉祥的卦象。

欲擒故纵，可以理解为欲取故予。此计中，"擒"是目的，"纵"是方法。欲擒故纵要做到能"纵"出去，还能"擒"回来，"纵"不是任其作乱，而是给予其一定的宽松度，然后时刻关注，必要时再采取措施。古人有"穷寇莫追"的说法，实际上，不是不追，而是看怎样去追。把敌人逼急了，他们只得集中全力，拼命反扑，不如暂时放松一步而尾随之，使敌人的势力在逃窜中愈加松懈、分散，然后再伺机歼灭。

"将欲取之，必先予之。"在公司经营过程中，时常发生大股东或实际控制人滥用股东权利，在公司有可供分配利润而不予分配，损害其他股东利益的行为。中小股东可以通过在股东会投反对票、要求股权回购甚至解散公司等途径维护权益，也可以"欲擒故纵"，待收集好相关证据资料，提起诉讼强制盈余分配，同时向给公司造成损失的董事、监事、高级管理人员主张赔偿责任，一招制敌。

裁判摘要

在公司盈余分配纠纷中，虽请求分配利润的股东未提交载明具体分配方案的股东会或股东大会决议，但当有证据证明公司有盈余且存在部分股东变相分配利润、隐瞒或转移公司利润等滥用股东权利情形的，诉讼中可强制盈余分配，且不以股权回购、代位诉讼等其他救济措施为前提。

在确定盈余分配数额时，要严格公司举证责任以保护弱势小股东的利益，但还要注意优先保护公司外部关系中债权人、债务人等的利益，对于有争议的款项因涉及案外人实体权利而不应在公司盈余分配纠纷中作出认定和处理。

有盈余分配决议的，在公司股东会或股东大会作出决议时，在公司与股东之间即形成债权债务关系，若未按照决议及时给付则应计付利息。而司法干预的强制盈余分配则不然，在盈余分配判决未生效之前，公司不负有法定给付义务，故不应计付利息。

盈余分配是用公司的利润进行给付，公司本身是给付义务的主体，若公司的应分配资金因被部分股东变相分配利润、隐瞒或转移公司利润而不足以现实支付时，不仅直接损害了公司的利益，也损害了其他股东的利益，利益受损的股东可向违反法律、行政法规或者公司章程的规定给公司造成损失的董事、监事、高级管理人员主张赔偿责任。

基本案情[①]

TY热力公司股东为TY工贸公司和JL门业公司，TY工贸公司持股比例60%，JL门业公司持股比例40%。

2006年10月，TY热力公司受让取得某地46200.4平方米市政设施建设用地。

2009年9月29日，庆某市人民政府召开市长办公会决定对TY热力公司进行

---

① 案例名称：甘肃JL门业有限责任公司诉庆阳市TY热力有限公司、李某军公司盈余分配纠纷案

案　　号：（2016）最高法民终528号

法　　院：最高人民法院

原　　告：甘肃JL门业有限责任公司（以下简称JL门业公司）

被　　告：庆阳市TY热力有限公司（以下简称TY热力公司）、李某军

来　　源：《最高人民法院公报》2018年第8期（总第262期）

整体收购，收购内容包括资产和土地两大项。收购价款除政府已拨付的支持资金和截至2009年8月15日TY热力公司已收取的城市供热配套费（共计3234.72万元）外，政府再支付7000万元。

10月6日，该市西某区人民政府（甲方）与TY热力公司（乙方）签订《庆某市西某区新区集中供热站工程回购合同》。2010年7月10日，庆某市经济发展投资有限公司向TY热力公司支付资产转让余款57616003.25元。

TY热力公司被庆某市人民政府收购后未开展经营活动、未进行财务清算，TY热力公司认可公司存在盈余，但不能提供具体盈余数额。经JL门业公司申请，一审法院委托的甘肃茂某会计师事务有限公司出具了甘茂会审字［2015］第52号《审计报告》，结论为：截至2014年10月31日，TY热力公司清算净收益75973413.08元。

TY热力公司《公司章程》第十四条规定，公司股东会由全体股东组成，股东会是公司的权力机构；第十五条规定，公司股东会行使下列职权：……7.审议批准公司的利润分配方案和弥补亏损方案；第二十七条第四款规定，公司从当年税后利润中弥补上一年度亏损、提取公积金和公益金后所余利润，按照股东的出资比例分配。

该《审计报告》载明，TY热力公司应收账款33900000元，系2010年9月8日转入XSJA公司，于2013年7月30日收回1000000元，清算数32900000元；其他应收款21694383.08元中，XSJA公司占12988795.65元。

JL门业公司起诉认为，李某军利用其TY热力公司法定代表人身份和控制地位，滥用职权，拒绝利润分配，不断严重损害公司和股东利益，应当对TY热力公司向JL门业公司分配的利润承担连带清偿责任。

TY热力公司、李某军抗辩称，没有进行盈余分配并不代表侵害股东权益，股东无权直接以诉讼方式请求人民法院干预股东会的权利并代行股东会的职责。在股东会作出决议前，JL门业公司请求进行盈余分配的诉求没有法律依据。

审理意见

本案的争议焦点有二：一是TY热力公司是否应向JL门业公司进行盈余分配；二是李某军是否应对TY热力公司的盈余分配给付不能承担赔偿责任。

1. TY热力公司是否应向JL门业公司进行盈余分配

法院认为，首先，TY热力公司的全部资产被整体收购后没有其他经营活动，一审法院委托司法审计的结论显示，TY热力公司清算净收益为75973413.08元，即使扣除双方有争议的款项，TY热力公司也有巨额的可分配利润，具备公司进行盈余分配的前提条件。

其次，李某军同为TY热力公司及其控股股东TY工贸公司法定代表人，未经公司另一股东JL门业公司同意，没有合理事由将5600万余元公司资产转让款转入XSJA公司账户，转移公司利润，给JL门业公司造成损失，属于TY工贸公司滥用股东权利，符合《公司法解释（四）》第十五条但书条款规定应进行强制盈余分配的实质要件。

最后，前述司法解释规定的股东盈余分配的救济权利，并未规定需以采取股权回购、公司解散、代位诉讼等其他救济措施为前置程序，JL门业公司对不同的救济路径有自由选择的权利。

因此，一审判决关于TY热力公司应当进行盈余分配的认定有事实和法律依据，TY热力公司、李某军关于没有股东会决议不应进行公司盈余分配的上诉主张不能成立。

2. 李某军是否应对TY热力公司的盈余分配给付不能承担赔偿责任

法院认为，首先，李某军既是TY热力公司法定代表人，又是XSJA公司法定代表人，其利用关联关系将TY热力公司5600万余元资产转让款转入关联公司，若李某军不能将相关资金及利息及时返还TY热力公司，则李某军应当按照《公司法》第二十一条、第一百四十九条的规定对该损失向公司承担赔偿责任。

其次，JL门业公司应得的盈余分配先是用TY热力公司的盈余资金进行给付，在给付不能时，则李某军转移TY热力公司财产的行为损及该公司股东JL门业公司利益，JL门业公司可要求李某军在TY热力公司给付不能的范围内承担赔偿责任。

最后，《公司法》第一百五十二条规定的股东诉讼系指其直接利益受到损害的情形，本案中李某军利用关联关系转移公司资金直接损害的是公司利益，应对公司就不能收回的资金承担赔偿责任，并非因直接损害JL门业公司的股东利益而对其承担赔偿责任，一审判决对该条规定法律适用不当，本院予以纠正。

综上，一审判决判令 TY 热力公司到期不能履行本案盈余分配款的给付义务则由李某军承担赔偿责任并无不当。

实务解读

此案涉及公司股东滥用股东权利的问题。

一、股东滥用股东权利的常见类型

股东滥用股东权利是指公司股东故意违反法律或者章程的规定，不正当地行使股东权利。[①] 根据《公司法》的规定，股东在享有各项权利的同时，负有正当行使权利的义务，如果其滥用权利损害公司、其他股东或债权人的利益，需要承担相应的法律责任。

公司股东滥用股东权利的常见表现形态有以下几种。

第一，滥用自益权。这是实践中经常出现的情形。有限责任公司股东可能不当分配利润，包括过度分红、部分股东变相分红、隐瞒或转移公司利润而不分红等；或者不当转让股权，忽视公司或者其他股东的优先购买权或者拒不转让股权，将股份转让给公司的竞争对手等；或者拒不转让股权，导致其股权无法处置等。

第二，滥用表决权。股东依法享有对公司重大事项的表决权，但股东可能消极行使权利，如拒不出席股东会导致法定人数无法达到，或滥用权利，未经过股东会、董事会等治理机构行使表决权，利用其控股股东的特殊身份损害公司独立法人地位，非法干涉公司的正常经营等。

第三，滥用诉权。股东可能提起恶意诉讼，阻碍公司发展或要求解散公司。

第四，滥用查阅权。股东查阅会计账簿可能有不正当目的，可能损害公司合法利益。[②]

二、股东滥用股东权利的责任承担

1.股东滥用股东权利给公司或其他股东造成损失的，应当承担赔偿责任

《公司法》规定，公司股东滥用股东权利给公司或者其他股东造成损失的，

---

① 唐青阳主编：《公司法精要与依据指引》，北京大学出版社 2011 年版，第 59 页。

② 邓峰著：《普通公司法》，中国人民大学出版社 2009 年版，第 414 页。

应当依法承担赔偿责任。在司法实践中，如公司股东违规出售公司财产，货款一直未入账，且股东与买受人具有关联关系，可认定股东滥用股东权利损害公司利益，应当承担损失赔偿责任。

关联案例 ‖ ZD不动产评估有限公司诉王某阳等损害公司利益责任纠纷案，北京市高级人民法院（2016）京民终210号

本院认为，王某阳、尤某明、钱某滨、王某霞作为共计持有公司50.7043%股权的控制股东及董事，在控制、经营管理公司期间：第一，未经公司股东会或董事会决议，擅自处分公司车辆并转移至与其有关联关系的ZDR公司，且没有支付对价，致公司财产损失；第二，虽经股东会决议出售涉案房屋及停车位，但相关款项长期未归入公司，致公司财产损失。王某阳、尤某明、钱某滨、王某霞在控制、管理经营公司期间，擅自处置、转移公司财产且未使公司获得合理对价，以及作为作出出售公司财产决议并执行的公司控制股东、董事，未尽审慎管理义务，造成公司长期不能取得应收款项，严重损害公司利益，违反《公司法》规定的控制股东、实际控制人、董事对公司负有的忠实义务和勤勉义务，没有维护公司财产的安全，导致公司重大财产损失，应当承担损失赔偿责任。

2.股东滥用公司法人独立地位和股东有限责任损害债权人利益的，应当承担连带责任

根据《公司法》规定，股东滥用公司法人独立地位和股东有限责任，逃避债务，严重损害公司债权人利益的，应当对公司债务承担连带责任。例如，股东利用其对公司的控制地位，转移公司资产、逃避债务，或股东滥用股东权利，对公司具体经营事务直接干预、过度管理，侵害了公司的法人独立地位，损害了债权人的利益，将不再受有限责任的保护。

关联案例 ‖ 江西省HW建设工程集团有限公司与廊坊市HS集团有限公司、刘某林等建设工程施工合同纠纷案，最高人民法院（2016）最高法民申1055号

法院认为，鹰潭HS公司之所以一再与江西省HW建设工程集团有限公司（以下简称HW公司）签订协议将偿还工程款欠款的时间延长且至HW公司提起诉讼仍不能偿还，与廊坊市HS集团有限公司（以下简称廊坊市HS公司）以7.5亿元将其持有的鹰潭HS公司100%股权转让给鹰潭市TPY奥特莱斯商贸有限公司有直接关系。廊坊市HS公司转让股权的行为虽没有违反法律禁止性规定，但其获得7.5亿元股权受让款的方式直接导致鹰潭HS公司无法及时清偿所欠HW公司工程款，严重损害了债权人鹰潭HS公司的利益。

廊坊市HS公司系股权转让前鹰潭HS公司唯一股东，据此，原判决依据《公司法》（2013年修正）第二十条第三款"公司股东滥用公司法人独立地位和股东有限责任，逃避债务，严重损害公司债权人利益的，应当对公司债务承担连带责任"以及《公司法》（2013年修正）第六十三条"一人有限责任公司的股东不能证明公司财产独立于股东自己的财产的，应当对公司债务承担连带责任"的规定，认定廊坊市HS公司对鹰潭HS公司所欠HW公司工程款承担连带偿还责任并无不当。

关联案例 ‖ 山西JZ工程（集团）总公司与霍州MD集团有限责任公司、霍州MD集团晋北MY有限公司建设工程施工合同纠纷案，最高人民法院（2016）最高法民申字918号

山西ZTH工程造价咨询有限公司接受霍州MD集团晋北MY有限公司（以下简称晋北MY）委托、对案涉工程造价进行审核，对该审核结果山西JZ工程（集团）总公司（以下简称山西JZ公司）与晋北MY均签字盖章予以认可。后因霍州MD集团有限责任公司（以下简称霍州MD）基建部不同

意，晋北MY又否认了该审核报告，造成晋北MY未按已达成的工程价款数额及期限履行义务。

法院认为，根据《公司法》（2013年修正）第二十条第三款"公司股东滥用公司法人独立地位和股东有限责任，逃避债务，严重损害公司债权人利益的，应当对公司债务承担连带责任"，霍州MD滥用股东权利，对案涉工程结算等具体事务直接干预，过度的管理行为损害了山西JZ公司的工程款债权利益，二审判决霍州MD对山西JZ公司享有的晋北MY应偿付的工程款及其利息的债权承担连带责任，符合民法通则的公平原则，事实清楚、法律适用正确，霍州MD该项申请再审理由不能成立。

实务建议

为防范大股东滥用股东权利损害公司、其他股东或债权人利益，可采取以下风险防范措施。

一、"纵"之有度——提前设计公司章程，划定权利边界

特别是对公司小股东而言，可在公司设立过程中积极参与制定公司章程，以尽可能约束股东滥用权利。例如，可在章程中约定，重大事项与一般事项的表决权分开进行计算，重大事项的表决权不按股权比例进行投票，按其他形式，如董事会所占席位或其他比例进行表决；在章程中就某些事项设立表决权排除制度；若小股东要求分红而大股东连续两年不分红，小股东有权要求大股东按照合理的价格收购其股份；公司股权回购的价格确定由大小股东共同选择具备资质且没有利益冲突的会计师事务所进行资产评估等。

二、"擒"之有方——注意举证责任，及时起诉维权

公司、其他股东或债权人权益因股东滥用权利受损后，可及时收集相关证据，诉诸司法途径解决问题。在操作时，需要注意以下事项。

1.适格主体

损害股东利益责任纠纷只能由股东提起诉讼。公司股东对于股东滥用权利损害自身利益的，可以直接向法院提起该诉。

损害公司利益责任纠纷的原告可以是公司，也可以是股东。与损害股东利益责任纠纷不同，如股东作为原告以损害公司利益责任纠纷为由起诉，则应当先穷尽公司内部的救济途径，经前置程序公司不予起诉或怠于行使权利的，则股东可以作为原告提起股东代位之诉，将公司列为第三人。

如股东滥用权利损害债权人利益，债权人可起诉公司和股东，要求股东对公司债务承担连带责任。

2.归责原则及举证责任

《公司法》（2023年修订）第二十一条及第二十二条规定的损害赔偿责任采用的是一般侵权责任归责原则，要追究被告股东的损害赔偿责任，需要证明以下几点。

一是股东具有主观过错，即其行为的不正当性。

二是股东存在滥用权利的违法行为。在实践中，股东侵占或转移公司财产占了股东滥用权利损害公司利益纠纷中的绝大部分比例。

三是造成公司、其他股东或债权人损失。

四是前述损失与被告股东行为之间存在因果关系。

法律适用

《中华人民共和国公司法》（2023年修订）

第二十一条　公司股东应当遵守法律、行政法规和公司章程，依法行使股东权利，不得滥用股东权利损害公司或者其他股东的利益。

公司股东滥用股东权利给公司或者其他股东造成损失的，应当承担赔偿责任。

第二十二条　公司的控股股东、实际控制人、董事、监事、高级管理人员不得利用关联关系损害公司利益。

违反前款规定，给公司造成损失的，应当承担赔偿责任。

《最高人民法院关于适用〈中华人民共和国公司法〉若干问题的规定（四）》（2020年修正）

第十一条　股东行使知情权后泄露公司商业秘密导致公司合法利益受到损害，公司请求该股东赔偿相关损失的，人民法院应当予以支持。

根据本规定第十条辅助股东查阅公司文件材料的会计师、律师等泄露公司商业秘密导致公司合法利益受到损害，公司请求其赔偿相关损失的，人民法院应当予以支持。

第十五条 股东未提交载明具体分配方案的股东会或者股东大会决议，请求公司分配利润的，人民法院应当驳回其诉讼请求，但违反法律规定滥用股东权利导致公司不分配利润，给其他股东造成损失的除外。

《最高人民法院关于适用〈中华人民共和国企业破产法〉若干问题的规定（二）》（2020年修正）

第四十六条 债务人的股东主张以下列债务与债务人对其负有的债务抵销，债务人管理人提出异议的，人民法院应予支持：

（一）债务人股东因欠缴债务人的出资或者抽逃出资对债务人所负的债务；

（二）债务人股东滥用股东权利或者关联关系损害公司利益对债务人所负的债务。

聚集李代桃僵：一人公司财产混同问题

知识要点：一人公司财产混同责任承担

计策释义

李代桃僵：势必有损，损阴以益阳。

如果必然要有损失，则应当损失局部利益而有益于全局。

李代桃僵，出自《乐府诗集·鸡鸣》："桃在露井上，李树在桃旁，虫来啮桃根，李树代桃僵。树木身相代，兄弟还相忘！"意思是李树代替桃树而死，原比喻兄弟互相爱护、互相帮助，后也用来比喻以此代彼或代人受过。在军事谋略方面，如果暂时要以某种损失、失利为代价才能最终取胜，指挥者应当机立断，作出某些局部或暂时的牺牲，去保全或者争取全局的、整体性的胜利。商业中，往往需要考虑"两害相权取其轻，两利相权取其重"。

在一人公司中，可能出现债权人以股东与公司存在财产混同为由，要求股东对公司债务承担连带责任的情形。一人公司的股东需对其个人财产与公司财产不存在混同承担举证责任，方能发挥公司"有限责任"的风险隔离作用，实现"李代桃僵"，使股东免于承担连带责任。

裁判摘要

在一人公司法人人格否认之诉中，应区分作为原告的债权人起诉所基于的事由。若债权人以一人公司的股东与公司存在财产混同为由起诉要求股东对公司债务承担连带责任，应实行举证责任倒置，由被告股东对其个人财产与公司财产之间不存在混同承担举证责任。而其他情形下需遵循关于有限责任公司法人人格否认举证责任分配的一般原则，即折中的举证责任分配原则。

一人公司的财产与股东个人财产是否混同，应当审查公司是否建立了独立规范的财务制度、财务支付是否明晰、是否具有独立的经营场所等，并进行综合考量。

基本案情①

2006年8月9日，被告JMD公司成立，注册资本100万元，实收资本100万元，公司类型为有限责任公司（台港澳自然人独资），股东及法定代表人均为陈某美。

2012年8月2日，原告应某峰与JMD公司、案外人陈某坚签订《投资合同》，各方约定：应某峰对JMD公司进行投资，总投资额为1000万元，并取得JMD公司51%股份。应某峰出资分期缴付：第一笔股金200万元，自合同签订之日起三日内汇入指定账户；第二笔股金200万元，自合同签订之日起九十日内汇入指定账户；剩余股金600万元，于合同签订后十八个月内按JMD公司营运需求及指示，汇入指定账户内。JMD公司同意应某峰第一次汇入200万元至指定账户后即有权行使股东权利。签约后三个月内，若应某峰对于JMD公司在签约前或签约后所提供的财务报表和经营报表有不同意见，且双方无法协调取得共识或JMD公司违反本合约条款时，应某峰保留撤销此投资合约的权利。若应某峰书面通知公司撤销此合约，公司同意无条件将应某峰所汇入账户内的资金于应某峰通知后六十日内汇入应某峰所指定的银行账户内，并终止此合约。

8月6日，原告应某峰向被告JMD公司支付投资款2081633元。

9月29日，原告应某峰委托案外人余某村向被告陈某美、陈某坚发送电子邮件，内容为：本周于贵公司审计完成，从贵公司的库存盘点清查和贵公司的财务报表和会计凭证的缺失，数字不符，且你自己对财务状况不了解等方面考虑，

---

① 案例名称：应某峰诉JMD（上海）商贸有限公司、陈某美其他合同纠纷案
案　　号：（2017）沪0105执525号
法　　院：上海市长宁区人民法院
原　　告：应某峰
被　　告：JMD（上海）商贸有限公司（以下简称JMD公司）、陈某美
来　　源：《最高人民法院公报》2016年第10期

我们对于此投资案深感忧虑。经我们内部讨论，我们决定中止此合约，并根据合约退还汇款2081633元。对于还款时间和方式，请尽快确认。

11月21日，被告陈某美向余某村发送电子邮件，内容为：关于退股机制，我们尊重贵方选择。我方已于周五汇还40万元，这是投资额所剩现金。50万元商品，周一会列出清单，投资额已付货款，我方只能退还货物。另外110万元已付公司经营各种费用，我方只能保留5%股权给贵方。

另，就JMD公司所抗辩的其已经将原告应某峰支付的投资款用于公司经营，上海市长宁区人民法院曾征询JMD公司意见，是否需就此进行审计，并向JMD公司释明了其应承担的举证责任及不进行审计可能产生的后果，但JMD公司坚持不进行审计。

审理意见

本案的争议焦点有二：一是JMD公司是否应返还应某峰投资款余额；二是陈某美是否应对JMD公司的还款义务承担连带清偿责任。

1.JMD公司是否应返还应某峰投资款余额

法院认为，根据《投资合同》的约定，签约后三个月内，若被上诉人应某峰对于JMD公司的财务报表和经营报表有不同意见，且双方无法协调取得共识时，应某峰有权撤销投资合同，JMD公司同意无条件返还应某峰的投资资金，并终止此合同。合同履行中，应某峰于2012年9月29日通知JMD公司终止投资合同，并要求退还全部投资款。上诉人陈某美代表JMD公司于同年11月21日回复称，尊重应某峰的选择，已向应某峰汇出40万元，同时提出其余投资款已用于支付货款及各种费用等。

由此可以看出，应某峰要求JMD公司返还全额投资款的诉请符合双方的合同约定，在应某峰通知解除投资合同后，JMD公司对应当全额返还投资款也未提出异议，至于投资款是否已经用于经营以及JMD公司是否无力还款的事实并不能改变双方的合同约定，也不能据此免除JMD公司的还款义务。

2.陈某美是否应对JMD公司的还款义务承担连带清偿责任

法院认为，根据《公司法》（2018年修正）第六十三条之规定，一人有限责任公司的股东不能证明公司财产独立于股东自己的财产的，应当对公司债务承担连带责任。上述法律规定要求一人有限责任公司的股东将公司财产与个人财务严格分离，且股东应就其个人财产是否与公司财产相分离负举证责任。

本案中，陈某美提供了上诉人JMD公司的相关审计报告，可以反映JMD公司有独立完整的财务制度，相关财务报表亦符合会计准则及国家外汇管理的规定，且未见有公司财产与股东个人财产混同的迹象，可以基本反映JMD公司财产与陈某美个人财产相分离的事实。

应某峰认为上述证据不足以证明JMD公司财产与陈某美个人财产没有混同，并提出如下异议：审计报告未反映本案诉讼情况；JMD公司一审中提供的银行收支报告反映，应某峰投资后仅一周，JMD公司就向JY公司转移了96万余元，包括发放JY公司员工工资等。法院认为，我国《公司法》（2018年修正）第六十三条的规定，意在限制一人有限责任公司股东采用将公司财产与个人财产混同等手段，逃避债务，损害公司债权人的利益。因此，股东对公司债务承担连带清偿责任的前提是该股东的个人财产与公司财产出现了混同。

然而，从本案目前的证据材料可以看出，JMD公司收到应某峰的投资款后，虽有部分用于支付JY公司的员工工资及货款等费用，但是根据双方投资合同的约定，应某峰投资后，JY公司的业务将全部转入JMD公司，因此JY公司的业务支出与应某峰的投资项目直接有关；这些费用的支出均用于JY公司的业务支出，并无款项转入陈某美个人账户的记录，而审计报告中是否记载本案诉讼的情况也与财产混同问题无涉。

因此，应某峰提出的异议并不能反映JMD公司财产与陈某美个人财产有混同的迹象，不足以否定上诉人的举证。

陈某美的上诉理由成立，一审判令陈某美对JMD公司的债务承担连带清偿责任不当，应依法予以纠正。

实务解读

本案涉及的主要问题是一人公司财产混同的认定与股东责任承担。

一、"一人公司"的认定

一人公司，即"一人有限责任公司"，《公司法》2005年修订后，首次将一人公司的企业组织形式纳入法律规制范围，在承认只有一个自然人或法人股东的有限责任公司制度的同时，也对一人公司的注册、登记事项、章程、股东决议、责任承担等事项设置了特殊规定。这是因为一人公司只有一个自然人或者一个法人股东，股东与公司联系更为紧密，股东对公司的控制力更强，股东与公司存在人格混同的可能性也更大，因此应当对股东课以更重的注意义务。

为了规避对一人公司的特殊限制，实践中出现较多的形态，如夫妻持股、家族持股、他人代持等。实践中，司法机关认定夫妻持股的公司亦为实质意义上的一人有限责任公司。

关联案例 || 熊某平、沈某霞申请执行人执行异议之诉，最高人民法院（2019）最高法民再372号

法院认为，关于QMR公司是否属于一人有限责任公司的问题，《公司法》（2018年修正）第五十七条第二款规定："本法所称一人有限责任公司，是指只有一个自然人股东或者一个法人股东的有限责任公司。"本案中，QMR公司虽系熊某平、沈某霞两人出资成立，但熊某平、沈某霞为夫妻，QMR公司设立于双方婚姻关系存续期间，且QMR公司工商登记备案资料中没有熊某平、沈某霞财产分割的书面证明或协议，熊某平、沈某霞亦未补充提交。根据《婚姻法》第十七条的规定，除该法第十八条规定的财产及第十九条规定的约定财产制外，夫妻在婚姻关系存续期间所得财产归夫妻共同所有。

据此可以认定，QMR公司的注册资本来源于熊某平、沈某霞的夫妻共同财产，QMR公司的全部股权属于熊某平、沈某霞婚后取得的财产，应归双方共同所有。QMR公司的全部股权实质来源于同一财产权，并为一个所有权共同享有和支配，该股权主体具有利益的一致性和实质的单一性。QMR公司与一人有限责任公司在主体构成和规范适用上具有高度相似性，二审法院认定QMR公司系实质意义上的一人有限责任公司并无不当。

二、一人公司财产混同的认定

对于一人公司财产混同的认定，通常从公司是否建立了独立规范的财务制度、财务支付是否明晰、是否具有独立的经营场所等角度进行综合分析。实践中，一人公司的财产混同有以下表现形式：

1.公司营业场所、主要设备与一人股东的营业场所或居所等完全同一，公司与股东使用同一办公设施。

2.公司与股东的银行存款账户、财务管理机构和财务收支核算均未分开，公司无健全财务制度及财务记录。

3.公司盈利与股东收益无法区分，公司盈利不按法定程序分配，而是直接作为股东收益为股东所有。

4.公司财产被转移用于偿还股东个人债务，公司财产和股东财产之间可随时转化等。[①]

> **关联案例 ‖ YC新材料科技（上海）有限公司诉XD风能有限公司债权人代位权纠纷案，最高人民法院（2020）最高法民终479号**
>
> 根据《公司法》（2018年修正）第六十二条规定，"一人有限责任公司应当在每一会计年度终了时编制财务会计报告，并经会计师事务所审计"；第六十三条规定，"一人有限责任公司的股东不能证明公司财产独立于股东自己的财产的，应当对公司债务承担连带责任"。经审查，XD风能公司和XT电机公司为证明相互财产独立提供了以下证据：XD风能公司注册资金变化及出资情况、XD风能公司的财务制度汇总、XD风能公司与XT电机公司的三年财务审计报告、XD风能公司与XT电机公司的营业执照及内部章程。
>
> 本院认为，一人有限责任公司如股东和公司能举证证明，其股东财产与公司财产上做到分别列支列收，单独核算，利润分别分配和保管，风险分别承担，应认定公司和股东财产的分离。本案中，股东和公司承担了公司财产和股东财产独立的初步证明责任，而YC新材料科技公司和南通DT

---

① 季奎明：《一人公司的法人人格否认》，载《人民司法·应用》2008年第5期，第94页。

公司并未提出XD风能公司和XT电机公司构成财产混同的任何证据，亦未指出审计报告中存在哪些可能构成财产混同的问题。一审判决认为，XD风能公司和XT电机公司不构成财产混同，对XT电机公司承担连带责任的主张不予支持，并无不当，本院予以维持。

三、举证责任倒置

《公司法》（2023年修订）第二十三条第三款确立了一人公司财产混同举证责任的倒置规则，即一人有限责任公司的股东应当举证证明公司财产独立于股东自己的财产。一方面，在实践中，债权人通常无法掌握公司账簿、经营资料等直接证据，举证责任倒置更加公平；另一方面，考虑到债权人与股东的利益平衡，一人公司中股东与公司存在人格混同的可能性更大，因此股东应当承担更重的举证责任。

需要注意的是，"一人公司中，财产混同的证明责任转移到被告，即推定被告存在财产混同问题，而现实中法院对该条的适用非常严格，以至于被告几乎不可能进行有效的反驳。"[①]

关联案例 ‖ 江苏南通EJ集团有限公司诉天津GC置业有限公司建设工程施工合同纠纷案，最高人民法院（2019）最高法民终1093号

法院认为，《公司法》第六十三条对一人有限责任公司财产独立的事实，确定了举证责任倒置的规则，即一人有限责任公司的股东应当举证证明公司财产独立于股东自己的财产。在其未完成举证证明责任的情况下，应当对公司债务承担连带责任。此为法律对一人有限责任公司的特别规定，应当优先适用。

本案中，从举证情况看，能源公司虽提交了天津GC置业有限公司（以下简称置业公司）2013年度和2014年度的审计报告以及所附的部分财务报

---

① 黄辉：《中国公司法人格否认制度实证研究》，载《法学研究》2012年第1期，第13页。

表，但从审计意见的结论看，仅能证明置业公司的财务报表制作符合规范，反映了公司的真实财务状况，无法证明能源公司与置业公司财产是否相互独立，不能达到能源公司的证明目的。而且，根据审计报告所附的资产负债表，2013年10月15日置业公司成立后，即有对张家口HFCT公司投资2900万元，与能源公司在本院二审庭审中关于置业公司只开发案涉GC大厦，无其他业务和对外活动的陈述相矛盾。从能源公司与RT公司的《股权转让合同》第三条约定看，不管是能源公司还是RT公司，与置业公司的财务均不是独立的，在股权转让中，双方又将置业公司的财产进行了处置。因此，在能源公司未能提供充分证据证明的情况下，其应当对置业公司的债务承担连带责任。

实务建议

为防止一人公司的唯一股东滥用公司独立人格，并增强对公司债权人的保护，立法采取特殊的举证责任倒置规则，对于被告股东的举证责任实际上要求较高。而且，司法实践中对一人公司财产混同的认定标准尚无法完全统一。因此，为了避免公司法人人格否定，一人公司股东应注意加强公司财务规范化管理才有希望实现"李代桃僵"，用好"有限责任"这一风险隔离机制，避免承担连带责任。

一、编制财务会计报告并每年审计

根据《公司法》（2023年修订）第二百零八条第一款规定，公司应当在每一会计年度终了时编制财务会计报告，并依法经会计师事务所审计。每年对财务会计报告进行审计系其法定义务，其目的就是防止一人股东控制公司，混淆公司和股东之间的财产。

如股东无法提供真实、连续的审计报告，也无法提供公司独立性专项审计报告，那么法院倾向于直接穿透到股东，要求股东与一人公司一同承担连带责任。需要注意的是，一人公司股东在诉讼过程中提出的司法审计鉴定申请也可能会被法院驳回，所以应每年做好审计工作。

二、保存原始会计凭证等财务资料

公司的财务账册、会计凭证、会计账簿是公司编制财务会计报告的基础资料，如果股东能提供上述材料，也有可能被法院认定股东个人财产独立于公司财产。

在司法实践中，有股东提交了财务结算单据及银行流水，法院认定公司与股东财产不存在混同情形，股东尽到自身举证义务。股东提供的财务资料必须具有连续性、完整性、真实性。

三、规范资金往来，遵守财税制度

一人公司需要注意财务规范问题，需要设立完整、独立的会计部门，有独立的账簿、财务人员，规范股东与公司的资金往来，对股东与公司财产分别列支列收、单独核算，利润分别分配和保管。应当避免股东无偿占用公司资金或财产，以股东账户收支公司业务款项等情况。

公司在报送企业所得税纳税申报表时，应当各自独立向工商、税务进行工商、财税申报，按照规定附送财务会计报告和其他有关资料。在一人公司财产混同案件中，股东提供真实、合法的税务申报及缴纳凭证等文件，有利于反映公司经营状况，可能会得到法院的支持。

法律适用

《中华人民共和国公司法》（2023年修订）

第三条　公司是企业法人，有独立的法人财产，享有法人财产权。公司以其全部财产对公司的债务承担责任。

公司的合法权益受法律保护，不受侵犯。

第二十一条　公司股东应当遵守法律、行政法规和公司章程，依法行使股东权利，不得滥用股东权利损害公司或者其他股东的利益。

公司股东滥用股东权利给公司或者其他股东造成损失的，应当承担赔偿责任。

第二十三条　公司股东滥用公司法人独立地位和股东有限责任，逃避债务，严重损害公司债权人利益的，应当对公司债务承担连带责任。

股东利用其控制的两个以上公司实施前款规定行为的，各公司应当对任一公司的债务承担连带责任。

只有一个股东的公司，股东不能证明公司财产独立于股东自己的财产的，应当对公司债务承担连带责任。

第二百零八条 公司应当在每一会计年度终了时编制财务会计报告，并依法经会计师事务所审计。

财务会计报告应当依照法律、行政法规和国务院财政部门的规定制作。

《全国法院民商事审判工作会议纪要》

10.【人格混同】认定公司人格与股东人格是否存在混同，最根本的判断标准是公司是否具有独立意思和独立财产，最主要的表现是公司的财产与股东的财产是否混同且无法区分。在认定是否构成人格混同时，应当综合考虑以下因素：

（1）股东无偿使用公司资金或者财产，不作财务记载的；

（2）股东用公司的资金偿还股东的债务，或者将公司的资金供关联公司无偿使用，不作财务记载的；

（3）公司账簿与股东账簿不分，致使公司财产与股东财产无法区分的；

（4）股东自身收益与公司盈利不加区分，致使双方利益不清的；

（5）公司的财产记载于股东名下，由股东占有、使用的；

（6）人格混同的其他情形。

在出现人格混同的情况下，往往同时出现以下混同：公司业务和股东业务混同；公司员工与股东员工混同，特别是财务人员混同；公司住所与股东住所混同。人民法院在审理案件时，关键要审查是否构成人格混同，而不要求同时具备其他方面的混同，其他方面的混同往往只是人格混同的补强。

《最高人民法院关于民事执行中变更、追加当事人若干问题的规定》（2020年修正）

第二十条 作为被执行人的一人有限责任公司，财产不足以清偿生效法律文书确定的债务，股东不能证明公司财产独立于自己的财产，申请执行人申请变更、追加该股东为被执行人，对公司债务承担连带责任的，人民法院应予支持。

第四章　股东决议的作出与效力

统筹擒贼擒王：股东会召集权主体资格

知识要点：股东会召集权主体

计策释义

擒贼擒王：摧其坚，夺其魁，以解其体。龙战于野，其道穷也。

摧毁敌人的主力部队，捉获敌人的首领，以使其整体瓦解。这就如同离开海洋的蛟龙激战于田野一样，一筹莫展，没有良策。

唐代诗人杜甫在《前出塞·其六》中写道："挽弓当挽强，用箭当用长。射人先射马，擒贼先擒王。"擒贼擒王，意指做事要先抓住要害。此计用于军事战略上，是指首先要打垮敌军主力，擒拿敌军首领或摧毁其首脑机构，使敌军彻底瓦解。如果错过时机，放走了敌军主力和敌方首领，就好比放虎归山，后患无穷。

股东会召集制度是股东会运行的起点，召集程序的合法和有效是股东会有效通过决议的前提。召集权人是召集程序的核心制度，是召集程序的支点。如果股东会会议召集权人合法性存在问题，则其他应由召集人实施的通知、确定议题、会期等行为，就犹如空中楼阁，失去了合法性的基础，导致召集程序存在严重瑕疵，而导致由此形成的股东会决议被撤销。

我国《公司法》（2023年修订）第六十三条规定，董事会（董事）、监事会（监事）和代表十分之一以上表决权的股东享有股东会召集权，并确定了各自行使权利的顺位，三者关系层层递进。但是公司治理实践中，常常有股东径直越过或利用控制地位架空董事会和监事会，强行召开股东会。受到压迫或利益受损的股东，面对资本多数决下形成的股东会决议并非毫无招架之力。受侵害股东可考虑从召集制度入手，审视召集权人的合法性这一核心问题，"扼其主机"，擒贼擒王，摧毁股东会决议效力根基。

裁判摘要

《公司法》（2018年修正）第四十条①是股东自行召集主持股东会必经的前置程序，《公司法》关于股东会召集权人顺序的程序设置，目的在于通过合理的程序设置来平衡保护股东、股东会、董事会、监事会等各方权利，从而维护公司治理结构的稳定、公平和效率，股东会违反上述规定的程序瑕疵，并不属于可容忍的轻微瑕疵，其对决议结果有实质性影响，依法可予以撤销。

基本案情②

2003年1月24日，HNKM公司登记成立，法定代表人为靳某，认缴注册资本为500万元，四名股东分别为靳某、何某忠、曲某阳和王某英，分别持有公司46.2856%、10.5715%、29.7143%和13.4286%的股份。HNKM公司董事会成员为靳某、曲某阳和何某忠，靳某任董事长，公司不设监事会，设有监事靳某凤一人。

《公司章程》规定，股东会议分为定期会议和临时会议两类，当公司发生重大问题，经代表四分之一以上表决权的股东、三分之一以上董事，或者监事提议，可召开临时股东会议。股东会议应由董事会召集，董事长主持，董事长由于特殊原因不能履行职务时，由董事长指定的副董事长或其他董事主持。

2017年8月3日，HNKM公司通知四名股东，称经公司股东曲某阳、何某忠提议，HNKM公司请求全体股东出席2017年8月23日召开的临时股东会议，选举新一届董事会。该通知落款处载明，股东会议的召集人系股东曲某阳。

---

① 参照《公司法》（2023年修订）第六十三条。
② 案例名称：靳某、深圳市HNKM机电设备有限公司公司决议撤销纠纷案
案　　号：（2018）粤03民终17373号
法　　院：深圳市中级人民法院
原　　告：靳某
被　　告：深圳市HNKM机电设备有限公司（以下简称HNKM公司）
第 三 人：曲某阳，何某忠，王某英

8月23日，HNKM公司召开临时股东会议并通过了由曲某阳、何某忠和王某英担任公司新一届董事会成员的决议。

9月6日，靳某认为曲某阳作为公司股东，无权担任召集人和主持人，故向法院起诉，请求撤销HNKM公司于2017年8月23日作出的关于选举新一届董事会成员的股东会决议。

公司治理结构见图4-1。

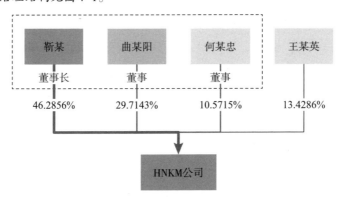

图4-1 HNKM公司治理结构图

审理意见

争议焦点：在未具备董事会以及监事会不能召集股东会会议的前提条件下，股东是否可以自行召集股东会会议？

一审法院认为，涉案股东会会议的召集程序没有违反法律、行政法规或公司章程，故对靳某主张撤销于2017年8月23日形成的关于选举新一届董事会成员的临时股东会决议，该院不予支持。

一审法院认为，首先，曲某阳、何某忠作为公司股东，合计代表HNKM公司40.2858%的表决权，按照《公司法》第三十九条和《公司章程》第二十条，因公司董事会长期不作为，其有权提议召开临时股东会议。其次，《公司章程》第二十一条与《公司法》相悖，其将董事会列为股东会会议唯一的召集权人，剥夺了其他股东固有的共益权，即间接剥夺了其他股东参与公司重大决策的权利，故该院认定该条款无效。由该院认定的事实可见，HNKM公司董事会成员之间长期存在利益纠纷，公司监事靳某凤任期已经届满，而重新选举监事亦需通过股东会会议，且曲某阳、何某忠、王某英称靳某凤实际系靳某母亲，故由董事会或监事召集和主持股东会议不具有期待可能性，应推定其不能履行或者不履行召集股东会会议职责。根据《公司法》（2018年修正）第四十条规定，曲某阳作为代表十分之一以上（29.7143%）表决权的股东有权自行召集和主持涉案股东会议。

然而，二审法院作出相反认定，认为HNKM公司临时股东会会议由HNKM公司股东曲某阳、何某忠召集并由曲某阳主持，违反了关于股东会召集、主持的法定程序。

二审法院认为，根据《公司法》（2018年修正）第四十条之规定，有限责任公司股东会会议由董事会召集、董事长主持；董事长不能履行职务或者不履行职务的，由副董事长主持；副董事长不能履行职务或者不履行职务的，由半数以上董事共同推举一名董事主持。董事会或者执行董事不能履行或者不履行召集股东会会议职责的，由监事会或者不设监事会的公司的监事召集和主持；监事会或者监事不召集和主持的，代表十分之一以上表决权的股东可以自行召集和主持。换言之，在公司治理僵局的情况下，代表十分之一以上表决权的股东当然有自行召集和主持股东会的权利，但应以符合《公司法》规定的条件为前提。《公司法》（2018年修正）第四十条就此关于董事长、副董事长、董事、监事会或监事的一系列规定，是依次递进、环环相扣的程序设置，是股东自行召集主持股东会必经的前置程序，《公司法》这样规定的目的，就在于通过合理的程序设置来平衡保护股东、股东会、董事会、监事会等各方权利，从而维护公司治理结构的稳定、公平和效率，股东会违反上述规定的程序瑕疵，并不属于可容忍的轻微瑕疵，其对决议结果有实质性影响，依法可予以撤销。

具体到本案，HNKM公司股东曲某阳、何某忠未能提供充足证据证明HNKM公司存在2017年8月23日前HNKM公司董事会以及监事会不能召集股东会会议的情况，也未提请董事会以及监事会召集股东会会议，因此在未具备《公司法》第四十条规定的董事会以及监事会不能召集股东会会议的前提条件下，HNKM公司临时股东会会议由HNKM公司股东曲某阳、何某忠召集并由曲某阳主持，与前述法律规定相悖，违反了关于股东会召集、主持的法定程序。靳某起诉要求撤销涉案股东会决议，符合上述法律之规定。

因此，二审法院撤销一审判决，改判撤销HNKM公司于2017年8月23日作出的关于选举新一届第一次董事会成员的股东会决议。

实务解读

本案例涉及的核心问题就是，在召集程序瑕疵中，召集权人主体瑕疵问题是否对决议产生实质性影响。股东会召集制度是公司法股东会制度中的重要程序制度，没有股东会召集就没有股东会会议。我国《公司法》明确规定，存在程序瑕疵的股东会决议可被撤销。为避免矫枉过正，最高人民法院通过《公司法解释（四）》第四条规定了例外情形："会议召集程序或者表决方式仅有轻微瑕疵，且对决议未产生实质影响的。"赋予法院行使裁量权，判断程序瑕疵是否对决议产生实质性影响，用来协调决议稳定与瑕疵决议矫正之间的利益冲突。本次《公司法》修订，将该例外情形上升到法律规定层面，在《公司法》（2023年修订）第二十六条第一款中予以明确规定。

我国采用了法定主义立法模式，《公司法》明文规定，股东会首先应当由董事会（董事）召集，董事会（董事）不能召集或者履行职责时，应当由监事会（监事）召集和主持；监事会（监事）不能召集主持时，才可由代表十分之一以上表决权的股东自行召集主持。若不能证明存在监事会显然无法召集主持会议的情况，那么此时股东仍然无权召集会议。

现代公司治理贵在程序民主、程序公正，没有程序性规则保障的实体权利，只能是纸面上的权利。作为公司的出资人及经营活动利害关系人，股东会是股东可以"干预"公司经营管理者、制衡控股股东的主要方式。股东享有的身份权、知情权、表决权、投资收益权等多项权利需要通过股东会予以实现。但是，如果没有正当的召集程序保障，股东会会议就极易从股东的表决机制沦为大股东的表决机器，这显然不利于中小股东权利的保护。合法的召集程序的设置不仅可以形成代表公司意志的股东会决议，而且能够保证股东权利的充分行使，共同参与公司意志的形成。

因此，法定召集程序不是可有可无的"花瓶""摆件"，而是负载实体权利的根基。公司大股东即便绝对多数控股，也不可绕开董事会或监事会自行召集。

司法实践中，股东以公司董事长、公司监事的身份直接召集股东会同样存在主体瑕疵问题。

一、未经董事会决议，公司董事长无权直接召集股东会

《公司法》（2023年修订）第六十三条规定，有限责任公司设立董事会的，股东会会议由董事会召集，董事长主持。实践中，常常有公司董事长越过董事会，直接以公司董事长名义召集股东会。公司董事长不等于公司董事会，未经公司董事会审议通过，公司董事长也不具有召集股东会的资格。

> **关联案例 ‖ JDLX（北京）信息技术有限公司与北京HRXZ生物技术有限公司公司决议撤销纠纷上诉案，北京市第二中级人民法院（2017）京02民终11932号**
>
> 该案中，公司董事长直接以自己名义召集股东会，并形成股东会决议。
>
> 该案一审法院认为，贾某系北京HRXZ生物技术有限公司（以下简称HRXZ公司）董事长，系代表三分之一以上的董事，由其召集并主持HRXZ公司临时股东会会议并无不妥。但是二审法院推翻一审法院意见，认为在本案中因HRXZ公司未能提供充足证据证明HRXZ公司存在2017年7月13日前HRXZ公司董事会以及监事不能召集临时股东会会议的情况，在此情况下HRXZ公司临时股东会会议由公司董事长贾某通知召集与法律规定相悖。故改判撤销HRXZ公司于2017年7月13日作出的《HRXZ公司临时股东会决议》。

二、董事或董事会未表示不履行职责的情况下，监事或监事会无权径自召集股东会

《公司法》（2023年修订）第六十三条规定，公司监事或者监事会召集的前提是公司董事或董事会不履行职责或者不能履行职责。在不存在上述情况下，公司监事或监事会直接召集股东会属于召集权人主体不适格，召集程序存在瑕疵，可能影响由此形成的股东会决议效力。

关联案例 ‖ 北京HYTX影视文化有限公司与于某军公司决议撤销纠纷案，北京市第三中级人民法院（2020）京03民终10202号

该案中，公司小股东担任经理、执行董事和法定代表人，大股东担任公司监事。为变更经理、执行董事和法定代表人职务，大股东自行召集股东会。

法院认为，根据查明的事实，时任公司监事的黄某英在执行董事于某军未表示不履行职责的情况下，直接向于某军发送召开临时股东会的通知，违反了《公司法》第四十条及北京HYTX影视文化有限公司（以下简称HYTX公司）章程中关于股东会召集程序的规定，且在于某军明确复函对会议召集程序提出异议后仍未进行纠正。HYTX公司主张，于某军已经参加了股东会并参与了表决，此次股东会的召集程序仅有轻微瑕疵且对决议未产生实质影响，不应予以撤销。

对此，本院认为，第一，于某军在该次股东会召开之前已经明确对召集程序提出了异议，且其在表决时对股东会决议持反对态度，故于某军参与该次股东会的行为不能视为其对股东会的召集程序没有异议。第二，2019年8月15日股东会召开时，HYTX公司股东仅有黄某英、于某军二人，而黄某英占股70%，在黄某英、于某军二人对表决事项意见不一致的情况下，黄某英的意见对表决结果起到决定性作用。综上，该次临时股东会召集程序违反法律及公司章程规定，且不属于"会议召集程序或者表决方式仅有轻微瑕疵，且对决议未产生实质影响"的情形，故判决撤销该会议决议。

实务建议

"射人先射马，擒贼先擒王。"股东会召集程序是股东会运行的起点，而召集人主体资格问题更是召集程序的核心。当股东面对资本多数决下，股东会决议被大股东操控的被动局面，并非无力回天、救济无门。此时，为积极救济自身权利，在股东争议日趋激烈之时，股东更应稳定心神，拨开层层迷雾，找准核心问题，当机立断，切中要害，力挽狂澜。

为及时有效维护自身权益，我们建议各位股东应注意以下几点。

一、明确约定程序，避免产生争议

有限公司的会议召集和表决程序可由公司章程自主确定，各股东在公司设立之初，或是加入公司时，应当认真对待公司章程的制定或修改，在公司章程中对于会议的召集程序进行明确约定，并按意定程序和法律规定召集会议，以避免争议。

二、妥善保管资料，积极有效举证

由于公司采用"资本多数决"的表决方式，中小股东参与股东会决议时存在先天劣势。虽然在举证责任上，由于按法定程序召开股东会并作出决议是公司的义务，因此当股东提出决议程序违法时，应由公司承担举证责任。但是中小股东也应注意保管与股东会召开相关文件，包括但不限于召集通知、往来询问函件、反对意见等。参加股东会时，也可以在会议上明确表示对该次会议召集程序的意见并要求记录在册。如果需要签署该次股东会决议，也尽量要求签署对本次会议的反对意见。

三、及时起诉撤销，勿超除斥期间

由于可撤销决议在撤销前后的效力及性质截然不同，为了避免公司决议效力长期处于不稳定状态，影响民事法律关系的确定性及安全性，对于公司决议可撤销诉讼，《公司法》（2023年修订）第二十六条第二款规定，未被通知参加股东会会议的股东自知道或者应当知道股东会决议作出之日起六十日内，可以请求人民法院撤销。并规定了自决议作出之日起一年内没有行使撤销权的，撤销权消灭。该期间为除斥期间，属于不变期间，不因任何事由而中止、中断或者延长。这就对于可撤销诉讼的原告行使权利提出了时间要求，若决议存在着可撤销情形，利益受损股东应及时维护权益，及时收集证据、做好诉讼准备，并于六十日内向法院递交起诉状。鉴于准备周期的存在，我们建议相关主体尽早启动诉前准备行为，及时提起诉讼。

法律适用

《中华人民共和国公司法》（2023年修订）

第二十六条 公司股东会、董事会的会议召集程序、表决方式违反法律、行政法规或者公司章程，或者决议内容违反公司章程的，股东自决议作出之日起六十日内，可以请求人民法院撤销。但是，股东会、董事会的会议召集程序或者表决方式仅有轻微瑕疵，对决议未产生实质影响的除外。

未被通知参加股东会会议的股东自知道或者应当知道股东会决议作出之日起六十日内，可以请求人民法院撤销；自决议作出之日起一年内没有行使撤销权的，撤销权消灭。

第六十三条　股东会会议由董事会召集，董事长主持；董事长不能履行职务或者不履行职务的，由副董事长主持；副董事长不能履行职务或者不履行职务的，由过半数的董事共同推举一名董事主持。

董事会不能履行或者不履行召集股东会会议职责的，由监事会召集和主持；监事会不召集和主持的，代表十分之一以上表决权的股东可以自行召集和主持。

《最高人民法院关于适用〈中华人民共和国公司法〉若干问题的规定（四）》（2020年修正）

第四条　股东请求撤销股东会或者股东大会、董事会决议，符合民法典第八十五条、公司法第二十二条第二款规定的，人民法院应当予以支持，但会议召集程序或者表决方式仅有轻微瑕疵，且对决议未产生实质影响的，人民法院不予支持。

（备注：该条文已被《公司法》（2023年修订）第二十六条第一款所吸收）。

择机反客为主：股东会决议表决权规则

知识要点：股东会决议表决权规则

计策释义

反客为主：乘隙插足，扼其主机，渐之进也。

借助空子快速插足，扼制其主力机构，但要循序渐进。

此计在军事谋略中，是指要努力变被动为主动，择机掌握战争的主动权。商业中，一般理解为，尽量找到对方漏洞，想办法钻对方的空子，抓住稍纵即逝的有利时机，控制其首脑机关或要害部位，兼并或者控制他人。

我国《公司法》规定的公司表决形式为"资本多数决"。在此情形下，若掌握"资本多数"的大股东滥用资本多数决，在公司股东会上搞"一言堂"，将公司股东会异化为"大股东会"，强行作出公司决议，或将损害小股东利益。这种情况下，大股东好比是明堂正主，而中小股东却独为异客，那么想保障自身权利又谈何容易，因此需要择机"反客为主"。

裁判摘要

有限责任公司章程或股东出资协议确定的公司注册资本出资期限系股东之间达成的合意。除法律规定或存在其他合理性、紧迫性事由需要修改出资期限的情形外，股东会会议作出修改出资期限的决议应经全体股东一致通过。

公司股东滥用控股地位，以多数决方式通过修改出资期限决议，损害其他股东期限权益，其他股东请求确认该项决议无效的，人民法院应予支持。

基本案情[①]

HD公司四位股东，姚某城持股15%、第三人何某松持股7.5%、第三人章某持股70%、第三人蓝某球持股7.5%。股权结构见图4-2。

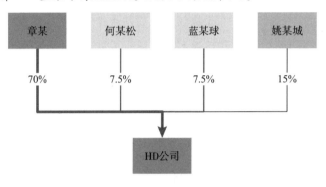

图4-2 HD公司股权结构

2017年7月17日，HD公司形成新的公司章程，载明HD公司注册资本1000万元，四位股东出资时间均为2037年7月1日。

2018年10月30日，HD公司向姚某城发送2018年临时股东会通知。

11月18日，HD公司召开2018年第一次临时股东会，并形成决议。姚某城未出席股东会，也未委托其他人出席股东会。其余三位到会股东一致同意，通过公司章程修正案。章程修正案载明如下内容：公司章程中公司股东的出资时间从2037年7月1日修改为2018年12月1日。

姚某城认为，出资期限的提前或修改需经全体股东一致同意。案涉HD公司股东会决议表面上系修改公司章程，实质系章某、何某松、蓝某球等股东通过修改公司章程剥夺其出资期限利益，故向法院诉请确认HD公司于2018年11月18日作出的2018年第一次临时股东会决议无效。

① 案例名称：姚某城与HD（上海）投资管理有限公司公司决议纠纷案
案　　号：（2019）沪02民终8024号
法　　院：上海市第二中级人民法院
原　　告：姚某城
被　　告：HD（上海）投资管理有限公司（以下简称HD公司）
第 三 人：章某、蓝某球、何某松
来　　源：《最高人民法院公报》2021年第3期（总第293期）

HD公司辩称，股东会决议修改公司章程记载的出资期限应当适用资本多数决规则，该股东会决议合法有效。

审理意见

争议焦点：修改公司章程中的股东出资期限是否适用资本多数决规则？

法院认为，本案临时股东会决议第二项系通过修改公司章程将股东出资时间从2037年7月1日修改为2018年12月1日，其实质系将公司股东的出资期限提前。而修改股东出资期限，涉及公司各股东的出资期限利益，并非一般的修改公司章程事项，不能适用资本多数决规则。

首先，我国实行公司资本认缴制，除法律另有规定外，《公司法》（2018年修正）第二十八条第一款规定，"股东应当按期足额缴纳公司章程中规定的各自所认缴的出资额"，即法律赋予公司股东出资期限利益，允许公司各股东按照章程规定的出资期限缴纳出资。股东的出资期限利益是公司资本认缴制的核心要义，系公司各股东的法定权利，如允许公司股东会以多数决的方式决议修改出资期限，则占资本多数的股东可随时随意修改出资期限，从而剥夺其他中小股东的合法权益。

其次，修改股东出资期限直接影响各股东的根本权利，其性质不同于公司增资、减资、解散等事项。后者决议事项一般与公司直接相关，但并不直接影响公司股东之固有权利。如增资过程中，不同意增资的股东，其已认缴或已实缴部分的权益并未改变，仅可能因增资而被稀释股份比例。而修改股东出资期限直接关系到公司各股东的切身利益。如允许适用资本多数决，不同意提前出资的股东将可能因未提前出资而被剥夺或限制股东权益，直接影响股东根本利益。因此，修改股东出资期限不能简单等同于公司增资、减资、解散等事项，亦不能简单地适用资本多数决规则。

最后，股东出资期限系公司设立或股东加入公司成为股东时，公司各股东之间形成的一致合意，股东按期出资虽系各股东对公司的义务，但本质上属于各股东之间的一致约定，而非公司经营管理事项。法律允许公司自治，但需以不侵犯他人合法权益为前提。在公司经营过程中，如有法律规定的情形需要各股东提前出资或加速到期，系源于法律规定，而不能以资本多数决的方式，以多数股东意志变更各股东之间形成的一致意思表示。

故此，本案修改股东出资期限不应适用资本多数决规则。

综上所述，法院判决确认HD公司于2018年11月18日作出的2018年第一次临时股东会决议中的第二项决议"通过章程修正案"无效。

实务解读

此公报案例涉及公司治理中，大股东利用控股地位，滥用资本多数决形成的股东决议效力判定问题。

理论与实践中面临的最大困惑是，在公司股东会决议资本多数决原则与小股东利益保护出现冲突之时，如何判断资本多数决原则下通过的股东会决议是正常的商业决策，还是大股东滥用其控制地位损害小股东利益的行为，进而认定股东会决议无效？

一、资本多数决原则极易造成股东实质不平等的结果

公司股东会决议是"参加股东会会议的股东，针对会议召集人提出的会议提案，按照既定法定或意定的议事规则和多数决定原则，投票表决形成或决定的公司意思"。[①]在公司治理制度发展史上，公司内部表决机制经历了由"一致同意"发展到"资本多数决"，即"少数服从多数"。公司股东会决议分为普通决议和特殊决议。普通决议针对股东会职权范围内的一般事项，通常认为，普通决议的形成，经代表二分之一有效表决权以上股东同意即可通过。特殊决议针对股东会职权范围内的特殊事项。我国《公司法》（2023年修订）第六十六条规定，公司股东会作出的有关修改公司章程、增加或者减少公司注册资本以及公司合并、分立、解散或者变更公司形式的决议，必须经代表有效表决权数三分之二以上通过。

与合同行为强调当事人之间达成一致合意不同，公司决议行为的伦理基础及逻辑主线是程序正义。[②]公司通过法定召集程序、通过法定表决机制，即可按照多数派成员的意思形成决议，以期望在个人权利和团体利益、民主平等和高效灵活决策之中获得平衡。但是，资本多数决确立的平等价值只是形式上的平

---

① 叶林：《股东会会议决议形成制度》，载《法学杂志》2011年第10期，第31页。
② 王雷：《论我国民法典中决议行为与合同行为的区分》，载《法商研究》2018年第5期，第130页。

等，这种表决机制也存在损害公司和中小股东合法利益的危险，妨碍了股东实质平等的实现。

二、滥用资本多数决原则通过的股东会决议可能因违法而无效

《公司法》（2023年修订）第二十五条规定："公司股东会、董事会的决议内容违反法律、行政法规的无效。"对于《公司法》（2023年修订）第二十五条决议内容违反无效规则的适用范围，目前观点认为包括违反与股权平等、股权保护、公司决议正当程序等公司基本法律价值密切关联的效力性强制性规定。[①]

《公司法》（2023年修订）第二十一条规定："公司股东应当遵守法律、行政法规和公司章程，依法行使股东权利，不得滥用股东权利损害公司或者其他股东的利益。公司股东滥用股东权利给公司或者其他股东造成损失的，应当承担赔偿责任。"因此，大股东利用控股地位，滥用资本多数决，通过明显损害小股东利益的决议，这种行为违反了《公司法》（2023年修订）第二十一条的强制性规定，而会被法院认定违法而无效。

司法实践中，常见的大股东利用资本多数决，通过股东会决议损害小股东利益的案件类型列举如下。

1.明显损害股东利益的决议

公司作出的大股东非法占有公司资金、不公平的关联交易、强制小股东退股、限制小股东参与公司经营管理等决议，显然属于大股东滥用资本多数决掠夺或压制小股东利益的行为，应当排除资本多数决原则的适用。

关联案例 ‖ 湖南SLXG钢管有限公司诉湖南SY高新材料有限公司公司决议纠纷案，湖南省高级人民法院（2016）湘民申1612号

该案中，大股东利用资本多数决，通过股东会决议修改公司章程，剥夺了小股东任命董事和提名总经理的权利。

法院认为，资本多数决是公司运作的重要原则，但多数股东行使表决

---

① 王雷：《公司决议行为瑕疵制度的解释与完善——兼评公司法司法解释四（征求意见稿）第4—9条规定》，载《清华法学》2016年第5期，第183页。

权时，不得违反禁止权利滥用和诚实信用原则，形成侵害小股东利益的决议。滥用资本多数决原则作出的决议无效，但公司决议是否有效，不仅要求程序合法，还要求内容合法。本案中，对于湖南SY高新材料有限公司（以下简称SY公司）而言，其通过安排副总经理和董事各一人，对公司的经营状况进行了解并参加公司经营管理，行使股东权利。湖南SLXG钢管有限公司的两名大股东通过公司决议的方式随意剥夺SY公司提名副总经理和董事各一人的权利，以公司决议的形式损害了SY公司作为少数股东的利益，是一种滥用股东权利损害其他股东利益的行为，涉案公司决议系滥用资本多数决作出。因此，该决议内容因违反《公司法》（2013年修正）第二十条第一款的规定而无效。

2. 不合理增加小股东义务，使其承担更多商业风险的决议

公司违背股东意志强行增资、定向减资或差别减资，导致小股东持股比例上升或者承担更大的出资义务，虽然小股东在利润分配时可能获取到的预期收益更多，但同时也将承担更大的投资风险。因此，此种情况也构成资本多数决原则的滥用，股东会决议将会被认定无效。

关联案例 || 陈某潮诉浙江XLYY渔业有限公司等公司决议效力确认纠纷案，绍兴市越城区人民法院（2015）绍越商初字第3030号[①]

该案中，在小股东明确表示反对的情况下，大股东仍通过股东会决议修改公司章程，决定增加公司资本，并由各股东按照原股权比例认缴增资，且要求在限定时间内出资到位。

该案审理法院认为，公司新增资本时，股东认缴出资系其权利而非义务，且浙江XLYY渔业有限公司（以下简称XLYY公司）案涉决议作出之前的章程亦未特别规定股东有按照出资比例认缴新增资本的义务。XLYY公司股东会未经陈某潮同意按照资本多数决通过的该项决议内容是否有效，取决于该项权

[①] 本案例刊载于浙江省高级人民法院《审判指导》总第39期，第172页。

利是否属于资本多数决的处分范围。虽资本多数决是股东会的一项重要议事规则，公司章程亦对此作出了规定，但并非公司的所有事项都属于资本多数决处分的范围，对于股东固有的、非经股东自身同意不可剥夺的权利，仍应当尊重股东的意志，对其予以保护。而作为股东认缴新增资本出资的权利更是股东拥有的较为重要的、关键的权利，是实现股东投资目的的核心、根本性权利，同时此类权利只涉及股东单方的利益，不涉及其他股东、公司、公司债权人、公共利益。股东对此类权利可以自愿放弃或接受限制，但不能通过资本多数决改变。根据《公司法》（2013年修正）第三条"有限责任公司的股东以其认缴的出资额为限对公司承担责任"的规定，股东认缴的出资额关系其将来对公司债务承担责任的大小，公司违背股东意志强行要求其认缴新增资本可能加重其将来承担更多义务的风险。故在法律及章程未作规定的情形下，是否对新增资本认缴出资是股东的权利，不属于资本多数决处分的范畴，增资决议内容损害陈某潮自行选择的合法权利，违背陈某潮的意思自治，应认定无效。

3.限制或处分股东固有权利的决议

股东固有权利，是指《公司法》赋予股东的权利，非经股东的同意不得剥夺和限缩，因此不得以资本多数决来加以限制和剥夺；而非固有权利，是指可以由资本多数决通过修改公司章程或者股东会决议来加以限制和剥夺的权利，但控股股东也不得滥用权利予以侵害。

虽然我国《公司法》并无明文规定股东固有权利的具体范畴，但是根据司法实践，通常认为股东的股权转让权、分红权、新股优先认缴权、股东知情权等权利属于股东固有权利，非经股东同意不得被处分或限制。

关联案例‖ 四川GD建设集团有限公司、王某鸣与公司有关的纠纷案，最高人民法院（2020）最高法民申3891号

该案中，公司章程明确规定股东按出资比例分取红利，大股东却通过召开股东会，形成不按出资比例分红的利润分配方案。

最高院审查认为，股东享有的分红权属于股东自益权，系股东为自己利益而行使的权利，因此公司一般应按股东实缴出资比例分配红利。若公司决定不按出资比例分配利润，则必须经过全体股东约定，不得采取多数决的方式决定，其目的在于防止占多数股份股东因为滥用股东权利和公司资本多数决的原则侵害小股东的合法利益，以大股东股权上的优势侵害小股东享有的分红权利。此外，四川GD建设集团有限公司《公司章程》第十三条第四项亦约定"股份按出资比例分取红利"。据此，当四川GD建设集团有限公司股东会约定不按出资比例对公司利润进行分配时，需经公司全体股东同意。

实务建议

局势常常处于动态变化之中，免不了此消彼长、相互博弈。反客为主的要义在于，不可妄自菲薄，要懂得择机而动、先发制人、变被动为主动。面对商业世界的纷纷扰扰，要善于抓其要害、避其锋芒，尽量避免"多端寡要，好谋无决"。

实践中，面对大股东通过修改公司章程剥夺中小股东权利，或加重中小股东义务、损害股东利益的情形，可以从事前、事中、事后三个阶段维护自身权益。

一、事前积极参与制定规则

建议小股东在加入或设立公司之时就应当积极主动参与公司章程的制定或修订，强化风险意识；对于涉及切身利益的条款，如剥夺股东权利或加重股东义务以及改选董事会的限制性条款等，尽量高度重视，避免落入完全被动的局面。

二、事中明确反对意见

大股东依据资本优势在公司中享有更多的"话语权"，容易滥用资本多数决原则。表决时，小股东为维护自身利益，可以明确表示反对并记录在案，保存好相关资料。

三、事后起诉确认决议无效

小股东可以及时诉诸司法保护，通过提起确认股东会决议无效之诉，化被动为主动，反客为主，扭转局势，维护自己的合法权益。

法律适用

《中华人民共和国公司法》（2023 年修订）

第二十一条　公司股东应当遵守法律、行政法规和公司章程，依法行使股东权利，不得滥用股东权利损害公司或者其他股东的利益。

公司股东滥用股东权利给公司或者其他股东造成损失的，应当承担赔偿责任。

第二十五条　公司股东会、董事会的决议内容违反法律、行政法规的无效。

第六十六条　股东会的议事方式和表决程序，除本法有规定的外，由公司章程规定。

股东会作出决议，应当经代表过半数表决权的股东通过。

股东会作出修改公司章程、增加或者减少注册资本的决议，以及公司合并、分立、解散或者变更公司形式的决议，应当经代表三分之二以上表决权的股东通过。

排查连环计谋：伪造签名虚假决议无效

知识要点：*未经决议的法律行为效力*

┌─ **计策释义** ─────────────────────────────┐

连环计：将多兵众，不可以敌，使其自累，以杀其势。在师中吉，承天宠也。

敌方将多兵众，力量强大，我方万不可与之死拼，应当施用计谋，使他受到牵累，借以削弱他的强势。将帅如能用兵如神，就如有天神相助。

└─────────────────────────────────────┘

连环计，指多计并用，计计相连，环环相扣，一计累敌，一计攻敌，任何强敌，无攻不破。连环计策不重视用计的数量，而重视用计的质量，关键在于使敌"自累"。在战争中，用此计策重在从战略上让敌人背上包袱，使敌人自己牵制自己，让敌人战线拉长，兵力分散，为我军集中兵力各个击破创造有利条件。

在本案中，公司其他股东为稀释受害股东股权，可谓是"一计复一计，一计套一计"。先是"无中生有"，伪造股东签名虚开股东会；然后，利用伪造的股东会决议引入"过桥资金"虚假增资又迅速返还出资，企图"瞒天过海"；最后"上屋抽梯"，以被稀释后的股权比例向受害股东分配股权转让款，[①]侵害该股

---

① 双方就股权转让款的支付问题另行诉争，参见黄某忠诉陈某庆等股权转让纠纷案，上海市虹口区人民法院（2013）虹民二（商）初字第763号民事判决书。

东应得利益。

连环计最重要的是"布局",本案中虽然环环相扣,步步紧逼,但还是露出了破绽。关键就在于没有实际召开增资扩股的股东会,也没有真实签字的股东会决议。有效的增资扩股的前提是真实合法的股东会决议。未经股东会决议,虚假增资以稀释股权的意图只会露出马脚,最终"功亏一篑"。"兵无常势,水无常形",密切关注态势变化,及时灵活应对,方能常胜。

裁判摘要

有限公司增加注册资本应当按照《公司法》(2005年修订)的规定进行,在部分股东不知情的情况下进行增资,不仅侵害了不知情股东的合法权益,同时也剥夺了不知情股东的优先认缴权,该增资行为应属无效,应当恢复不知情股东的原持股比例。倘若存在虚假增资(含抽逃增资),不知情股东的股权更加不能被摊薄,即使股权已作变更登记或者被再转让。

基本案情①

2004年4月21日,原告黄某忠与被告陈某庆、陈某、张某、顾某平、王某英共同设立了太仓HG钢结构制品有限公司(以下简称HG公司),注册资本为400万元,其中张某出资120万元,持股30%;黄某忠、顾某平各出资80万元,各持股20%;陈某、陈某庆、王某英各出资40万元,各持股10%。

2006年10月20日,HG公司登记的注册资本由400万元变更登记为1500万元,同时股东及持股比例变更登记为,张某出资120万元,持股8.00%;黄某忠、顾某平各出资80万元,各持股5.33%;陈某、陈某庆、王某英各出资40万元,各持股2.67%;XB公司出资1100万元,持股73.33%。工商档案中,落款日期为2006年10月16日的《太仓HG钢结构制品有限公司章程》中载明

---

① 案例名称:黄某忠诉陈某庆等股东资格确认案
案　　号:(2013)沪二中民四(商)终字第188号
法　　院:上海市第二中级人民法院
原　　告:黄某忠
被　　告:陈某庆、陈某、张某、顾某平、上海XB建筑安装工程有限公司(以下简称XB公司)、王某英、江苏ENS重工机械有限公司(以下简称ENS公司)
来　　源:《最高人民法院公报》2015年第5期(总第223期)

"2006年9月28日在太仓HG钢结构制品有限公司筹备处会议室召开了全体股东会议，全体股东均表示同意上海XB建筑安装工程有限公司入股"。落款日期同样为2006年10月16日的《太仓HG钢结构制品有限公司股东会决议》载明的主要内容为："同意修改后的公司章程；增加公司注册资本，由原来的400万元增加到1500万元，XB公司增加投资1100万元……"原告黄某忠及被告王某英均否认上述公司章程和股东会决议的真实性。HG公司股权比例变更见图4-3。

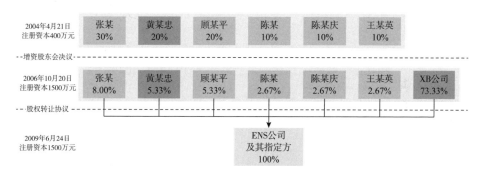

图4-3 HG公司股权比例变更

经鉴定，上述文件上"黄某忠"的字迹与对比样本上的"黄某忠"签名字迹不是同一人书写形成。

被告XB公司用于增资HG公司的1100万元，于2006年10月18日完成验资后，以"借款"的形式归还给XB公司。

2009年5月21日，被告陈某庆作为HG公司股东代表与ENS公司签订股权转让合同，ENS公司以824.85万元的价格受让了HG公司的全部股权，并于2009年6月24日完成股东变更登记。

待分配股权转让款时，被告等声称HG公司曾经增过资，注册资本已从400万元增加到了1500万元，原告未认缴出资，公司的股权结构已经发生改变，不同意按照原来的持股比例分配股权转让款，双方由此发生争议。

故原告诉至法院，要求法院确认原告在2004年4月21日HG公司设立之日起至2009年6月24日股权转让期间持有HG公司20%的股权。

审理意见

争议焦点：HG公司是否进行了合法有效的增资以及对原告黄某忠持股比例的影响。

法院认为，在原告黄某忠没有依公司章程对其股权作出处分的前提下，除非HG公司进行了合法的增资，否则原告的持股比例不应当降低。XB公司等被告辩称，HG公司曾于2006年10月20日完成增资1100万元，并为此提供了所谓股东会的决议，但在原告及被告王某英否认的情况下，XB公司等被告却没有提供足以证明该书面材料系真实的证据材料。相反，有关"黄某忠"的笔迹鉴定意见却进一步证实了黄某忠并没有在相关股东会决议上签名的事实。由此可推知，黄某忠、陈某庆、陈某、张某、顾某平、王某英作为HG公司的前股东，未就HG公司增资1100万元事宜召开过股东会。在未召开股东会的情况下，所谓HG公司增资1100万元的行为，违反了HG公司的章程及法律的规定，是无效的行为。

此外，从结果上来看，HG公司用于所谓增资的1100万元，在完成验资后，就以"借款"的形式归还给XB公司，此种情形不能认定XB公司已经履行了出资的义务。因此，法院认定，HG公司并未在2006年10月20日完成实质上的增资，HG公司以增资为名，降低原告的持股比例，侵犯了原告的合法权益。

因此，在没有证据证明黄某忠明知HG公司增资至1500万元的情况下，对HG公司设立时的股东内部而言，该增资行为无效，且对于黄某忠没有法律约束力，不应以工商变更登记后的1500万元注册资本金额来降低黄某忠在HG公司的持股比例，而仍旧应当依照20%的股权比例在股东内部进行股权分配。

综上所述，法院判决确认原告黄某忠自2004年4月21日起至2009年6月24日止持有太仓HG钢结构制品有限公司（已变更名称为江苏ENS重工机械有限公司）20%的股权。

实务解读

本案例涉及未经法定的股东会决议程序，增资行为的效力问题。

股东会是公司的权力机构，法律明文规定某些权力事项专属于股东会，以在法人内部分权制衡。《公司法》（2023年修订）第五十九条规定了公司股东会权限范围，从规范目的来看，该条属于公司重要事项的决策权限划分的强制性权能规范。[1]

只有公司的权力机构才可决定的事项主要有三种。一是《公司法》（2023年修订）第十五条第二款规定，公司为公司股东或者实际控制人提供担保的，必须经股东会决议。二是《公司法》（2023年修订）第五十九条和第一百一十二条规定，公司增减资本、发行债券、分立、合并、解散、清算或变更公司组织形式，应当由股东会决议。三是《公司法》（2023年修订）第一百三十五条规定，上市公司在一年内购买、出售重大资产或者担保金额超过公司资产总额30%的，应当由股东会作出决议，并经出席会议的股东所持表决权的三分之二以上通过。

实践中，常常有多数股东或控股股东，未经股东会决议代表公司对外进行法律行为，架空了《公司法》有关公司内部权限的分权设计。

《公司法》为公司实施某些行为设置了决议要件，未经股东会决议，公司对外从事的法律行为效力即成为审判实践中的常见争议，常见类型包括公司未经股东会决议增资以及未经股东会决议为公司股东或实际控制人提供担保。

一、公司未经股东会决议增资

上述公报案例中，法院认为，虽然增资行为办理了工商登记，但是公司未按公司章程约定召开股东会，原股东对增资事宜并不知情，因此对公司内部股东而言，该增资行为应被认定为无效，公司原有股东的持股比例仍然不变。虽然囿于当事人的诉请，法院并未进一步说明，在该增资行为被认定为无效的情况下，对于外部投资人利益的影响。

但是，在其他案例中，在目标公司未召开股东会、未形成增资决议的情况下，针对目标公司与投资方所签订的增资协议的效力，最高人民法院认为未经公司股东会决议的增资协议无效，在投资方不能提交目标公司曾经有代表三分之二以上表决权的股东通过增资股东会决议的情况下，投资方不能通过增资取得目标公司的股东身份。

---

[1]　徐银波：《法人依瑕疵决议所为行为之效力》，载《法学研究》2020年第2期，第155页。

关联案例 ‖ 余某等与贵州TB生物制品有限公司等盈余分配纠纷申请案，最高人民法院（2013）民申字第2141号

最高人民法院认为，《公司法》（2005年修订）规定股东会作出增加注册资本决议应由代表三分之二以上表决权的股东通过。此处公司增加注册资本事项应当理解为完整的公司增资扩股行为，《公司法》三分之二以上表决权的规定应当适用于完整的增资扩股全部过程，从投资人与目标公司磋商，股东会进行决议开始，一直到公司变更注册资本登记，投资人取得股东资格结束。《公司法》规定股东会作出增加注册资本的决议可以不召开股东会的前提条件是公司股东以书面形式对该事项表示同意，全体股东在决议文件上签名、盖章。在该案中，外部投资人不能提交公司曾经有代表三分之二以上表决权的股东通过确认其为公司股东的股东会决议，公司内部也未对公司股东名册等进行重新登记。故法院认定外部投资人没有能够以增资扩股的方式成为公司股东。

二、公司未经股东会决议为公司股东或实际控制人提供担保

针对未经公司股东会决议公司对外实施的法律行为效力，司法实践中争议更激烈的问题是，公司法定代表人或者其他人员违反法定程序，未经股东会决议，为公司股东或实际控制人提供担保的问题。此争议问题涉及对《公司法》（2023年修订）第十五条的性质理解。

对于公司对外担保效力问题，过去长期占据主流地位的"规范性质识别说"将法律规范界定为任意性规定、效力性强制性规定和管理性强制性规定，并进而判定法定代表人超越代表权所订立的担保合同的效力。

但随着认知的不断深入，从《九民纪要》开始，到《最高人民法院关于适用〈中华人民共和国民法典〉有关担保制度的解释》的出台，最高人民法院已经逐渐明确，《公司法》（2023年修订）第十五条属于公司内部权力机构的权限职能规定，具有法律推定的公示性，与公司进行交易的相对人负有合理审查股东会决议的注意义务。

关联案例 || ZS银行股份有限公司大连东港支行与大连ZB氟涂料股份有限公司、大连ZB集团有限公司借款合同纠纷案，最高人民法院（2012）民提字第156号[①]

在该案中，最高人民法院认为，《公司法》（2005年修订）第十六条第二款规定："公司为公司股东或者实际控制人提供担保的，必须经股东会或者股东大会决议。"上述公司法规定已然明确了其立法本意在于限制公司主体行为，防止公司的实际控制人或者高级管理人员损害公司、小股东或其他债权人的利益，故其实质是内部控制程序，不能以此约束交易相对人。故此，上述规定宜理解为管理性强制性规范。对违反该规范的，原则上不宜认定合同无效。另外，如作为效力性规范认定将会降低交易效率和损害交易安全。譬如股东会何时召开，以什么样的形式召开，何人能够代表股东表达真实的意志，均超出交易相对人的判断和控制能力范围，如以违反股东决议程序而判令合同无效，必将降低交易效率，同时也给公司动辄以违反股东决议主张合同无效的不诚信行为留下了制度缺口，最终危害交易安全，不仅有违商事行为的诚信规则，更有违公平正义。该案中，担保债权人基于对担保人法定代表人身份、公司法人印章真实性的信赖，基于担保人提供的股东会担保决议盖有担保人公司真实印章的事实，ZS银行股份有限公司大连东港支行在接受作为非上市公司的大连ZB氟涂料股份有限公司为其股东提供担保过程中，已尽到合理的审查义务，主观上构成善意。本案中周某良的行为构成表见代表，大连ZB氟涂料股份有限公司对案涉保证合同应承担担保责任。

关联案例 || FJ融资租赁有限公司、四川SD林业产业股份有限公司保证合同纠纷案，最高人民法院（2021）最高法民申5089号

在该案中，最高人民法院经审查认为，本案涉及四川SD林业产业股份有限公司为公司股东SD集团提供关联担保，且没有证据证明四川SD林业

[①] 本案例载《最高人民法院公报》2015年第2期（总第220期）。

产业股份有限公司通过了同意订立案涉《保证合同》的决议。在此情况下，根据《公司法》（2018年修正）第十六条第二款及《合同法》第五十条的规定，债权人FJ融资租赁有限公司（以下简称FJ公司）主张案涉《保证合同》有效，应当提供证据证明其在订立合同时对股东大会决议进行了审查，以确信决议的表决程序符合《公司法》的规定，即在排除被担保股东表决权的情况下，该项表决由出席会议的其他股东所持表决权的过半数通过，签字人员也符合公司章程的规定。但根据原审查明的事实，FJ公司在订立案涉《保证合同》时未尽到该审查义务，因此应当认定FJ公司并非善意，案涉《保证合同》无效。

实务建议

《公司法》规定公司内部设立的股东会、董事会等公司机关组织并非空有其名。股东会作为公司权力机构，董事会作为公司的执行机构，各司其职、各尽其责，相互协作制衡，才能让公司作为一个组织体实现其组织目标和共同利益，而避免公司沦为某一个股东谋取私利的工具。

"多算胜，少算不胜"，为避免公司及股东利益不当受损，我们就公司股东会权力事项的实务操作有如下建议。

一、权责明晰，分权制衡

在《公司法》及相关法律的指引下，公司章程中对公司股东会、董事会、法定代表人的职权事项应予以明晰。同时，为控制股东会和董事会职权行使，对其职权范围内的权限幅度也应明确划分，分解权限。

权限划分幅度确定的出发点则是风险控制原则的具体体现，当然效率原则也是考虑的重要因素。

二、权责对等，规范管理

公司章程除对公司各机关权限明确规定外，也应对股东会、董事会、法定代表人等可能发生的越权行为予以提前规制，明确越权行为的内部责任承担。同时，公章的明确约定也将是公司抵御对外担责的"盾牌"。在公司章程对权力事项已经明确的情况下，一旦出现争议，在相对人未取得章程规定的决议时，公司可以据此主张相对人非善意。

对公司而言，应严格规范公章的管理及使用，以争取避免相关人员在未经公司决议通过的情况下利用公章冒用公司名义对外实施法律行为。

法律适用

《中华人民共和国公司法》（2023年修订）

第十五条　公司向其他企业投资或者为他人提供担保，按照公司章程的规定，由董事会或者股东会决议；公司章程对投资或者担保的总额及单项投资或者担保的数额有限额规定的，不得超过规定的限额。

公司为公司股东或者实际控制人提供担保的，应当经股东会决议。

前款规定的股东或者受前款规定的实际控制人支配的股东，不得参加前款规定事项的表决。该项表决由出席会议的其他股东所持表决权的过半数通过。

第五十九条　股东会行使下列职权：

（一）选举和更换董事、监事，决定有关董事、监事的报酬事项；

（二）审议批准董事会的报告；

（三）审议批准监事会的报告；

（四）审议批准公司的利润分配方案和弥补亏损方案；

（五）对公司增加或者减少注册资本作出决议；

（六）对发行公司债券作出决议；

（七）对公司合并、分立、解散、清算或者变更公司形式作出决议；

（八）修改公司章程；

（九）公司章程规定的其他职权。

股东会可以授权董事会对发行公司债券作出决议。

对本条第一款所列事项股东以书面形式一致表示同意的，可以不召开股东会会议，直接作出决定，并由全体股东在决定文件上签名或者盖章。

第一百二十一条　股份有限公司可以按照公司章程的规定在董事会中设置由董事组成的审计委员会，行使本法规定的监事会的职权，不设监事会或者监事。

审计委员会成员为三名以上，过半数成员不得在公司担任除董事以外的其他职务，且不得与公司存在任何可能影响其独立客观判断的关系。公司董事会成员中的职工代表可以成为审计委员会成员。

审计委员会作出决议，应当经审计委员会成员的过半数通过。

审计委员会决议的表决，应当一人一票。

审计委员会的议事方式和表决程序，除本法有规定的外，由公司章程规定。

公司可以按照公司章程的规定在董事会中设置其他委员会。

第一百三十五条 上市公司在一年内购买、出售重大资产或者向他人提供担保的金额超过公司资产总额百分之三十的，应当由股东会作出决议，并经出席会议的股东所持表决权的三分之二以上通过。

《最高人民法院关于适用〈中华人民共和国民法典〉有关担保制度的解释》

第七条 公司的法定代表人违反公司法关于公司对外担保决议程序的规定，超越权限代表公司与相对人订立担保合同，人民法院应当依照民法典第六十一条和第五百零四条等规定处理：

（一）相对人善意的，担保合同对公司发生效力；相对人请求公司承担担保责任的，人民法院应予支持。

（二）相对人非善意的，担保合同对公司不发生效力；相对人请求公司承担赔偿责任的，参照适用本解释第十七条的有关规定。

法定代表人超越权限提供担保造成公司损失，公司请求法定代表人承担赔偿责任的，人民法院应予支持。

第一款所称善意，是指相对人在订立担保合同时不知道且不应当知道法定代表人超越权限。相对人有证据证明已对公司决议进行了合理审查，人民法院应当认定其构成善意，但是公司有证据证明相对人知道或者应当知道决议系伪造、变造的除外。

第八条 有下列情形之一，公司以其未依照公司法关于公司对外担保的规定作出决议为由主张不承担担保责任的，人民法院不予支持：

（一）金融机构开立保函或者担保公司提供担保；

（二）公司为其全资子公司开展经营活动提供担保；

（三）担保合同系由单独或者共同持有公司三分之二以上对担保事项有表决权的股东签字同意。

上市公司对外提供担保，不适用前款第二项、第三项的规定。

《中华人民共和国民法典》

第五百零四条　法人的法定代表人或者非法人组织的负责人超越权限订立的合同，除相对人知道或者应当知道其超越权限外，该代表行为有效，订立的合同对法人或者非法人组织发生效力。

破除笑里藏刀：一致行动协议效力认定

知识要点：一致行动协议对股东会决议效力的影响

计策释义

笑里藏刀：信而安之，阴以图之，备而后动，勿使有变。刚中柔外也。

要想方设法取信敌人，使他安定、松懈，从而失去戒备之心，而暗中则要做好消灭他的图谋；做好充分准备之后再采取行动，其间，千万不能让敌方察觉到其中的变故。这便是外表温和而暗藏杀机的计谋。

笑里藏刀的原意是指一种人品，外表和气，内心阴险，口蜜腹剑，两面三刀。此计用在军事上则是指，运用政治外交上的伪装手段，欺骗麻痹对方，来掩盖己方的军事行动，以寻求有利时机而显露杀机，进行发难。商业上往往表现为"外示柔和、内藏杀机"的计策，表面上笑口常开，背地里"磨刀霍霍"。

"笑"的方式多种多样，比如在公司治理实践中，意欲实现控制权的股东可能选择与公司其他股东签订一致行动协议以归集表决权。而一些中小股东为了实现一定的目的，也非常愿意加入一致行动协议，看起来喜笑颜开、一团和气。

但在利益冲突之下，难免协议一方"临阵倒戈"，并不履行"一致行动协议"，执意选择擅自行动，图穷匕见。尤其是在涉及公司增减资、合并、分立、解散、清算及并购等重大事项上，如果违约方违反一致行动协议，或将导致一方股东失去或减弱了对公司的控制权，造成难以估量的损失。因此，有必要看透本质、谨慎谋划。

裁判摘要

表决权拘束协议或一致行动协议，是股东之间或者股东与其他第三人之间约定表决权行使的契约。该等协议不违反法律法规的禁止性规定，并经公司董事会决议通过，未损害公司及其他股东的合法权益，内容应为合法有效。股东在股东会表决时违反一致行动协议的约定的，股东会可直接根据一致行动协议的安排计票。

基本案情[①]

原告张某庆持有HD公司21.3889%股权，为HD公司第二大股东。

2009年12月29日，以HD公司及其第一大股东、法定代表人胡某为甲方，以张某庆为乙方，双方签订《股份认购协议》与《期权授予协议》，约定"在HD公司的公司股份上市交易前，张某庆承诺所持之HD公司股份的投票与胡某保持一致"。上述协议约定的事项经HD公司董事会上商议后形成董事会决议。

2015年8月20日，HD公司董事会召集并主持2015年度第四次股东大会，对公司进行增资扩股的议案等事项进行表决。虽然胡某对各项议案均投同意票，张某庆对各项议案均投反对票，但是HD公司将张某庆所投反对票统计为同意票，故以同意占78.1595%股权比例，反对占16.1113%股权比例，形成HD股东会股字（2015）第6号股东会决议，通过增资扩股等各项议案。

张某庆认为该股东会决议的形成仅获得股权表决权56.7706%的同意票，违反《公司法》（2013年修正）对股东大会该类议案须经出席会议的股东所持表决权的三分之二以上通过之强制性规定，故诉至法院要求撤销该决议。

HD公司股份至本案起诉尚未上市交易。

---

① 案例名称：张某庆等与江西HD电力有限责任公司公司决议撤销纠纷案
案　　号：（2017）赣民申367号
法　　院：江西省高级人民法院
原　　告：张某庆、周某康
被　　告：江西HD电力有限责任公司（以下简称HD公司）

审理意见

争议焦点：本案诉争的股东会决议是否因未达到法定表决权而应被撤销？

法院认为，《期权授予协议》第二条第二款"在HD公司的公司股份上市交易前，张某庆承诺所持之HD公司股份的投票与胡某保持一致"之约定，使张某庆的表决权附上协议双方约定的条件，此类在理论上被称为表决权拘束协议或一致行动协议，是股东之间或者股东与其他第三人之间约定表决权行使的契约。

从期权授予协议、股份认购协议的签订情况来看，两份协议中张某庆均自愿承诺和保证在HD公司股份上市之前，张某庆所持股份之投票与大股东胡某保持一致。该条款的目的是确保双方行动的合意性，其重复出现在两份协议中，恰恰体现了上述条款系双方平等、自愿协商后作出的安排。作为完全民事行为能力人，双方均应能预料该条款生效后所产生的后果。两份协议上均有张某庆、胡某本人的签字确认和HD公司的盖章确认，且上述条款并不违反法律法规的禁止性规定，并经董事会决议通过，未损害公司及其他股东的合法权益，内容应为合法有效。

张某庆提出胡某不是两份协议当事人、一致行动人条款仅存在于上市公司、只有股东个人之间才能协商对股东权进行限制的理由均无事实和法律依据，且有违诚实信用原则，不予支持。张某庆提出《期权授予协议》未实际履行，因该协议并未约定张某庆所持股份之投票与大股东胡某保持一致须以《期权授予协议》的履行为条件，故该主张无合同依据，亦不予支持。

因两份协议已明确了张某庆与胡某行动的合意性，在胡某对2015年8月20日股东大会的各项议案均投同意票情况下，张某庆投反对票系对其自身作出的承诺的违反，HD公司股东大会将张某庆所投反对票统计为同意票符合当时约定。对张某庆提出即便两份协议有效，也只能追究张某庆违约责任，而不能强行将其反对票统计为赞成票的上诉理由不予支持。

因股东会决议的形成获得了股权表决权的78.1595%的支持，符合公司章程约定和法律规定，故张某庆要求撤销HD公司股东大会2015年8月20日作出的HD股东会股字（2015）第6号股东会决议的诉讼请求无事实、法律依据，三级法院均未支持其主张。

实务解读

本案例涉及股东之间签署了一致行动协议后，某一签署方违反了协议的约定，在公司股东会表决程序中，没有与其他签署方保持一致行动，由此形成的股东会决议是否有效的问题。本案中，一致行动协议为股东间签订的协议，该协议经过了公司董事会决议，在公司内部具有公示效力，故法院认为公司在统计股东会决议票数时可以按照一致行动协议进行统计。

在股权较为分散的公司中，持股较多但非控股股东为取得、保持对股东会的控制力，常常采用的策略就是归集表决权，使持有较少股权的股东拥有更高比例的表决权，从而获得更大的公司决策影响力。表决权归集的一种常见形式即由多个持股比例较高的股东签署一致行动协议，即学理上所称表决权拘束协议（Voting Agreement，Vote-pooling Agreement），约定在公司股东会决议事项行使表决权时，应以某一方的意见为准，或者将股东表决权委托给特定一方行使，以扩大、巩固该方股东在公司决策中的表决权。

一致行动协议作为争夺公司控制权的一种快捷简单的方式，不仅出现在上市公司并购等活动中，在非公众公司的公司治理中也被广泛应用。但是在公司治理实践中，由于缺乏法律明文指引，一致行动协议在非公众公司中的运用引发了诸多争议，殊值探讨。以下将围绕一致行动协议进行解读。

一、一致行动协议的签署方转让股权是否构成违约

根据合同的相对性，如无特别约定的情况下，一致行动协议的签署方转让股权后，则该股东所持表决权在转让后不必然继续受到一致行动协议的约束，由此可能导致表决权归集的失败，但是股权转让方可能需要承担违约责任，建议双方应对此予以明确约定。

> **关联案例 ‖ 周某彪、万某峰合同纠纷案，江苏省常州市中级人民法院（2022）苏04民终1096号**
>
> 该案中，周某彪（持股42.85%）与万某峰（持股9.05%）签订了一致行动协议，但万某峰在未告知周某彪的情况下，秘密地将其名下的5%股权转

让给了第三人丁某。在公司股东会就选举公司执行董事（法定代表人）事项进行表决时，周某彪与万某峰就上述事项投了反对票，但股权占比46.9%，导致形成股东会决议通过。周某彪故主张万某峰应当承担违约责任。

法院认为，从2019年7月15日周某彪与万某峰签订的协议内容来看，可以确认该协议系周某彪作为对RY公司享有股权比例最高但尚未超过50%的股东，为确保其对RY公司执行董事人选的决策权而联合万某峰成为其一致行动人，同时允诺万某峰一定的职位和劳动报酬待遇作为回报的约定。虽然周某彪签订协议的目的实现需以其可控制的股东表决权超过50%比例为前提，但双方并未因此在协议中对万某峰的股权转让限制进行约定。且周某彪还可通过再与RY公司其他股东签订一致行动协议，来增强其决策权的实现可能性，故也不能将万某峰的股权转让受限直接认定为其在本案协议中应承担的附随义务。据此，万某峰之后向丁某转让其名下5%股权的行为，并未构成对案涉协议的违反，周某彪无权要求万某峰承担协议约定的违约责任。

二、一致行动协议的签署方未被通知参加股东会是否属于股东会程序瑕疵

一致行动协议的实质为股东表决权的同向行使，并不意味着剥夺一致行动签署方参加股东会实际行使知情权、表决权的股东权利，也不代表一致行动协议的另一方当然取得了替代该方参会及投票表决的权利。因此，未通知一致行动协议的签署方径直召开股东会，属于股东会召集程序的瑕疵，由此形成的股东会决议可被撤销。

关联案例 ‖ 北京ZY娱乐有限责任公司等与郑某文等公司决议效力确认纠纷案，北京市第三中级人民法院（2019）京03民终10855号

该案中，HT公司股东郑某文、DF公司与ZY公司为行动一致人，HT公司召开股东会，ZY公司实际参加，但HT公司未通知郑某文，且伪造"郑某文"签名签署该次股东会决议。

HT公司认为，根据公司章程规定郑某文与ZY公司为一致行动人，故其是否参会并不会对涉案股东会决议产生实质影响。对此抗辩理由，法院认为，根据《公司法》第三十六条的规定，股东会是公司的权力机构，由全体股东组成，股东参加股东会会议是股东权利的重要体现。本案中，公司章程虽规定郑某文与ZY公司为一致行动人，但亦规定所谓一致是指郑某文在股东会、董事会表决时遵照ZY公司或者ZY公司委任董事的表决意见。因此，公司章程关于一致行动人的规定并未否认郑某文作为股东参加会议的基本权利，故在HT公司未举证证明已通知郑某文参会的情况下，通过伪造签名作出涉案股东会决议，既不符合法律规定，亦违反公司管理秩序。

实务建议

在公司治理实践中，为保持、强化对公司的控制权，公司股东可能通过签署一致行动协议约定同向行使其表决权。但"股东向背"不可预计，协议一方违反其承诺，导致另一方失去控制权，造成的损失不能也无法仅仅以违约责任予以弥补。因此，为真正强化一致行动协议在公司控制权争夺中的效力，建议签署方注意以下几点。

一、内不欺己：在一致行动协议中明确约定，增强对内效力

作为股东间协议，在各方签署一致行动协议前，应根据自身情况慎重协商决定一致行动协议的具体内容。

为增强一致行动协议对内约束力，第一，在表决权行使机制上，建议协议明确约定对于待表决议案，应当事先在一致行动人内部进行充分的沟通和交流，以求达成一致意见。如经充分磋商后仍无法达成一致意见，则应明确以某一方的意见为全体一致行动人的意见在股东会上进行表决。第二，建议约定明确的违约金作为一致行动协议的违约责任。在实践中，对于一致行动协议能否强制履行尚存争议，且违反一致行动协议的损失很难实际计算，更难以证明，因此约定明确的违约金是落实违约责任有效的方式之一。

二、外不欺人：向公司、股东公示协议，增强对外效力

建议通过事先向公司、其他股东披露一致行动协议并得到其认可的方式扩展其外部效力。例如，经公司董事会讨论并形成董事会决议，或者通过所有股东及公司共同签署股东协议的方式予以公示，或者将签署一致行动协议的情况记载于公司章程，明确约定所有股东知悉一致行动协议的情况，公司及所有股东承诺，如一致行动协议的签署方违反约定在公司董事会或股东会中行使权利的，公司有权按照一致行动协议的约定执行股东的意思表示并形成内部决议。

对公司及其股东而言，对一致行动协议的披露已充分保障了公司其他股东的知情权，没有损害公司及其他股东的权益，那么公司应当按照一致行动协议的约定，理解并执行股东的意思表示。如一致行动协议签署方转让股权，则另一方股东可根据该协议的披露公示情况，主张该等股权表决权继续受到一致行动协议的约束。

三、深谋远虑：拓展一致行动协议下事项范围，以增强控制力

通常情况下，一致行动协议主要用于扩大股东在股东会决议中的表决权。但实际上，其他股东权利同样可以纳入一致行动协议的范围，包括但不限于提案权、提名权、股东会召集权等。但是，因为公司及股东的情况千差万别，各股东在签订一致行动协议时，一定要首先作出利益衡量，避免在公司形势变化后出现于己不利的状况。

法律适用

《中华人民共和国公司法》（2023年修订）

第二十五条 公司股东会、董事会的决议内容违反法律、行政法规的无效。

第二十六条 公司股东会、董事会的会议召集程序、表决方式违反法律、行政法规或者公司章程，或者决议内容违反公司章程的，股东自决议作出之日起六十日内，可以请求人民法院撤销。但是，股东会、董事会的会议召集程序或者表决方式仅有轻微瑕疵，对决议未产生实质影响的除外。

未被通知参加股东会会议的股东自知道或者应当知道股东会决议作出之日起六十日内，可以请求人民法院撤销；自决议作出之日起一年内没有行使撤销

权的，撤销权消灭。

　　第六十五条　股东会会议由股东按照出资比例行使表决权；但是，公司章程另有规定的除外。

　　第六十六条　股东会的议事方式和表决程序，除本法有规定的外，由公司章程规定。

　　股东会作出决议，应当经代表过半数表决权的股东通过。

　　股东会作出修改公司章程、增加或者减少注册资本的决议，以及公司合并、分立、解散或者变更公司形式的决议，应当经代表三分之二以上表决权的股东通过。

　　第一百一十六条　股东出席股东会会议，所持每一股份有一表决权，类别股股东除外。公司持有的本公司股份没有表决权。

　　股东会作出决议，应当经出席会议的股东所持表决权过半数通过。

　　股东会作出修改公司章程、增加或者减少注册资本的决议，以及公司合并、分立、解散或者变更公司形式的决议，应当经出席会议的股东所持表决权的三分之二以上通过。

制约借刀杀人：章程约定处罚权的效力

知识要点：处罚股东决议

计策释义

借刀杀人：敌已明，友未定，引友杀敌，不自出力，以《损》推演。

敌方的情况已经明确，友军的意向却不稳定，这就要想方设法诱导友军前去杀敌，以避免过分消耗我方的战斗力。这就是根据《损卦》"损下益上"的道理推演而形成的谋略。

借刀杀人，是为了保存自己的实力而巧妙地利用矛盾的谋略。此计用于战争计谋方面，指的是为了保存实力，利用第三方的力量，或者利用、制造敌人内部的矛盾，借助其他力量去击破敌方，达到取胜的目的。

股东会是公司权力机构，是股东直接行使股东权利、与公司其他股东协商谈判、参与公司经营管理的重要场合，股东会决议可以成为实现其股东意志的"快刀"。而"杀人"不应仅仅理解为损人利己之事，也可以引申为意欲实现的任何目标。

公司大股东、控股股东等借助股东会决议，对公司中小股东、异议股东赋予股东会处罚权，或者限制股东权利，以此为手段肆意欺压股东。以本案为例，股东会对股东进行处罚的职权得以明确后，股东希望利用股东会达成自己的目的，不仅需要注重方法，更要提早在公司章程中"落子"布局，让股东会处罚内容有法可依，有章可循，方可制胜。受压制股东也应提前防御，在股东会处罚决议无所依循之时破解压制。

裁判摘要

公司章程关于股东会对股东处以罚款的规定，系公司全体股东所预设的对违反公司章程股东的一种制裁措施，符合公司的整体利益，体现了有限公司的人合性特征，不违反《公司法》的禁止性规定，应合法有效。

但公司章程在赋予股东会对股东处以罚款职权时，应明确规定罚款的标准、幅度，股东会在没有明确标准、幅度的情况下处罚股东，属法定依据不足，相应决议无效。

基本案情①

祝某为AS公司员工和股东。AS公司章程第三十六条载明，公司任何股东存在主观故意侵占或损害公司利益等八种行为时，必须全部转让其在公司的股份，由股东会强制取消其股东身份。此种情况下，转让股份的价值按当时公司账面净值折算后扣除给公司造成的损失及股东会决议的罚款后的余额计算。祝某作为股东在上述公司章程上进行了签名，但该章程中未明确记载罚款的标准及幅度。

2008年7月23日，祝某向AS公司提出辞职申请，24日下午办完交接手续，25日双方解除了劳动关系。

2009年1月5日，AS公司召开股东会，并形成关于对祝某股份处置和违反公司公章处理决定的股东会决议。决议载明：经调查发现，祝某在公司任职期间利用工作便利侵占公司利益，并从事同业竞争行为。根据公司章程的规定，决定由公司强行回购祝某在公司的全部股份，同时对祝某处以5万元的罚款，公司应付回购股份的金额（股本和红利）24107元抵减罚款。出席会议的毛某俊等13位股东在同意股东签字一栏进行了签名。该决议作出后，AS公司多次要求祝

① 案例名称：南京AS财务顾问有限公司诉祝某股东会决议罚款纠纷案

案　　号：（2010）鼓商初字第174号

法　　院：江苏省南京市鼓楼区人民法院

原　　告（反诉被告）：南京AS财务顾问有限公司（以下简称AS公司）

被　　告（反诉原告）：祝某

来　　源：《最高人民法院公报》2012年第10期（总第192期）

某履行决议，均被祝某拒绝。故AS公司诉至法院请求判令祝某立即给付AS公司罚款人民币25893元。

祝某辩称，AS公司于2009年1月5日作出的对祝某处以5万元罚款的股东会决议，缺乏事实与规范依据，且内容、目的违法，对祝某不具有法律约束力。

同时，祝某提出反诉，要求确认AS公司于2009年1月5日所作股东会决议中关于罚款内容部分无效。

审理意见

争议焦点：AS公司临时股东会对祝某罚款5万元的决议内容是否有效？司法审判思路见图4-4。

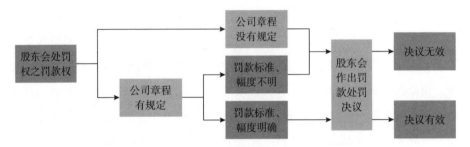

图4-4　股东会罚款决议效力之司法审查思路

法院认为，有限公司的股东会无权对股东处以罚款，除非公司章程另有约定。

有限公司的股东会作为权力机构，其依法对公司事项所作出决议或决定是代表公司的行为，对公司具有法律约束力。股东履行出资义务后，其与公司之间是平等的民事主体，相互之间具有独立的人格，不存在管理与被管理的关系，公司的股东会原则上无权对股东施以任何处罚。这从《公司法》（2005年修订）第三十七条第一款第（一）项至第（十）项所规定的股东会职权中并不包含对股东处以罚款的内容中亦能得到体现。

因此，在公司章程未作另行约定的情况下，有限公司的股东会并无对股东处以罚款的法定职权，如股东会据此对股东作出处以罚款的决议，则属超越法定职权，决议无效。

《公司法》第十一条规定，设立公司必须依法制定公司章程。公司章程对公司、股东、董事、监事、高级管理人员具有约束力。第二十条规定，公司股东应当遵守法律、行政法规和公司章程，依法行使股东权利。由此可见，公司章程是公司自治的载体，既赋予股东权利，亦使股东承担义务，是股东在公司的行为准则，股东必须遵守公司章程的规定。

本案中，原告AS公司章程第三十六条虽主要是关于取消股东身份的规定，但该条第二款明确记载有"股东会决议罚款"，根据章程本身所使用的文义进行解释，能够得出在出现该条第一款所列八种情形下，AS公司的股东会可以对当事股东进行罚款。鉴于上述约定是AS公司的全体股东所预设的对违反公司章程股东的一种制裁措施，符合公司的整体利益，体现了有限公司的人合性特征，不违反《公司法》的禁止性规定，被告祝某亦在章程上签字予以认可，故包括祝某在内的所有股东都应当遵守。据此，AS公司的股东会依照《公司法》第三十七条第一款第（十一）项之规定，享有对违反公司章程的股东处以罚款的职权。

有限公司的公司章程在赋予股东会对股东处以罚款职权的同时，应明确规定罚款的标准和幅度，股东会在没有明确标准和幅度的情况下处罚股东，属法定依据不足，相应决议无效。

被告祝某在原告AS公司和RPE公司委托记账合同关系停止后，仍作为RPE公司的经办人向税务部门申请取消一般纳税人资格业务，该行为属于《AS同业禁止规定》第一条及公司章程第三十六条第一款第（六）项的约定范畴，应认定祝某违反了公司章程，AS公司股东会可以对祝某处以罚款。AS公司章程第三十六条第二款所规定"罚款"是一种纯惩罚性的制裁措施，虽与行政法等公法意义上的罚款不能完全等同，但在罚款的预见性及防止权力滥用上具有可比性。根据我国行政处罚法的规定，对违法行为给予行政处罚的规定必须公布；未经公布的，不得作为行政处罚的依据，否则该行政处罚无效。

本案中，AS公司在修订公司章程时，虽规定了股东在出现第三十六条第一款的八种情形时，股东会有权对股东处以罚款，但却未在公司章程中明确记载罚款的标准及幅度，使得祝某对违反公司章程行为的后果无法作出事先预料，况且AS公司实行"股东身份必须首先是员工身份"的原则，而《AS员工手册》的《奖惩条例》第七条所规定的五种处罚种类中，最高的罚款数额仅为2000元，而AS公司股东会对祝某处以5万元的罚款已明显超出了祝某的可预见范围。故AS公司临时股东会所作出对祝某罚款的决议明显属法定依据不足，应认定为无效。

综上所述，法院判决确认2009年1月5日AS公司临时股东会罚款决议内容无效。AS公司基于上述无效决议内容要求祝某支付25893元的诉讼请求，没有法律依据，不予支持。

实务解读

本案例涉及股东会是否有权对股东处以罚款的问题，具有代表性和典型性。

在有限责任公司日常治理中，借助公司章程、股东会决议对异议股东施加罚款、限制股东权利、剥夺股东资格等处罚措施的情况越来越常见。

从公司治理的角度看，《公司法》允许并鼓励公司股东根据公司自治的规则制定公司章程，以此来约束股东之间、股东与公司之间的行为，从而维护公司及股东的权益。因此，公司基于维护公司整体利益及人合性的治理需求，对有不良行为的股东施以处罚，符合公司自治的合理需求。

但是，从股东权利保护的角度来看，公司和股东是平等的市场主体，若公司股东会享有的处罚权不受限制，公司或公司大股东可能利用其控制地位，借助公司章程赋予股东会的处罚权，恣意处分异议股东财产、限制异议股东权利甚至剥夺其股东资格，无疑可能构成对公司其他中小股东权利的肆意侵害。

因此，对此种意定的股东会权利，应进行适度限制，公司股东会处罚权的设置不得违反法律、行政法规的强制性规定，不得损害公共利益，也不能损害法律关于公司治理的基本结构。

一、公司章程可授权股东会罚款权，法院有权实质审查罚款是否合理

根据上述公报案例，法院认为在公司章程的明确授权下，股东会才可对公司股东作出罚款决议。虽然在判决书中未展开说理，但主审法院另撰文阐释，虽然公司章程明确授权股东会有罚款权，且罚款的标准和幅度明确，但是股东会据此所作出的罚款明显不合理时，受罚股东仍然有权请求法院进行调整。[①]

---

① 丁广、朱双海：《股东会对股东处罚的效力判定》，载《人民司法·案例》2013年第2期，第13—14页。

审理法官认为,《公司法》所规定的股东会决议的诉讼中,法院主要对股东会决议内容是否违法以及程序是否违法这两个方面进行审查,而对股东会所作出的决议是否合理并没有明确规定。这主要从公司自治以及防止公权过多干预私权的角度出发,这一点无可非议。但是,当公司章程赋予股东会有权对股东进行罚款时,就有可能出现权力的滥用,故对因股东会对股东的罚款而引起的诉讼中,法院除了要审查股东会决议的内容是否违法和程序是否违法,还应当对股东会所作出的罚款是否合理进行审理,以此来防止股东会滥用公司章程所赋予的处罚权损害股东的权益。

对于股东会的处罚是否合理,主要从两个方面进行把握,一方面,应当审查是否符合公司章程所规定的标准和幅度;另一方面,应从股东给公司所造成的损失进行衡量,可参酌《合同法》中关于违约金是否过高的审查标准来判定。以股东的行为给公司所造成的实际损失为基础,结合股东的行为对公司的预期利益的影响以及股东的过错程度等因素,根据公平原则和诚实信用原则来衡量。如果股东会所作出处罚决定虽在公司章程所规定的幅度之内,但已明显超过了股东给公司所造成的损失,股东应有权请求人民法院予以调整。在案件审理中,法院如果审查发现股东会的处罚无公司章程的规定或者无处罚的事实依据,应当认定股东会的处罚无效;如果股东会的处罚明显超出了股东的行为给公司所造成的损失,应当依法予以调整,以此来维护股东的权益。

二、股东会决议限制或剥夺股东财产性权利

除了罚款这种处罚形式,实践中,公司章程还出现基于某股东的不良表现或者违规行为而限制其股东的财产性权利的规定,比如限制、暂缓股东的公司盈利分配权。

主流司法观点是,股东基于其身份并按出资比例享有分红的权利是股东重要的财产性权利,属于股东的一项固有民事权利,是股东重要的自益权,除股东本人主张或同意放弃外,公司章程或股东会决议不得剥夺或限制。根据《公司法》及相关的规定对某些股东的分红权进行一定的限制是允许的,但是没有法律上的原因而剥夺或限制股东的分红权的股东会决议无效。

关联案例 || 开封HY燃气有限公司、邹某海公司决议效力确认纠纷案，河南省高级人民法院（2021）豫民申5190号

　　开封HY燃气有限公司（以下简称HY公司）股东邹某海私自出借500万元给其担任法定代表人的HH公司，HY公司其他股东以其出借行为明显损害公司利益为由，召开股东会作出决议，决定在HH公司未全部还清款项前，暂缓发放邹某海在HY公司的2017年度利润分配。

　　法院认为，如股东存在《公司法解释（三）》第十七条第一款规定的情形，股东会可以对股东分红进行合理限制。除此之外，目前尚无其他有关排除或限制股东分红的相关规定。股东基于其身份并按出资比例享有分红的权利属于股东的一项固有民事权利，受法律保护，非因法定事由不得限制，除股东本人主张或同意放弃外，公司章程或股东会决议不得剥夺或限制。HY公司已经就2017年度股东利润分配作出决议，邹某海作为该公司股东，享有利润分配权。本案中，现有证据不能证明邹某海存在未履行出资义务或抽逃全部出资的情形，公司股东会对邹某海限制分红，邹某海未参加该股东会，其后表示反对，该决议内容对邹某海不应具有约束力。

三、股东会决议剥夺股东资格

　　在《公司法》中，股东除名机制是社团罚的重要类型，[①]它因具有惩戒股东义务违反者、剔除公司内异己分子、维系公司人合性的功能优势而被多国《公司法》所普遍认可与采纳。同一般性处罚相比，除名罚是对股东资格的剥夺，对被除名股东的身份利益与财产利益影响甚巨，是股东会处罚权中最极端的处罚手段。

　　我国《公司法解释（三）》第十七条被认为确立了股东资格解除规则，但该规定将股东除名规则与公司资本制度联结在一起，对严重违反出资义务的股东，即完全未履行出资义务或抽逃出资的极端情况下，通过股东会决议剥夺其股东资格。

---

　　① 有限责任公司股东除名，一般被认为是公司施加于股东身上的一种处罚，即"除名罚"，也称"社团罚"。

因此，有学者认为《公司法解释（三）》第十七条属于《公司法》上的"失权条款"而非"除名条款"。[①]本次《公司法》修订即新增了"股东失权制度"，将原来《公司法解释（三）》第十七条的规定，上升到法律规定层面。《公司法》（2023年修订）第五十二条规定："股东未按照公司章程规定的出资日期缴纳出资，公司依照前条第一款规定发出书面催缴书催缴出资的，可以载明缴纳出资的宽限期；宽限期自公司发出催缴书之日起，不得少于六十日。宽限期届满，股东仍未履行出资义务的，公司经董事会决议可以向该股东发出失权通知，通知应当以书面形式发出。自通知发出之日起，该股东丧失其未缴纳出资的股权。依照前款规定丧失的股权应当依法转让，或者相应减少注册资本并注销该股权；六个月内未转让或者注销的，由公司其他股东按照其出资比例足额缴纳相应出资。股东对失权有异议的，应当自接到失权通知之日起三十日内，向人民法院提起诉讼。"目前，我国的司法实践中，对于存在重大过错、损害公司利益的股东能否通过修改公司章程、形成股东会决议以除名存在重大争议。

关联案例 ‖ 榆林市PH酒业集团有限公司与李某存公司决议效力确认纠纷案，陕西省高级人民法院（2020）陕民申1502号

法院认为，本案争议的焦点在于：榆林市PH酒业集团有限公司（以下简称PH公司）2002年6月2日股东会决议第四条、榆普发（2002）019号文件是否有效，能否据此将李某存除名。《公司法解释（三）》第十七条第一款规定："有限责任公司的股东未履行出资义务或者抽逃全部出资，经公司催告缴纳或者返还，其在合理期间内仍未缴纳或者返还出资，公司以股东会决议解除该股东的股东资格，该股东请求确认该解除行为无效的，人民法院不予支持。"本案中，PH公司以李某存2001年参与制造假PH春酒并在子某县出售的行为损害了PH公司的形象及利益为由，以公司决议的形式没收李某存的股权，不符合上述规定，故判决确认该股东会决议无效。

① 凤建军：《公司股东的"除名"与"失权"：从概念到规范》，载《法律科学（西北政法大学）》2013年第2期，第151页。

实务建议

公司治理经营期间，因利益冲突、经营理念相左，股东之间常常产生矛盾且积怨已久，彼此之间难免会产生"除之而后快"的想法。同时，在公司长期运营中，部分股东利用股东权利或管理职权，损害公司利益的行为也难以完全杜绝。

因此，实践中，公司或公司股东借助股东会处罚股东，包括对股东罚款、限制股东分红权，甚至肆意开除股东、借助除名机制压制中小股东权益的情况并不鲜见。为避免股东权利不当受损，以下几点值得注意。

一、"锻刀"有方，明确刀之所向

股东会对股东的处罚权应来自公司章程的明确授权，公司章程应当明确约定可处罚行为、处罚权种类和处罚标准、幅度。

首先，公司章程应当明确可处罚股东不良行为的范围。比如，故意侵占公司资产、利用在公司的地位和职权为自己谋私利、利用职权收受贿赂、非法占用公司资金、违反公司同业禁止规定、进行不公允的关联交易等有损公司利益的行为。

其次，公司章程还应明确可供选择的处罚种类，处罚权的种类应结合法律明文规定和股东权利保护目的综合予以考虑。除了对股东处以罚款，还可以适当限制股东权利的行使。但是，对于明确损害股东权利，尤其是股东自益权，以及剥夺股东资格的处罚应慎之又慎。

最后，处罚的标准、幅度应当予以明确规定。比如，罚款的标准和具体幅度，股东权利限制的范围和时长等。公开透明的规定有助于使处罚相关事项具有可预测性和可执行性。

二、"用刀"有度，切忌滥杀无辜

公司章程规定对股东进行罚款应遵循正当目的和比例原则，不仅需要对股东进行罚款的各种情形进行明确列举，而且需要根据股东违约情形的轻重程度，对应不同类型的处罚标准，不可"杀鸡用牛刀"，明显地处罚过重。

三、"防刀"有策，避免两败俱伤

公司章程不仅是股东之间的一种协议，也是公司治理的一种规则，其中预设的罚款措施，应视为对违反公司章程股东的一种制裁措施，符合公司的整体利益，体现了有限公司的人合性特征。为避免成为"刀下冤魂"，股东应积极参与公司章程的制定和修改，避免产生争议对簿公堂，影响商业宏图。

法律适用

《中华人民共和国公司法》（2023年修订）

第五十二条 股东未按照公司章程规定的出资日期缴纳出资，公司依照前条第一款规定发出书面催缴书催缴出资的，可以载明缴纳出资的宽限期；宽限期自公司发出催缴书之日起，不得少于六十日。宽限期届满，股东仍未履行出资义务的，公司经董事会决议可以向该股东发出失权通知，通知应当以书面形式发出。自通知发出之日起，该股东丧失其未缴纳出资的股权。

依照前款规定丧失的股权应当依法转让，或者相应减少注册资本并注销该股权；六个月内未转让或者注销的，由公司其他股东按照其出资比例足额缴纳相应出资。

股东对失权有异议的，应当自接到失权通知之日起三十日内，向人民法院提起诉讼。

第五十九条 股东会行使下列职权：

（一）选举和更换董事、监事，决定有关董事、监事的报酬事项；

（二）审议批准董事会的报告；

（三）审议批准监事会的报告；

（四）审议批准公司的利润分配方案和弥补亏损方案；

（五）对公司增加或者减少注册资本作出决议；

（六）对发行公司债券作出决议；

（七）对公司合并、分立、解散、清算或者变更公司形式作出决议；

（八）修改公司章程；

（九）公司章程规定的其他职权。

股东会可以授权董事会对发行公司债券作出决议。

对本条第一款所列事项股东以书面形式一致表示同意的，可以不召开股东会会议，直接作出决定，并由全体股东在决定文件上签名或者盖章。

《最高人民法院关于适用〈中华人民共和国公司法〉若干问题的规定（三）》（2020年修正）

第十七条 有限责任公司的股东未履行出资义务或者抽逃全部出资，经公司催告缴纳或者返还，其在合理期间内仍未缴纳或者返还出资，公司以股东会决议解除该股东的股东资格，该股东请求确认该解除行为无效的，人民法院不予支持。

在前款规定的情形下，人民法院在判决时应当释明，公司应当及时办理法定减资程序或者由其他股东或者第三人缴纳相应的出资。在办理法定减资程序或者其他股东或者第三人缴纳相应的出资之前，公司债权人依照本规定第十三条或者第十四条请求相关当事人承担相应责任的，人民法院应予支持。

实施调虎离山：如何通过决议开除股东

知识要点：股东除名决议

计策释义

调虎离山：待天以困之，用人以诱之，往蹇来连。

战场上我方等待天时对敌方造成了困难，再诱之以人为的假象。假若向敌方发起进攻仍有困难，那就把敌方引向出战之路，反倒更为有利。

"调虎离山"原是用以比喻为了便于行事，设法引诱别人离开原地。此计用在军事上，是一种调动敌人的谋略，其核心在一"调"字。虎，喻指敌方；山，喻指敌方所盘踞之地，包括有利地形和有利条件。使敌人离开有利地形，或者使敌人失去有利条件，然后施行袭击和包围，则胜算较大，正所谓"虎落平阳被犬欺"。此计典型意图有三：一是引蛇出洞，便于我方围歼之；二是使敌方丧失盘踞点优势，由主动变被动，便于我方图之；三是诱使敌方离开某地，便于我方乘机行事。

股东之间免不了龙争虎斗，对于违反出资义务的股东，公司经董事会决议，可以向该股东发出失权通知，颇有调虎离山之意味。股东失权制度是指公司对怠于履行出资义务的股东，可催告其在一定期限内缴纳出资，若逾期仍不缴纳，经董事会决议，可以向该股东发出失权书面通知，自通知发出之日起，该股东丧失未缴纳出资的股权。

需要注意的是，若拟除名股东就除名决议行使表决权，其自然不会任由决议通过，难以调虎离山。从保障股东除名制度正常运转的角度出发，股东除名决议中拟除名股东行使表决权应受到限制，方可"调虎离山"解除股东资格。另外，若未合理履行催告程序，且违反法定程序作出除名决议，也将面临"调虎"失败的局面。

裁判摘要

被除名的股东不享有表决权，一是股权来自出资，在拟被除名股东没有任何出资或者抽逃全部出资的情况下，其不应享有股权，自然也不享有表决权；二是除名权是形成权，在符合一定条件下，公司即享有单方面解除未履行出资义务或抽逃全部出资股东的股东资格的权利。如果认为被除名的大股东仍然享有表决权的话，那么《公司法解释（三）》第十七条的规定将会被虚置，失去其意义。

基本案情①

2008年1月3日，KF公司召开股东会并作出决议，公司增资3500万元，由新增股东张某萍出资。1月4日，股东张某萍出资的3500万元存入KF公司的银行账户，并经会计师事务所出具验资报告。

1月7日，KF公司通过银行汇款1700万元给青岛技术开发区JG房地产开发有限公司（以下简称JG公司），汇款1800万元给青岛FR集团有限公司（以下简称FR公司），共计3500万元。上述案外人JG公司、FR公司分别于1月7日出具收款收据。2010年6月30日，KF公司分别为上述两公司出具收款收据，金额分别为1700万元、1800万元，但没有证据证明上述两公司实际支付相应款项。

2014年5月5日，KF公司召开股东会，决议解除张某萍、李某国的股东资格，并将相应的股份转让给臧某存。后经法院判决，因该股权转让协议中张某萍的

---

① 案例名称：张某萍、臧某存公司决议纠纷案

案　　号：（2018）最高法民再328号
法　　院：最高人民法院
原　　告：臧某存
被　　告：青岛KF置业有限公司（以下简称KF公司）
第 三 人：张某萍

签字不真实，确认该股权转让协议无效。

2015年10月28日，KF公司召开董事会，决议向张某萍送达《催告返还抽逃出资函》。10月30日，KF公司在《青岛财经日报》《山东法制报》《工人日报》公告上述《催告返还抽逃出资函》。同时，以手机短信的方式向张某萍的手机号发送信息，通过邮政特快专递的方式邮寄送达上述《催告返还抽逃出资函》。

11月6日，KF公司召开董事会，董事会决议于2015年11月27日召开临时股东会，审议关于解除张某萍公司股东资格等事项。11月9日通过《工人日报》《山东法制报》《青岛财经日报》公告该通知，并通过手机短信、邮政特快专递方式向张某萍送达。

11月27日，KF公司召开股东会，张某萍、李某国未到会，参加会议的股东持股比例共计30%。会议经审议，并经参会股东具有三分之二以上表决权的股东同意，通过解除张某萍公司股东资格的决议。

张某萍对股东资格解除效力存在异议，称其已经履行出资义务，不存在抽逃出资的情形。且关于股东除名的股东会决议必须经代表三分之二以上表决权通过，本案中，参与决议的股东的表决权仅为30%。故KF公司股东臧某存诉至法院，请求确认KF公司于2015年11月27日作出的股东会决议第一项"解除张某萍的公司股东身份"的决议有效。

审理意见

最高人民法院经审理认为，本案主要争议焦点为案涉股东会决议效力如何，具体又涉及以下两个问题：一是解除张某萍的股东资格是否符合《公司法解释（三）》第十七条的规定；二是案涉股东会决议是否符合《公司法》以及KF公司章程的规定。

1.关于解除张某萍的股东资格是否符合《公司法解释（三）》第十七条之规定问题

根据《公司法解释（三）》第十七条之规定，以股东会决议方式解除股东资格需要具备以下要件：一是股东未履行出资义务或者抽逃全部出资；二是经公司催告缴纳或者返还，在合理期间内仍未缴纳或者返还出资。现分述如下。

一是关于张某萍是否抽逃全部出资问题。本案中，各方当事人对张某萍完成验资后将全部资金转走这一事实并无争议,有争议的是如何认定该资金转移行为的性质,即其是否为张某萍对KF公司的借款。本案中,张某萍的出资额与其转走的数额完全一致,均为3500万元;该笔款项尽管在公司账簿表现为"应收款",但根据《合同法》第一百九十七条之规定,除自然人借贷外,借款合同一般采书面形式,而张某萍并未提供书面的借款合同;借款合同一般都会约定还款期限,本案中张某萍于2008年1月7日将款项转走后,在长达十几年的时间内仍未归还;借款合同通常会约定利息,但本案中未见任何有关利息的约定;一笔数额如此巨大的款项从公司账户中被转走,如果是正常借贷,一般应该由董事会或者股东会决议,而本案中并无任何针对借款行为的相关决议。综合前述事实,张某萍有关该笔款项系其对KF公司的负债的主张缺乏事实依据,本院不予支持。张某萍在无任何正当事由的情况下,将其认缴的全部出资经验资后又全部转出的行为,属于《公司法解释(三)》第十二条第四项规定的"其他未经法定程序将出资抽回的行为"。就此而言,原审判决认定其抽逃全部出资并无不当。

二是关于是否依法催告问题。在股东抽逃全部出资的情况下,公司要想以股东会决议方式解除股东资格,还要催告股东返还抽逃的出资,并给其合理的期限。本案中,KF公司先后通过手机短信、特快专递以及在相关媒体刊载公告等方式向张某萍发送《催告返还抽逃出资函》,尽管没有直接证据证明张某萍收到了前述函件,给其预留的5天还款期限也难谓合理。但考虑到毕竟是张某萍抽逃出资在先,且KF公司早在2014年就曾通过召开股东会决议方式解除张某萍的股东资格,张某萍通过诉讼方式撤销了该股东会决议,由此可以证明张某萍对KF公司要求其返还出资并在其未及时返还情况下决议将其除名是知道的。在此情况下,对催告是否合法不宜过苛,故原审法院认为KF公司已经履行合法的催告程序并无不当。

2.关于案涉股东会决议是否符合《公司法》以及公司章程规定的问题

公司以股东会决议方式解除股东资格,除了需要具备《公司法解释(三)》第十七条规定的特别条件,还需要符合《公司法》以及公司章程有关股东会决议程序的要求。案涉股东会决议除了解除张某萍、李某国的股东资格,还有增资的内容,根据KF公司的章程以及《公司法》第四十三条第二款的规定,该决议只有经代表三分之二以上有表决权的股东通过才合法有效,而这又涉及被除名的股东是否享有表决权这一问题。

本院认为，被除名的股东不享有表决权，主要理由为：一是股权来自出资，在拟被除名股东没有任何出资或者抽逃全部出资的情况下，其不应享有股权，自然也不享有表决权；二是除名权是形成权，在符合一定条件下，公司即享有单方面解除未履行出资义务或抽逃全部出资股东的股东资格的权利。如果认为被除名的大股东仍然享有表决权的话，那么《公司法解释（三）》第十七条的规定将会被虚置，失去其意义。故张某萍不享有表决权。

本案中，KF公司股东会决议的第一项内容就是解除张某萍的股东资格。鉴于被除名股东张某萍不享有表决权，该项决议应由剩余65%表决权的三分之二以上表决权多数通过才合法有效。而在决议解除张某萍的股东资格时，另一股东李某国尚未被除名，属于有表决权的股东。但李某国既未参加此次股东会并行使表决权，亦未委托他人代为行使所持的35%表决权。原审在李某国未参加股东会决议，亦未查明李某国是否存在抽逃出资且公司是否履行了法定的催收及通知程序的情况下，直接排除了李某国的表决权，认定股东会决议仅有代表30%表决权的股东通过仍属合法有效，确有错误。在此情形下，关于解除张某萍股东资格的股东会决议仅有30%表决权的股东通过，未达到法定表决权比例，根据《公司法解释（四）》第五条之规定，案涉股东会决议不成立。

综上所述，最高人民法院再审判决驳回臧某存关于请求确认青岛KF公司于2015年11月27日股东会决议中关于解除张某萍公司股东身份决议有效的诉讼请求。

实务解读

《公司法解释（三）》第十七条创设了股东除名制度，明确在股东未履行出资或抽逃全部出资的情况下，经催告在合理期间仍未缴纳或返还的，公司可通过股东会决议解除该股东的股东资格。最高人民法院民二庭法官解读认为，该条"总体上确定了股东资格解除规则，并设定了相应的程序规范"。[①]

---

① 宋晓明、张勇健、杜军：《〈关于适用公司法若干问题的规定（三）〉的理解与适用》，载《人民司法·应用》2011年第5期，第38页。

《公司法解释（三）》第十七条赋予公司以股东会决议形式剥夺未履行出资义务或抽逃全部出资的股东资格，根据该条款的规定，有效的股东除名决议应当符合以下条件：根本性违反出资义务是除名的正当性基础，催告和限期补正是除名的前置程序，有效决议是除名的决定性环节，被除名股东有接受会议通知、出席会议并进行申辩的权利但应当回避表决。除名的触发事由和前置程序不具备，或除名决议本身存在严重瑕疵的，除名行为无效。

本次《公司法》修订引入"失权制度"，其内容为第五十二条，在原《公司法解释（三）》的基础上作了如下调整：（1）将决策主体下放到董事会；（2）明确规定缴纳出资的宽限期最短为六十日；（3）新增"六个月内未转让或者注销的，由公司其他股东按照其出资比例足额缴纳相应出资"。

一、股东除名决议的法定情形

本次《公司法》修订之前，司法实践观点认为，公司行使解除股东资格的权利只适用于严重违反出资义务的情形，即未履行全部出资义务或抽逃全部出资，将部分履行出资义务排除在法定股东除名的情形之外，对于未完全履行出资义务和抽逃部分出资的情形，公司不得解除股东资格。如果不符合严重违反出资义务的情形，比如股东抽逃部分出资，公司股东会可在保留其股东资格的前提下，解除与其抽逃出资额相对应的股权。

本次《公司法》修订之后，股东失权制度适用的前提是"未按期足额缴纳出资"或"作为出资的非货币财产的实际价额显著低于所认缴的出资额"，进一步突出了公司资本充实的重要性。

关联案例 ‖ 张某华、ZTZH（天津）新型建材有限公司公司决议效力确认纠纷案，天津市第三中级人民法院（2021）津03民终394号

法院认为，为维护有限公司的人合性，公司行使解除股东资格的形成权只适用于严重违反出资义务的情形，即未履行全部出资义务或抽逃全部出资，对于未完全履行出资义务和抽逃部分出资的情形，公司不得适用解除股东资格的形成权。

关联案例 ‖ 尹某庆、王某等与日照JT房地产（集团）有限公司股东资格确认纠纷再审案，最高人民法院（2016）最高法民申237号

最高人民法院认为，《公司法解释（三）》第十七条第一款[①]的规定，有限责任公司的股东未履行出资义务或者抽逃全部出资，经公司催告缴纳或者返还，其在合理期间内仍未缴纳或者返还出资，公司以股东会决议解除该股东的股东资格，该股东请求确认该解除行为无效的，人民法院不予支持。本案中，尹某庆抽逃增资款事实存在，在公司催讨后并未补足，公司股东会可以解除其相应股权，公司股东会决议的效力应予认可。现尹某庆没有证据证明涉案股东会程序以及决议内容存在法律法规禁止性规定的情形，故其相应主张本院亦不予支持。

二、股东除名决议应当履行前置催告程序

司法实践观点认为，催告是除名股东的必经程序，未经催告作出的股东会除名决议为无效决议，无法产生剥夺股东资格的法律效力。强制解除某股东的股东资格，对被除名股东而言影响深远。因此，即使股东已经符合法定除名事由，公司仍要先寻求其他救济方式，给予股东机会弥补未履行的义务。

根据《公司法解释（三）》第十七条的规定，公司首先需要催告股东在合理期限内缴纳或者返还出资，催告的方式包括短信、特快专递、媒体刊登等书面方式，催告的内容包括适用除名的具体情形、不消除除名事由的后果、向公司申辩的权利等。

本次《公司法》修订之后，《公司法》（2023年修订）第五十一条新增了有限责任公司董事会应当履行的催缴义务，并明确了未履行催缴义务的董事赔偿责任。《公司法》（2023年修订）第五十二条，明确了催缴出资的宽期最短为六十日，以及宽限期届满后，若被催缴股东仍未履行出资义务的，经过董事会决议，公司可以向该股东发出失权通知。

---

① 《公司法解释（三）》第十七条已被《公司法》（2023年修订）第五十二条所修改、取代。

关联案例 ‖ 安徽BF置业投资有限公司、安徽HX大数据投资发展有限公司公司决议效力确认纠纷案，安徽省合肥市中级人民法院（2020）皖01民终4669号

法院认为，根据法律规定，公司可以股东会决议解除股东的股东资格，但是必须符合以下条件：股东未履行出资义务或者抽逃全部出资；公司履行了催告的前置程序，并给予股东弥补的合理期限。虽然安徽BF置业投资有限公司（以下简称BF公司）未在2020年5月10日前履行缴纳部分认缴出资款义务，但安徽HX大数据投资发展有限公司（以下简称HX公司）紧接着就在次日即2020年5月11日形成将BF公司从HX公司股东中除名的股东会决议，显然未履行催告义务，即给予BF公司合理期间补充出资，故2019年5月11日的《2019年第二次全体股东会决议》应属无效。

实务建议

股东出资形成公司资本，股东正确履行出资义务对公司、公司其他股东和公司债权人来说意义重大。在督促股东履行出资义务未果的情况下，公司可以通过失权制度解除该股东对应份额的股东资格，"调虎离山"以保障公司资本的真实和充实。但是，发出失权通知是法定要式行为，应当按照法律和相关司法解释的规定，在符合股东失权的法定情形下，履行催告的法定程序后，充分保障拟被失权股东的知情权、申辩权，方可通过董事会解除其股东相应资格。为确保董事会除名决议产生解除股东相应资格的法律效力，我们建议以下几点。

一、先礼后兵，晓之以理：按照程序先行催告补缴，给予补救措施

股东失权决议前的催告程序的设定，体现出司法对有限责任公司人合性的尽力维护，公司应先行催告股东尽快正确履行其出资义务，给予股东其他补救措施。对股东补救措施应当给予"合理期间"，本次《公司法》修订，规定缴纳出资的宽限期是自公司发出催缴书之日起不得少于六十日。

二、有言在先，约法三章：可以在股东协议或公司章程中明确约定

为保障公司资本的充实，除董事会决议外，还可以通过股东协议、公司章程明确约定违约责任的方式，来督促股东履行其出资义务。全体股东可以在出资协议中对股东及时实缴出资设置违约条款，通过由违约股东向守约股东支付违约金的方式督促全体履行出资义务，增强对信守出资义务股东利益的保护。

法律适用

《最高人民法院关于适用〈中华人民共和国公司法〉若干问题的规定（三）》（2020年修正）

第十七条　有限责任公司的股东未履行出资义务或者抽逃全部出资，经公司催告缴纳或者返还，其在合理期间内仍未缴纳或者返还出资，公司以股东会决议解除该股东的股东资格，该股东请求确认该解除行为无效的，人民法院不予支持。

在前款规定的情形下，人民法院在判决时应当释明，公司应当及时办理法定减资程序或者由其他股东或者第三人缴纳相应的出资。在办理法定减资程序或者其他股东或者第三人缴纳相应的出资之前，公司债权人依照本规定第十三条或者第十四条请求相关当事人承担相应责任的，人民法院应予支持。

《中华人民共和国公司法》（2023年修订）

第五十二条　股东未按照公司章程规定的出资日期缴纳出资，公司依照前条第一款规定发出书面催缴书催缴出资的，可以载明缴纳出资的宽限期；宽限期自公司发出催缴书之日起，不得少于六十日。宽限期届满，股东仍未履行出资义务的，公司经董事会决议可以向该股东发出失权通知，通知应当以书面形式发出。自通知发出之日起，该股东丧失其未缴纳出资的股权。

依照前款规定丧失的股权应当依法转让，或者相应减少注册资本并注销该股权；六个月内未转让或者注销的，由公司其他股东按照其出资比例足额缴纳相应出资。

股东对失权有异议的，应当自接到失权通知之日起三十日内，向人民法院提起诉讼。

第五章　股权转让的风险及防范

适当指桑骂槐：辨股权转让及让与担保

知识要点：股权转让与让与担保的区分

计策释义

指桑骂槐：大凌小者，警以诱之。刚中而应，行险而顺。

对于弱小的对手，要善于用警示的方法去诱导他。将领刚强中正，上下就会相应，行于险处也会顺利。

指桑骂槐，是说强大者要控制弱小者，要用警示的办法去诱导他。此计用于军事上是指，对于弱小的对手，可以用警告和利诱的方法，不战而胜。对于比较强大的对手也可以运用"杀鸡儆猴""敲山震虎"等警示性的手段旁敲侧击地威慑他。"指桑"而"骂槐"，"指桑"是形式，"骂槐"才是目标。

股权让与担保，指的是债务人或者第三人为担保债务的履行，将其股权转移至债权人名下并完成变更登记，在债务人不履行到期债务时，债权人可就股权折价后的价款受偿的一种担保。因此，股权让与担保虽然具有股权转让外在形式的"壳"，但是实质是为担保主债务的履行。如果判定为让与担保，则转让人即便已经签署股权转让协议，并办理工商登记，仍然可以通过诉讼方式确认其享有股东资格。

因此，股东资格确认之诉成为原股东反击债权人的诉讼策略，虽然指向的是"桑"——自己的股东资格，实际真正的目标是对债务人所负担的债务之"槐"，企图逃避承担担保责任。

裁判摘要

名为股权转让，但转让各方资金往来表现为借贷关系，存在以债务清偿为股权返还条件、转让后受让方未接手公司管理、表达了担保意思等不享有股东权利特征的，应当认定为股权让与担保，股权让与担保权人仅为名义股东，不实际享有股东权利。股权让与担保人请求确认自己享有的股权的，应予支持。在清偿完被担保的债务前，股权让与担保人请求变更股权登记至其名下的，不予支持。

人民法院在处理股权让与担保纠纷案件时，应注意审查相关合同的具体约定，准确认定当事人的真实意思表示，充分尊重当事人的意思自治；注意参照质押担保的法律要件准确认定股权让与担保，是否移交公司经营权并非必要要件；注意在涉及移交公司经营权的案件中，综合考虑担保权人的投资和经营贡献、市场行情等因素，运用利益平衡原则妥善处理因经营损益、股权价值变动等引发的纠纷。

基本案情[①]

HR公司注册资本为人民币1000万元，OK公司出资认缴额为人民币510万元，占股比51%，熊某民出资认缴额为人民币490万元，占股比49%。

2014年12月2日，熊某民与余某平签订了一份《股权转让协议》，协议约定熊某民将其持有的HR公司49%的股权转让给余某平，转让价为490万元。同日，OK公司与徐某签订了一份《股权转让协议》，协议约定OK公司将其持有的HR公司51%的股权转让给徐某，转让价为510万元。

12月23日，办理了HR公司股东变更登记，法定代表人变更为徐某。同时HR公司将公章移交给了徐某、余某平。

2011年11月3日至2015年8月14日，李某友、徐某、余某平、冯某萍、李某珍、闵某香、张某等向昌某综合农贸批发市场、刘某梅、尧某华、HR公司、

---

① 案例名称：昆明OK商贸有限公司、熊某民与李某友等股东资格确认纠纷案
案　　号：（2020）赣民终294号
法　　院：江西省高级人民法院
原　　告：熊某民、昆明OK商贸有限公司（以下简称OK公司）
被　　告：余某平、徐某
来　　源：《最高人民法院公报》2022年第6期（总第310期）

抚州市临某房屋建筑工程公司等汇款，金额合计7329.4万元。熊某民、OK公司提供了一组借条复印件，主张以上款项均系熊某民向李某友的借款，由李某友安排徐某、余某平及案外人李某珍等人向其履行汇款义务，以上款项7329.4万元全部用于HR公司"CXTD"房地产项目的开发建设，熊某民、OK公司将股权转让给徐某、余某平，系对该借款的担保，并非股权转让。

徐某、余某平、李某友提出双方从未有过借款担保的约定，熊某民、OK公司将股权转让给徐某、余某平，徐某、余某平按照合同约定支付了对价，双方也已经办理了股权转让登记，股权转让合同履行完毕，以上款项7329.4万元，其中1000万元是徐某、余某平支付的股权转让款，另有2287.2万元是对原告前期投资款的补偿，160万元是返聘熊某民的报酬，其余款项是李某友、徐某、余某平支付"CXTD"工程项目的投资款，熊某民提供的借条复印件系预支工程款行为，双方并不存在借款关系。

双方各执一词，发生纠纷，不能达成一致意见，故熊某民、OK公司诉至法院，请求确认熊某民对HR公司享有49%的股权，判令余某平向熊某民返还HR公司49%的股权并办理相关工商变更登记；确认OK公司对HR公司享有51%的股权，判令徐某向OK公司返还HR公司51%股权并办理相关工商变更登记。涉案法律关系如图5-1。

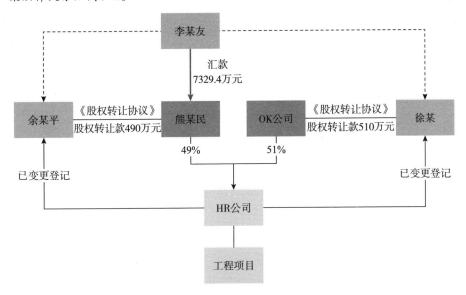

图5-1　涉案法律关系

审理意见

1.争议焦点一：案涉《股权转让协议》的性质应如何认定？（审判思路见图5-2）。

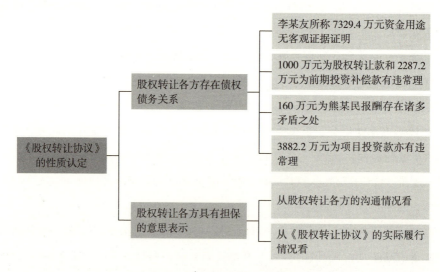

图5-2　争议焦点一审判思路

二审法院认为，股权让与担保是债务人或第三人（即让与担保人）为担保债务人的债务，将公司股权让与债权人或第三人（即让与担保权人），债务清偿后，股权应转回让与担保人，债务未适当履行时，让与担保权人可以就该股权优先受偿的一种担保形式。从形式上说，股权让与担保和股权转让都具有股权变更的外观，具有一定的相似性。但股权让与担保是为债务提供担保，并非转让股权，让与担保权人受让的股权并不是完整的权利，实际权利内容不得超出担保之目的，其只是名义上的股东。虽然本案徐某、余某平受让了股份并办理了工商变更登记，具有享有股权的外观，但结合当事人之间的债权债务关系和真实意思表示，案涉《股权转让协议》在性质上应认定为股权让与担保，理由如下。

（1）股权转让各方存在债权债务关系。本案纠纷涉及资金7329.4万元，均制作了借条。被上诉人称，有借条不等于借贷关系，其实质内容是股权转让款、投资补偿款和委托代付工程费用等，并提出1000万元为股权转让款、2287.2万元为前期投资补偿款、160万元为熊某民的报酬、3882.2万元为项目投资款。本院对被上诉人的主张分析如下。

第一，被上诉人所称上述用途无客观证据证明。被上诉人称7329.4万元用于不同用途，但其在外观上表现完全一致，即均表现为借条，且借条注明用途均与工程建设有关。借条并未注明股权转让款、前期投资补偿款、报酬以及项目投资款等事项，上诉人与被上诉人沟通的录音文件中也从未提到上述事项，反而是反复提到借款和还款的问题，被上诉人亦未能提供其他证据证明案涉款项有上述用途。从被上诉人列出的股权转让款、前期投资补偿款以及熊某民报酬明细看，往来记载形式与其他款项完全一致，时间上也相互交杂，缺乏区分的客观标志，被上诉人亦未提供如此区分的客观依据，具有明显的主观性和随意性，不能作为定案的依据。

第二，1000万元为股权转让款和2287.2万元为前期投资补偿款有违常理。在二审庭审中，被上诉人表示，转让前对公司资产并未评估。法庭让被上诉人提供前期投资补偿款对应公司哪些价值，被上诉人未能提供，只提供了一份对应的转款账目。本院认为，对涉及巨额资金的股权转让，不对公司资产评估有违常理。且其所称2287.2万元前期投资补偿款未能说明对应公司哪些资产，也未能说明这一数字是如何计算而来，也未能说明股权转让各方对这两部分款项是如何商谈达成一致的，均有违常理。此外，据借条记载，这部分款项均用于公司项目建设。虽然被上诉人称借条为单方意思表示载体，但借条的出示对象为被上诉人，其对借条记载有异议，则不可能接受借条。上诉人转让公司股权所得款项仍用于公司项目建设，也有违常理。

第三，160万元为熊某民报酬存在诸多矛盾之处。首先，据被上诉人提供的明细，其支付给熊某民的报酬为三笔款项，但其中2015年4月28日的20万元转账同时也被记载为前期投资补偿款，与被上诉人自身提供的记载存在矛盾。其次，二审庭审中，被上诉人徐某、余某平对熊某民的报酬表述为"没有具体的约定（按年按月），工程完成工作量后给他160万元，分两笔支付的，一笔100万元、一笔60万元"。该表述与其提供的明细记载为三笔存在矛盾。被上诉人李某友先是表述"约定到房子建好后，我把160万元给他"，后又表述"我是说总共16个月，摊到一个月10万元，是160万元"。李某友表述房子建好后给报酬不仅与其提供明细记载的报酬支付时间（建好前）相矛盾，其后来10万元一个月的表述也与被上诉人徐某、余某平所称未具体约定按月给相矛盾。而且自2014年

12月办理股权变更登记到2015年8月熊某民不再负责HR公司经营管理，时间远远不到16个月，这一说法也与客观情况相矛盾。

第四，3882.2万元为项目投资款亦有违常理。被上诉人变更为HR公司股东后，并未采用请款的方式，而是全部采用借款的方式支付公司运营款项，与常理不相符。而且，其在二审中也表示，2015年8月以后委托案外人汤某章管理期间并未采用借款的方式。被上诉人未能对项目投资款采用借款方式支付项目投资款作出合理说明并提供依据。

综上，被上诉人未能提供证据证明7329.4万元资金为其主张的用途，且其主张还存在与常理不符、自相矛盾之处，不能成立。而上诉人不仅提供了借条，而且在一审中也有两名证人出庭证明存在借款关系，上述资金应当根据借条记载认定为借款。

（2）股权转让各方具有担保的意思表示，而没有真实转让股权的意思表示。被上诉人称，《股权转让协议》明确记载了转让股权的约定，而让与担保并没有任何记载，因而应当认定为股权转让。本院认为，《股权转让协议》约定较为简单，只约定了股权转让份额及价款，但从股权转让各方的沟通情况和《股权转让协议》实际履行情况看，应当认定股权转让各方具有担保的意思表示。

第一，从股权转让各方的沟通情况看。首先，让与方没有真实出让股权的意思，受让方也没有真实受让股权的意思。其次，案涉股权约定了返还条件。最后，纠纷发生后，股权转让各方还在商谈股权合作和买断股权的问题，但并未最终达成一致。2015年10月27日，徐某与刘某梅以前期投入为基础商谈股权合作方案；2019年4月9日、10日，李某友与熊某民等人多次商谈合作事宜，如果公司股权已经真实转让，则不存在继续商谈合作的基础。2019年4月14日，刘某梅说"你的意思，我把熊某民的HR公司买断15800万，减掉熊某民借李总的7300万，李总应该还欠熊某民8500万来买断HR公司"，李某友表示"对"，说明其并未实际买断HR公司股权。但是，由于种种原因，合作最终没有达成一致，李某友亦并未实际支付8500万元转让款，HR公司的股权因此也并未发生实际转让。

被上诉人一审曾称，沟通只有李某友和徐某，他们的表态不能代表余某平。本院认为，《股权转让协议》两名受让人为徐某、余某平，徐某与李某友为同居关系，余某平为李某友前姐夫，且此二人在签订协议前与熊某民均无往来，均因李某友而与案涉纠纷发生关联。案涉款项有大量直接来自李某友或李某友安排人员转款。从案涉纠纷的沟通情况来看，2014年12月22日，对2014年12月12日和19日两笔款项，李某友指示"写徐某的名字"，说明即便是徐某的借款也受李某友安排。2014年12月25日，李某友表示"你要把所有的章给我，我让我儿媳妇来管。你的钱都是我来付，你那儿要有什么事，要盖什么章，你来跟我说，到时候的话，叫她配合你"。说明公章由李某友儿媳妇掌握，并听从其指令。此外，徐某在2015年10月16日表示"密码我修改，改成我的密码"，说明资金账户也由其掌握。而余某平作为协议载明的受让人，在本案纠纷的协商沟通过程中从未出现，也未掌握公司印章、账号等经营管理的工具。李某友、徐某在与熊某民等人的沟通过程中从未提起余某平，而是对案涉纠纷独立作出表态，李某友还多次作出"借我7000万"或者"还我7000万"的表态。综合以上情况，案涉纠纷的所有关系均以李某友为中心，案涉资金的实际控制人应为李某友，即便考虑到其与徐某的同居关系，二人关系密切，也是李某友和徐某实际控制，被上诉人认为该二人不能代表余某平的主张不能成立。

第二，从《股权转让协议》的实际履行情况看。首先，HR公司经营的账目以及工程证照并未实际移交，被上诉人也未提供证据证明约定了要移交。其次，被上诉人承认公司移交后一直到2015年8月之前都是熊某民负责经营管理。虽然被上诉人主张熊某民为其返聘。但其并未与熊某民签订返聘协议，二审庭审时承认并未给熊某民发出过经营指令，其声称给熊某民的报酬缺乏证据证明，也未提供社保等其他可以证明存在雇佣关系的证据，因此其关于返聘熊某民的主张不能成立。综合以上情况，《股权转让协议》签订并办理工商变更登记后，一直到2015年8月之前，受让方并未实际接手公司的经营管理，这也与股权实际转让相矛盾。

综上，可以认定，案涉《股权转让协议》各方具有担保的真实意思，并没有转让股权的真实意思。

2. 争议焦点二：熊某民、OK公司关于确认其股权并办理工商变更登记的请求是否成立？

关于熊某民、OK公司确认其股权的问题。二审法院认为，首先，真实权利人应当得到保护。据上文分析，熊某民、OK公司签订《股权转让协议》，并将股权登记至徐某、余某平名下，其真实意思是股权让与担保，而非股权真正转让。虽然工商部门登记的股东为徐某、余某平，但工商登记是一种公示行为，为证权效力，股权是否转让应当以当事人真实意思和事实为基础。因此，徐某、余某平仅系名义股东，而非实际股东，其享有的权利不应超过以股权设定担保这一目的。熊某民、OK公司的股东权利并未丧失，对其真实享有的权利应予确认。且从本案实际情况来看，熊某民、OK公司在2015年8月以后不能对公司进行经营管理，已经出现了名义股东通过担保剥夺实际股东经营管理自由的现象，也影响到实际股东以HR公司开发的某项目销售款来归还借款。因此，应当确认熊某民、OK公司为HR公司真实股东。

其次，确认熊某民、OK公司为真实股东不损害被上诉人享有的担保权利。股权让与担保相较于传统的担保方式，其优势在于设定的灵活性和保障的安全性，可以防止对股权的不当处理，并可以在不侵害实际股东经营管理权的前提下，通过约定知情权和监督权等权利最大限度地保护设定担保的股权的价值。从本案来看，股权已经登记在被上诉人名下，上诉人与被上诉人在沟通中也就被上诉人掌握HR公司公章、账户达成一致，被上诉人有充分的途径保护自身的担保权利，确认熊某民、OK公司为真实股东并不影响其基于让与担保而受到的保障。

最后，被上诉人在2015年8月以后的投资亦不影响上诉人的权利。被上诉人称，其在2015年8月以后，以股东身份对某项目进行了大量投资，因而应当享有股权。本院认为，股权转让必须以当事人的合意为基础，被上诉人单方以何种意图进行工程的后续建设，与其是否享有股东权利没有关联性。被上诉人并不是HR公司的真实股东，其投资亦未得到真实股东的授权、确认，其资金投入有待与上诉人清算确认后另行主张权利。综上，本院确认熊某民享有HR公司49%的股权、OK公司享有HR公司51%的股权。

关于办理工商变更登记的问题。二审法院认为，股权让与担保是基于当事人合意而设立，其权利义务内容依据当事人意思而确定。虽然余某平、徐某只是名义股东，但上诉人与被上诉人签订《股权转让协议》，并登记股权至余某平、徐某名下，从而设定让与担保，是双方的真实意思表示，且不违反强制性法律规定，该约定对双方具有约束力。同时，从当事人沟通情况看，双方已约定将案涉债务清偿完毕，才能将股权登记变更回上诉人名下。而上诉人并未清偿完毕案涉债务，将股权变更回上诉人名下的条件尚未成就。如此时将股权变更回上诉人名下，则会导致被上诉人的债权失去基于股权让与担保而受到的保障。因此，本院对上诉人办理工商变更登记的请求不予支持。

综上，二审法院认为，本案当事人之间并非因真实的股权转让而发生纠纷，而是股权让与担保中真实权利人要求确认股权，本案案由应为股东资格确认纠纷。在股权让与担保中，熊某民享有HR公司49%的股权、OK公司享有HR公司51%的股权并未发生实际转让，对其享有的股权应予确认。但是在上诉人清偿完毕7329.4万元借款本息前，不能办理工商变更登记，将股权变更到上诉人名下。因本案被上诉人并未就借款及后续投入的资金提起反诉，上述问题由当事人另行解决。

实务解读

本案例涉及问题是股权转让与股权让与担保的区分与认定。"让与担保并非民法上所规定之担保物权，而系以移转标的物所有权于担保权人之方式，实现债务担保之目的，故系非典型担保，且在非典型担保中占有重要地位。"[1]让与担保在交易实践中有着广泛的应用，有学者统计发现，让与担保涉及的标的物最主要的是房屋，其次是公司股权。[2]

作为一种权利移转型担保，股权让与担保是以股权转让的方式来达成债权担保的目的，包含"让与"和"担保"两个基本要素。这两个基本要素的存在，使得司法实践中对股权让与担保的定性争议集中在担保抑或股权转让的性质之争上，因此股权转让和股权让与担保的界分就成了决定债权人与债务人之间"指桑骂槐"大战胜负的关键。

对某一交易究竟是股权转让还是以转让形式担保债权，最高人民法院法官指出："法院在审理案件时，应结合是否存在被担保的主债权债务关系，是否存在回购条款等因素综合判断，以探求当事人的真意。"[3]结合最高人民法院审判实践，我们认为交易性质的判断需要综合考察以下因素。

一、当事人真实意思表示

意思表示是民事法律行为的核心要素。《九民纪要》（法〔2019〕254号）"引言"中指出："通过穿透式审判思维，查明当事人的真实意思，探求真实法律关系。"

---

① 谢在全：《民法物权论（下册）》，中国政法大学出版社2011年版，第1101页。

② 姚辉、李付雷：《"理性他者"的依归——让与担保实践争议探源与启示》，载《中国人民大学学报》2018年第6期，第102页。

③ 刘贵祥：《民法典关于担保的几个重大问题》，载《法律适用》2021年第1期，第28页。

关联案例 ‖ 田某川、河南省TH置业有限公司与公司有关的纠纷案，最高人民法院（2019）最高法民申6422号

该案中，法院认为，认定一个协议是股权让与担保还是股权转让，不能仅仅看合同的形式和名称，而要探究当事人的真实意思表示。如果当事人的真实意思是通过转让股权的方式为主合同提供担保，则此种合同属于让与担保合同，而非股权转让合同。

二、是否存在被担保的主债权债务关系

《民法典》不仅规定了典型担保的类型，也明确了当事人可以通过订立其他具有担保功能的合同设立担保物权。存在真实的主债权债务关系，才有让与担保的适用空间。

关联案例 ‖ 修水县JT投资控股有限公司与福建省XYXT（集团）有限公司等合同纠纷案，最高人民法院（2018）最高法民终119号

该案中，法院认为，案涉《股权转让协议》在性质上应认定为让与担保，理由之一为：福建省XYXT（集团）有限公司（以下简称XYXT公司）与修水县JT投资控股有限公司（以下简称JT公司）之间存在债权债务关系。2013年9月5日，JT公司与XYXT公司签订《股权转让协议》，该协议第2.3.1条"背景情况"约定，中某信托与JT公司签订《借款合同》，向JT公司提供8亿元的融资贷款；为担保JT公司履行《借款合同》项下的义务和责任，XYXT公司与中某信托签订《质押合同》《保证合同》，向中某信托提供股权质押担保和连带责任保证；同时，JT公司、刘某平、邹某英与XYXT公司签订《担保和反担保协议》，向XYXT公司提供反担保。前述所涉协议均已签订并实际履行，XYXT公司作为JT公司所负借款债务的担保人及反担保权人，对JT公司享有将来债权。如JT公司将来未依约偿还借款债务，XYXT公司作为担保人承担担保责任后，对JT公司享有追偿权。

三、是否存在股权回购条款

让与担保情形下，担保财产权属转移目的是担保主债务的履行，因而债权人针对受让财产无须支付额外对价，且债务人履行债务后，债权人即应将担保财产无偿返还给债务人或第三人。在符合约定条件时，行使回购股权，一般无须支付股权转让价款，该种情形下符合股权让与担保的特征。

> **关联案例 ‖ 上海 RT 置业有限公司、马某军金融借款合同纠纷案，最高人民法院（2018）最高法民申 4165 号**
>
> 该案中，法院认为案涉《股权转让合同》性质应认定为上海 RT 置业有限公司（以下简称 RT 公司）原股东褚某帆、褚某兰以案涉 60% 股权为 RT 公司的债务提供让与担保，而非 WK 公司与褚某帆、褚某兰之间存在真实的股权转让关系。为了保障这一目标的实现，双方在《合作协议》中作了针对特定资产收益权以及案涉 60% 股权的回购条款，由 RT 公司承担补足资金义务，WK 公司有权通过收取特定资产收益及处分案涉股权等方式实现退出以及由 RT 公司、马某军分别提供抵押、保证等合同安排。此外，马某军对于案涉 60% 股权行使回购权的对价也是以 4 亿元为基数计算的收益减去已支付的收益，而非《股权转让合同》约定的转让款 2.5 亿元。

四、受让方是否享有并行使股东权利

股权让与担保中，债权人虽在形式上为公司名义股东，但其仅在担保范围内享有优先受偿的权利，并不享有《公司法》规定的股东所享有的参与决策、选任管理者、分取红利等股东权利。

> **关联案例 ‖ 陆某梅、广州市 FM 房地产开发有限公司合同纠纷案，最高人民法院（2020）最高法民申 4636 号**
>
> 该案中，法院认为，案涉双方交易不构成股权让与担保法律关系。案

涉《协议书》第六条第3.2款董事会以及第3.3款经营管理机构的相关内容中均明确广州市FM房地产开发有限公司（以下简称FM公司）派员出任YJ公司执行董事和总经理，说明FM公司参与YJ公司的经营决策及管理，是通过共同合作为YJ公司创造利润的方式获取收益和保障利益，与让与担保关系中担保权人享有的权利及仅通过实现股权的交换价值保障利益的方式并不相同。且实际上FM公司自2007年起至转让股权给BRX公司前均在经营YJ公司，综合以上因素，交易双方并非仅在形式上转移股权，FM公司实质上亦已享有及行使股东权利。

实务建议

股权让与担保作为一种非典型担保制度，有助于低成本、灵活融资，在其法律效力得到我国法律的承认之后，将发挥更大的担保功能。为避免就交易性质产生纠纷，我们建议公司股东在采取股权让与担保进行融资时注意以下几点。

一、明确股权让与担保的意思

在《股权转让协议》中明确约定股权让与担保的实质目的在于担保主债权的实现，在具体条文上有以下几点。

1.在股权转让价款条款中约定无对价转让或股权转让对价远低于股权实际价值。

2.明确约定回购条款。

3.明确约定受让方身份为债权人，其仅为名义股东，不享有分红权、表决权等股东权利，未经债务人同意不得处置股权。

4.将主债权债务协议作为转让协议的附件，以体现双方真实意思表示。

二、限制担保权人参与公司经营管理

完成股权变更工商登记后，债务人仍然应当掌握公司的相关证照、印章，继续经营管理公司，并保存相关证据，尽量不让受让方参与公司经营管理，也不享有指派董事、高管参与公司经营管理的权利。

受让方为督促债务人履行清偿义务，通常希望可以获知公司的经营状况，可以约定受让方在一定范围内可以查阅公司账簿资料，或对公司银行账户进行

共管，以加强受让方对债务人偿债能力的信心。

三、明确约定清算方式以实现股权回归

在股权让与担保下，在债务人不能履行到期债务时，债权人不能直接取得股权的所有权。因此，债务履行期限届满之时，应当遵循正当、合法的程序依法进行清算。

建议双方在协议中明确约定债务人、担保人不能清偿情形下的清算方式，包括以股权折价，就拍卖、变卖股权所得的价款优先受偿。处置股权的价格应当公允，且处置所得价款与待清偿债务按照"多退少补"的原则进行支付，处置所得价款超过债权数额的部分归担保人所有，不足部分由债务人清偿。

法律适用

《中华人民共和国民法典》

第四百零一条 抵押权人在债务履行期限届满前，与抵押人约定债务人不履行到期债务时抵押财产归债权人所有的，只能依法就抵押财产优先受偿。

《最高人民法院关于适用〈中华人民共和国民法典〉有关担保制度的解释》

第六十八条 债务人或者第三人与债权人约定将财产形式上转移至债权人名下，债务人不履行到期债务，债权人有权对财产折价或者以拍卖、变卖该财产所得价款偿还债务的，人民法院应当认定该约定有效。当事人已经完成财产权利变动的公示，债务人不履行到期债务，债权人请求参照民法典关于担保物权的有关规定就该财产优先受偿的，人民法院应予支持。

债务人或者第三人与债权人约定将财产形式上转移至债权人名下，债务人不履行到期债务，财产归债权人所有的，人民法院应当认定该约定无效，但是不影响当事人有关提供担保的意思表示的效力。当事人已经完成财产权利变动的公示，债务人不履行到期债务，债权人请求对该财产享有所有权的，人民法院不予支持；债权人请求参照民法典关于担保物权的规定对财产折价或者以拍卖、变卖该财产所得的价款优先受偿的，人民法院应予支持；债务人履行债务后请求返还财产，或者请求对财产折价或者以拍卖、变卖所得的价款清偿债务的，人民法院应予支持。

债务人与债权人约定将财产转移至债权人名下，在一定期间后再由债务人

或者其指定的第三人以交易本金加上溢价款回购，债务人到期不履行回购义务，财产归债权人所有的，人民法院应当参照第二款规定处理。回购对象自始不存在的，人民法院应当依照民法典第一百四十六条第二款的规定，按照其实际构成的法律关系处理。

第六十九条 股东以将其股权转移至债权人名下的方式为债务履行提供担保，公司或者公司的债权人以股东未履行或者未全面履行出资义务、抽逃出资等为由，请求作为名义股东的债权人与股东承担连带责任的，人民法院不予支持。

《最高人民法院关于印发〈全国法院民商事审判工作会议纪要〉的通知》

71.【让与担保】债务人或者第三人与债权人订立合同，约定将财产形式上转让至债权人名下，债务人到期清偿债务，债权人将该财产返还给债务人或第三人，债务人到期没有清偿债务，债权人可以对财产拍卖、变卖、折价偿还债权的，人民法院应当认定合同有效。合同如果约定债务人到期没有清偿债务，财产归债权人所有的，人民法院应当认定该部分约定无效，但不影响合同其他部分的效力。

当事人根据上述合同约定，已经完成财产权利变动的公示方式转让至债权人名下，债务人到期没有清偿债务，债权人请求确认财产归其所有的，人民法院不予支持，但债权人请求参照法律关于担保物权的规定对财产拍卖、变卖、折价优先偿还其债权的，人民法院依法予以支持。债务人因到期没有清偿债务，请求对该财产拍卖、变卖、折价偿还所欠债权人合同项下债务的，人民法院亦应依法予以支持。

监督金蝉脱壳：瑕疵股权转让责任承担

知识要点：瑕疵股权转让的责任承担

┌─── **计策释义** ─────────────────────────────┐

金蝉脱壳：存其形，完其势；友不疑，敌不动。巽而止，《蛊》。

保持阵地的原形，进一步造成强大的声势，使友军不怀疑，使敌方也不敢轻举妄动。而我方却可以在敌方极其困惑之中，谨慎地完成主力的转移，事情就会顺利进行。

└──┘

金蝉脱壳的本意是，寒蝉在蜕变时，本体脱离皮壳而走，只留下蝉蜕还挂在枝头。比喻用计逃脱，而使对方不能及时发觉。此计用于军事，是指通过伪装稳住对方，绝不是惊慌失措、消极逃跑，而是保留形式，抽走内容，撤退或转移主力，使自己脱离险境，以实现我方战略目标的计谋。商业中，常见金蝉脱壳的形式，往往是转移走有价值的事物，自己再悄悄脱身，希望能够在神不知鬼不觉中全身而退，徒留空壳。

公司资本改实缴制为认缴制，赋予股东法定出资期限利益。实践中，有认缴股东未届出资期限即转让公司股权，以为将认缴的出资额对应股权全部转让给他人就可以全身而退，从此置身事外，转嫁经营风险，逃脱出资义务，从而实现"金蝉脱壳"之术。

需要注意的是，股东并非任何时候都当然享有出资期限利益。当债务发生后，若认缴股东恶意转让股权以逃废债务或未完成实缴即注销公司逃避债务，则公司债权人可要求未实缴股东出资加速到期，其出资不足部分对公司债务承担连带责任。此时，有可能"脱壳"不成，反而被人瓮中捉鳖。

裁判摘要

当债权形成于前股东持股之时，前股东享有涉案债权为目标公司所带来的利益，在涉案股权转让之时，其对于公司所欠债务应为明知；股东未届出资期限而转让公司股权的，符合出资加速到期条件时，应就出资不足对公司债务承担连带责任。

基本案情①

2017年5月7日、6月5日，ZX公司（时任法定代表人为单某峰）与ZL公司签订2份购销合同，约定ZX公司为上诉人制作、安装ZX5161水平射砂自动造型机及其配套设备一宗，总价款485500元。

7月14日，ZL公司收到ZX公司托运的设备。同时，ZX公司即安排工作人员对设备进行了安装、调试。

9月29日，ZL公司的股东周某茹、庄某芬、常州市TS机械制造有限公司、常州市JR电梯部件制造有限公司分别将其在ZL公司的全部认缴出资额90万元、60万元、90万元、60万元（以上出资均未实缴）无偿转让给许某勤。2017年11月6日，ZL公司注册资本由300万元增加至1000万元。

2018年5月15日，许某勤将ZL公司申请注销，常州市武进区行政审批局于2019年7月3日对该公司予以注销。截至ZX公司起诉时，ZL公司仅支付ZX公司设备款240140元，尚欠245360元未付。

ZX公司诉至法院，请求判令许某勤、周某茹和TS公司共同支付ZX公司货款及违约金355932.8元。庭审中，许某勤认可ZL公司尚欠货款245360元未付。

---

① 案例名称：许某勤、常州市TS机械制造有限公司加工合同纠纷案
案　　号：（2020）鲁02民终12403号
法　　院：山东省青岛市中级人民法院
原　　告（反诉被告）：青岛ZX机械有限公司（以下简称ZX公司）
被　　告：许某勤、常州市TS机械制造有限公司（以下简称TS公司）、周某茹
反诉原告：许某勤
来　　源：最高人民法院民二庭发布2020年全国法院十大商事案例之二

但许某勤认为ZX公司提供的设备不符合质量要求，ZX公司应当返还ZL公司已付的设备款240140元，并支付相应的违约金。涉案法律关系见图5-3。

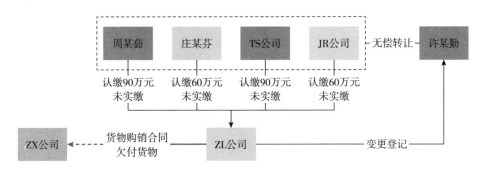

图5-3　涉案法律关系

审理意见

争议焦点：ZL公司原股东是否应对本案所欠货款在其应出资范围内承担相应责任？

法院认为，TS公司、周某茹应在其出资范围内，对于涉案欠款承担连带责任。当债权形成于前股东持股之时，公司未到出资期限即注销的情况下，依据《最高人民法院关于适用〈中华人民共和国公司法〉若干问题的规定（二）》（以下简称《公司法解释（二）》）第二十二条第二款、《合同法》第六十五条之规定，前股东应当在其出资范围内承担连带清偿责任。

首先，从时间点来说，本案所涉合同之债发生于上诉人TS公司、周某茹持股之时。本案TS公司、周某茹是被上诉人与ZL公司发生涉案设备买卖合同之时的股东，两股东享有涉案买卖合同为目标公司所带来的利益，在涉案股权转让之时，其对于公司所欠债务应为明知。

其次，在公司注销的情况下，TS公司与周某茹因转让股权而免除的出资义务应予以回转。主要理由包括以下四点。

第一，股东出资的约定系股东与公司之间的契约。股东对于公司的出资义务来源于股东与公司之间就公司资本与股权份额的约定，对于股东而言，其以出资行为换取公司相应份额的股权。对于公司而言，其以公司股权换取公司运营所需资金。既然出资协议系股东与公司之间的契约，那么该契约应由《合同法》规则规制，当然，基于公司作为商事活动所创设的基本组织的特性，该契约还受《公司法》所规定的特殊规则的约束，在《公司法》框架下不能适用的相关《合同法》的规则应予剔除。

第二，在公司认缴制度下，股东出资义务系其对公司附期限的契约。股东对于公司的认缴出资义务应是股东对于公司的附期限的承诺，股东在初始章程或增资合同中作出的认缴意思表示属于民法上为自己设定负担的行为，本质上是债权债务关系的建立。通过认缴，股东成为出资契约中的债务人，公司则成为出资契约中的债权人。因此，对于公司资本的认缴是债权的成立，而对于公司资本的实缴是债权到期后债务人的实际履行。从契约的角度来说，股东享有到期缴纳出资的期限利益并承担按期足额出资的义务。

第三，公司注销后，公司可依据《合同法》第六十五条的规定向前股东主张权利。本案债务发生于上诉人TS公司与周某茹持股之时，前股东与公司之间存在认缴资本的合同义务，股权发生转让之时，因该资本认缴期限未届满，到期出资义务随股权的转让而转让，受让股东继而享有在未来期限内缴纳出资的期限利益以及按期缴纳出资的义务，前股东因股权转让而失去股东地位，无须履行股东义务，同时不再享有目标公司股东的权利。但是，在本案中，后股东许某勤已注销公司，其出资义务加速到期，其并未出资。依据《合同法》第六十五条之规定，当事人约定由第三人向债权人履行债务的，第三人不履行债务或者履行债务不符合约定，债务人应当向债权人承担违约责任。在《公司法》框架下，股东转让股权，无须目标公司同意，对于公司的资本认缴出资的合同义务，转让给股权的后股东（受让人）后，其未按期出资即注销公司的行为，使得后股东对于公司具有因出资期限届满向公司支付出资的合同义务，在其未履行的情况下，符合上述法律规定中第三人不履行债务的情形，因此，公司得向前股东（债权人）主张违约责任。

第四，公司解散时，债权人可依据《公司法解释（二）》第二十二条的规定，向前股东主张在其出资范围内承担连带责任。依据《公司法解释（二）》第二十二条第二款的规定，公司解散时，在公司财产不足以清偿债务时，债权人主张未缴出资股东以及公司设立时的其他股东或者发起人在未缴出资范围内对公司债务承担连带清偿责任的，人民法院应予以支持。股东系以出资为基础对公司承担有限责任，但公司解散之时，在股东仍未能按期出资，资产不足以清偿债务的时候，股东不能依《公司法》享有有限责任原则的保护，债权人有权要求股东在其认缴出资范围内履行其出资义务，偿还对外债务。债权人对于股东的该请求权，系基于公司设立的有限责任原则而产生，目的是保障公司资本的完整性，维护债权人的应有利益。本案中，公司已经解散并注销，因前股东根据《合同法》第六十五条，对于公司仍有出资义务，在公司解散并注销的情况下，债权人亦有权要求前股东在其出资范围内对公司债务承担连带责任。

综上所述，法院认为，对于形成于原股东持股期间的债权，在前股东转让后，后股东注销公司且未履行出资义务的情况下，前股东应对公司债务在出资范围内承担连带清偿责任。因此，法院判决 TS 公司和周某茹在各自的出资范围内对应付给 ZX 公司的设备款和违约金承担连带清偿责任。

实务解读

本案例涉及的问题是未届出资期限即转让股权后，前股东出资义务加速到期的具体情形。

2013年《公司法》修正，将实缴制彻底修改为认缴制，股东可以"零首付"设立公司并享有出资期限利益，该制度变革"反映了更加自由化、激励股东创业的资本制度政策，但保护债权人的相应责任规范有所缺失"。[1]本次《公司法》修订，在第四十七条新增有限责任公司股东认缴的出资额应按公司章程规定自公司成立之日起五年内缴足，即变更为"限期认缴制"。由股东出资所构成的公司注册资本长久以来都被认为是"债权人利益保护的最终屏障和唯一担保"，[2]在公司财产不足以清偿对外债务时，公司债权人保护和公司股东出资期限利益必然产生冲突，公司债权人是否可以要求股东提前出资，甚至要求已经将股权转让的前股东继续履行出资义务，就成了司法审判面临的现实问题。

尤其是，股东在出资期限届满前转让股权的，是否构成"未履行或者未全面履行出资义务即转让股权"的情形，从而对转让前公司债务承担出资加速到期的补充清偿责任也就成了争议焦点。

---

[1]　李建伟：《认缴制下股东出资责任加速到期研究》，载《人民司法·应用》2015年第9期，第50页。

[2]　李建伟：《授权资本发行制与认缴制的融合——公司资本制度的变革及公司法修订选择》，载《现代法学》2021年第6期，第106页。

一、破产、清算情形下的加速出资

在注册资本认缴制下，目前只有两个法律条文明文规定股东的出资可加速到期。《破产法》第三十五条规定，在债务人公司破产阶段，公司债权人可以要求尚未完全履行出资义务的公司股东，包括未届出资期限的股东缴纳所认缴的出资。《公司法解释（二）》第二十二条明确规定，在公司解散时，股东尚未缴纳的出资，包括尚未届满期限的出资，都应作为清算财产予以缴纳。

据此，上述规定明确了在公司破产和公司解散两种公司不再存续的情形下，股东出资可加速到期。

二、非破产、非清算情形下的加速出资

对于非破产、非清算情形下，债权人能否要求适用《公司法解释（三）》第十三条第二款的规定，请求股东提前履行出资义务以偿债，理论界和实务界提出了不同主张。理论界多有观点认为非破产、非清算情形下股东出资加速到期具有正当性。[①]本次《公司法》修订，新增股东加速到期制度，将原来《公司法解释（三）》第十三条第二款的规定上升到法律规定层面，但仍未明确具体适用条件。比如，如何认定"公司不能清偿到期债务"，是否要经过强制执行而未能清偿，以及已到期债权是否须经过诉讼程序确认。《最高人民法院关于民事执行中变更、追加当事人若干问题的规定》第十七条规定，在强制执行程序中，若公司财产不足以清偿生效法律文书确定的债务，申请执行人申请变更、追加未缴纳出资的股东、出资人在尚未缴纳出资的范围内依法承担责任的，法院应予支持。而该条的"未缴纳出资"并未区分出资是否已届履行期限。因此，有学者认为这条规定体现出"'非破产、非解散加速到期'在强制执行程序中事实上已得到认可"。[②]

与理论界的诸多观点不同，对此问题，最高人民法院始终持慎重态度，秉持司法谦抑、保守的态度。在公司出现经济危机，无法清偿个别债权人的债权时，更倾向于保障全体债权人的利益。因此，在非破产、非清算情形下，最高

[①] 钱玉林：《股东出资加速到期的理论证成》，载《法学研究》2020年第6期，第114页。
[②] 蒋大兴：《论股东出资义务之"加速到期"——认可"非破产加速"之功能价值》，载《社会科学》2019年第2期，第109页。

人民法院一般不支持股东出资加速到期，防止个别受偿，并认为"在类似诉讼中，法院应当向当事人释明，如债务人公司不能通过融资或其股东自行提前缴纳出资以清偿债务，债权人有权启动破产程序"。[①]

《九民纪要》第六条规定了除破产和清算以外的两种例外情形：（1）公司作为被执行人的案件，人民法院穷尽执行措施无财产可供执行，已具备破产原因，但不申请破产的；（2）在公司债务产生后，公司股东（大）会决议或以其他方式延长股东出资期限的。上述情形（1）"实质原因与企业破产类似，只是没有进入破产程序罢了，按照类似情形类似处理的原则"以统一裁判尺度。情形（2）"大家公认"[②]在非破产、非清算情形下，对于未届出资期限的股东的出资是否应加速到期，最高人民法院态度始终慎重，认为应通过修改《公司法》的方式解决，本次《公司法》修订之后，第五十四条具体适用问题恐怕要等之后的司法解释再作进一步明确。[③]但是审判实践中，对公司债权人以出资瑕疵为由要求已转让未届出资期限股权的前股东就公司债务承担清偿责任的，若法院认定前股东恶意转让股权以逃废债务，损害债权人利益，则法院仍然可能判决该股东出资义务加速到期，就公司债务承担清偿责任。

1.原则上，已转让未届出资期限股权不加速到期

在出资期限未届满前，前股东未实缴出资的情形一般不构成公司法上的出资瑕疵，对于未届出资期限即转让股权的行为，法律亦并未禁止。据此，公司债权人以出资瑕疵为由要求已转让未届出资期限股权的前股东就公司债务承担清偿责任的，因原股东行为并不符合"未履行或者未全面履行出资义务即转让股权"的情形，一般不予支持。进而，公司债权人作为申请执行人申请追加前股东为被执行人的，一般亦不予支持。

---

① 杨临萍：《当前商事审判工作中的若干具体问题》，载《人民司法·应用》2016年第4期，第26页。

② 最高人民法院民事审判第二庭编著：《〈全国法院民商事审判工作会议纪要〉理解与适用》，人民法院出版社2019年版，第126页。

③ 最高人民法院民事审判第二庭编著：《〈全国法院民商事审判工作会议纪要〉理解与适用》，人民法院出版社2019年版，第127页。

关联案例 ‖ 曾某与甘肃HHN数字科技有限公司股权转让纠纷上诉案，最高人民法院（2019）最高法民终230号

法院认为，股东享有出资的"期限利益"，公司债权人在与公司进行交易时，有机会在审查公司股东出资时间等信用信息的基础上，综合考察是否与公司进行交易，债权人决定交易即应受股东出资时间的约束。《公司法解释（三）》第十三条第二款规定的"未履行或者未全面履行出资义务"应当理解为"未缴纳或未足额缴纳出资"，出资期限未届满的股东尚未完全缴纳其出资份额不应被认定为"未履行或者未全面履行出资义务"。

2. 恶意转让未实缴股权损害债权人利益的，可能加速到期

根据权利义务对等的要求，股东在享有出资期限利益的同时，也要承担相应的义务，即股东应当保证公司不沦为其转嫁经营风险的工具，不能危及与公司从事正常交易的债权人的合法权益。若被证明转让行为系恶意，则会被认定为未履行或未完全履行出资义务，可能导致股东出资加速到期。

关联案例 ‖ 李某武等与杨某玲案外人执行异议之诉二审民事判决书，北京市第三中级人民法院（2020）京03民终3550号

本院认为，根据已经查明的事实，HWTF公司虽成立于2016年4月29日，注册资本100万元，然公司成立时三位股东未实缴资本，出资时间均为2065年。在公司经营过程中与债权人出现纠纷后，苗某辉、丁某平、李某武在诉讼期间将股份无偿转让给与苗某辉具有特殊身份关系且偿付能力显著不足的尚某（一审法院经与尚某本人核实，其目前身患尿毒症，在透析过程中，尚某玲系其女儿，苗某辉与尚某玲曾系夫妻关系，现已离婚）。三人显然滥用公司认缴资本制损害债权人利益，一审法院追加苗某辉、丁某平、李某武为（2018）京0112执7301号案件的被执行人，并判定其三人在各自未缴出资范围内对HWTF公司在该案中所负债务承担补充清偿责任是正确的，本院予以维持。

关联案例 ‖ 陆某刚等与杨某琼等申请执行人执行异议之诉上诉案，北京市第三中级人民法院（2020）京03民终3634号

　　陆某刚、曹某以沈某、潘某利系恶意转让股权以逃避债务为由，主张二人仍应对FX公司的债务承担清偿责任，并申请追加二人为被执行人。对此，本院认为，股东不得滥用其出资期限利益以逃避债务、损害公司债权人权益，股东在明知公司对外负债且无力清偿的情况下恶意转让未届出资期限的股权，增加公司注册资本实缴到位的风险，其行为损害债权人利益，不应受到法律保护。

　　本院认定沈某、潘某利将股权转让给董某涛的行为是利用公司股东的期限利益恶意逃避债务，侵害了公司债权人的利益。沈某、潘某利恶意转让股权、滥用股东期限利益的行为应予否定，现陆某刚、曹某申请追加沈某、潘某利为（2019）京0118执181号执行案件的被执行人，符合法律规定，本院予以支持。陆某刚、曹某诉求沈某、潘某利对FX公司的债务承担连带责任，但结合其上诉理由中援引的法律及法理依据，应为股东对公司债务的补充赔偿责任。

实务建议

　　对于未届出资期限即转让股权的行为，法律并未禁止，一般应当认定该等转让行为有效，前股东可以退出公司，由新股东进入公司并继续承担相应的缴纳出资义务，实现"金蝉脱壳"。

　　本次《公司法》修订，吸纳了原《公司法解释（三）》第十八条的规定，在第八十八条明确瑕疵出资股权转让后的出资责任规则，如果受让人未按期足额缴纳出资的，转让人要对此承担补充责任，实现"金蝉脱壳"并非易事。

　　一、合理设置注册资本，依法履行出资义务

　　为了避免股权转让后仍对公司不能清偿的债务承担连带责任或被追加为被执行人，应当合理设置注册资本，依法履行出资义务。

　　公司应根据自身情况合理安排注册资本，避免设置过高的注册资本，或在

注册资本不高的情况下零实缴出资并设定超长认缴期。如需减少注册资本，应当履行法定减资程序，及时通知、公告公司债权人，以防范不当减资带来的连带偿债风险。

虽然股东享有出资期限利益，但是资本认缴制不是股东转移投资风险的工具。股东的出资义务不仅是对公司的约定义务，还是《公司法》规定的法定义务。股东应高度重视出资义务，对于认缴出资应按照公司章程规定期限实际缴纳，如需改变、延长股东出资期限，应依照法定程序召开公司股东会，依照法定程序修改公司章程。

二、股权转让要诚信、正当，"恶意转股"不可取

股权转让，应当本着意思自治和诚实信用的原则，股权转让方应告知受让方股权的出资情况，同时，股权受让方也要尽到合理审查义务。在认缴期限届满前转让股权的股东无须在未出资本息范围内对公司不能清偿的债务承担连带责任，除非该股东具有转让股权以逃避出资义务的恶意。

因此，转让方应当避免在诉讼期间转让股权，避免设置明显不公允的转让价格，避免将股权转让给无偿付或出资能力的受让人。

法律适用

《中华人民共和国公司法》（2023年修订）

第五十条　有限责任公司设立时，股东未按照公司章程规定实际缴纳出资，或者实际出资的非货币财产的实际价额显著低于所认缴的出资额的，设立时的其他股东与该股东在出资不足的范围内承担连带责任。

第八十八条　股东转让已认缴出资但未届出资期限的股权的，由受让人承担缴纳该出资的义务；受让人未按期足额缴纳出资的，转让人对受让人未按期缴纳的出资承担补充责任。

未按照公司章程规定的出资日期缴纳出资或者作为出资的非货币财产的实际价额显著低于所认缴的出资额的股东转让股权的，转让人与受让人在出资不足的范围内承担连带责任；受让人不知道且不应当知道存在上述情形的，由转让人承担责任。

《最高人民法院关于民事执行中变更、追加当事人若干问题的规定》（2020年修正）

第十七条　作为被执行人的营利法人，财产不足以清偿生效法律文书确定的债务，申请执行人申请变更、追加未缴纳或未足额缴纳出资的股东、出资人或依公司法规定对该出资承担连带责任的发起人为被执行人，在尚未缴纳出资的范围内依法承担责任的，人民法院应予支持。

第十九条　作为被执行人的公司，财产不足以清偿生效法律文书确定的债务，其股东未依法履行出资义务即转让股权，申请执行人申请变更、追加该原股东或依公司法规定对该出资承担连带责任的发起人为被执行人，在未依法出资的范围内承担责任的，人民法院应予支持。

《最高人民法院关于印发〈全国法院民商事审判工作会议纪要〉的通知》

6.【股东出资应否加速到期】在注册资本认缴制下，股东依法享有期限利益。债权人以公司不能清偿到期债务为由，请求未届出资期限的股东在未出资范围内对公司不能清偿的债务承担补充赔偿责任的，人民法院不予支持。但是，下列情形除外：

（1）公司作为被执行人的案件，人民法院穷尽执行措施无财产可供执行，已具备破产原因，但不申请破产的；

（2）在公司债务产生后，公司股东（大）会决议或以其他方式延长股东出资期限的。

《中华人民共和国企业破产法》

第三十五条　人民法院受理破产申请后，债务人的出资人尚未完全履行出资义务的，管理人应当要求该出资人缴纳所认缴的出资，而不受出资期限的限制。

《最高人民法院关于适用〈中华人民共和国公司法〉若干问题的规定（二）》（2020年修正）

第二十二条　公司解散时，股东尚未缴纳的出资均应作为清算财产。股东尚未缴纳的出资，包括到期应缴未缴的出资，以及依照公司法第二十六条和第八十条的规定分期缴纳尚未届满缴纳期限的出资。

公司财产不足以清偿债务时，债权人主张未缴出资股东，以及公司设立时的其他股东或者发起人在未缴出资范围内对公司债务承担连带清偿责任的，人民法院应依法予以支持。

破解假道伐虢：优先购买权规避及应对

知识要点：规避优先购买权的协议效力

计策释义

假道伐虢：两大之间，敌胁以从，我假以势。《困》，有言不信。

处在我与敌两个大国之中的小国，敌方若胁迫小国屈从于它时，我则要借机立即派兵前去援救。对于处在这样困境中的国家，只做空口允诺，却无实际行动，那是不会取信对方的。

"假道伐虢"意为借道用兵，是指向对方以借道为名，行消灭对方之实。在军事上，如果敌人以武力相威胁，那么我方则应当以不侵犯其利益为诱饵，利用其侥幸图存的心理，立即把力量拓展进去，以控制全局。此计的关键在于"假道"。善于寻找"假道"的借口，善于隐蔽"假道"的真正意图，突出奇兵，往往可以取胜。

有限责任公司作为人合性较强的商业组织，股东的进出要履行一定的程序。然而，实践中，总有人想规避程序，"假道而入"。比如，外部投资人先以高价收购内部股东1%股权，在其余股东放弃行使优先购买权的情况下，"借道"进入公司获得股东身份，再以低价收购转让股东其余全部股份，实现控制公司的目的。

股东优先购买权作为法律赋予"其他股东相较于外部人受让拟转让股权的

顺位优势"，①目的在于公司既有股东转让股权时，既能保障股东转让股权的自由，又能维护公司的人合性，防止外来人员"渗透"进入公司，对公司内部权力结构产生影响。因此，外部投资人想要进入公司并非易事。此时，外部投资人与内部转让股东"联手"，通过设计股权转让交易架构，规避或者变相规避公司其他既有股东行使优先购买权。

裁判摘要

股东先以高价转让少部分份额（如1%）的股权，排除其他股东同等条件下的优先购买权，受让人取得股东资格后，再签订股权转让协议完成剩余股权转让的操作方式剥夺了原股东在同等条件下的优先购买权，属恶意串通损害第三人利益的情形，合同当属无效。

基本案情②

TB公司注册资本118万元，股东吴某崎出资41.3万元，吴某民出资70.8万元，吴某媛出资5.9万元，三人股权份额分别为35%、60%、5%，法定代表人为吴某崎。

2012年2月1日，吴某民向吴某崎发出《股权转让通知书》，载明其自愿以15万元转让TB公司1%的股权，询问股东吴某崎是否同意购买或者同意向他人转让。

2月27日，吴某崎针对上述通知书回函吴某民，载明其有意收购该1%的股权，但认为转让价格过高，希望能进一步磋商。

3月10日，吴某民与吴某磊签订《股权转让协议书》，约定吴某民将其占TB公司1%的股权以15万元转让给吴某磊。

3月28日，吴某民向吴某磊出具收据一份，载明："今收到吴某磊支付给本人的TB公司1%的股权转让款壹拾伍万元整（现金）。"庭审中吴某磊陈述该款以现金方式支付。

---

① 李建伟：《有限公司股东优先购买权侵害救济研究——兼评〈九民纪要〉的相关裁判规则》，载《社会科学研究》2020年第4期，第80页。
② 案例名称：吴某崎等诉吴某民确认合同无效纠纷再审案
案　　　号：（2015）苏商再提字第00068号
法　　　院：江苏省高级人民法院
原　　　告：吴某崎
被　　　告：吴某民
第　三　人：吴某磊

8月29日，TB公司章程变更。

10月24日，无锡市江某工商行政管理局完成TB公司股权变更登记。

10月29日，吴某民与吴某磊签订股权转让协议一份，约定吴某民愿意将其在TB公司59%的股权以62万元转让给吴某磊，支付方式为现金。

11月27日，无锡市江某工商行政管理局再次完成TB公司股权变更登记。

吴某崎认为吴某民转让股权的行为侵害其合法权益，故诉至法院，请求判令吴某民与吴某磊分别于2012年3月10日及2012年10月29日签订的两份股权转让协议无效。吴某民辩称，吴某崎对吴某民所提出的股权转让要约自始至终是不认可的，因此吴某民以要约的同等条件将股权转让给他人符合法律规定。

审理意见

本案争议焦点：吴某民与吴某磊于2012年3月10日及2012年10月29日签订的两份股权转让协议是否因侵犯吴某崎的优先购买权而无效。

江苏省江阴市人民法院一审确认两份协议无效。一审法院认为，第一，吴某民与吴某磊之间股权转让方式系排除吴某崎的优先购买权，且实际上导致吴某崎在同等条件下的优先购买权落空。

吴某民和吴某磊在股权转让过程中，前后两次转让股权，第一次转让1%，价格15万元，第二次转让59%，实际价格62万元（以此测算第二次股权转让价格约为每1%价格1.05万元），前后两次转让时间仅相隔7个月，在公司资产没有发生显著变化的情形下，价格相差达14倍以上，不合常理。吴某民在庭审中亦明确表示"第一次股权转让吴某磊不是公司股东，吴某民必须考虑同等条件的优先权""（第一次）比后面的要价要高，目的是取得股东身份"。吴某民前后两次转让行为并非各自独立，而是具有承继性、整体性，即首次转让抬高价格，排除法律赋予其他股东同等条件下的优先购买权，受让人取得股东资格后，第二次完成剩余股权转让，两次转让行为相结合，目的在于规避《公司法》关于其他股东优先购买权的规定，从而导致吴某崎无法实际享有在同等条件下的优先购买权。

第二，吴某民与吴某磊的两份股权转让协议系规避《公司法》关于股东优先购买权制度的行为。

有限责任公司具有封闭性和人合性的特征，这种特征使股东建立一种信赖关系，基于信赖关系，才会实现股东之间资金的联合。但当股东向非股东转让股权时，这一信赖关系将被打破，由此《公司法》赋予了在同等条件下其他股东的优先购买权；而当股权在公司股东内部转让时，不影响有限公司的封闭性和人合性，不涉及第三人和公共利益，《公司法》也没有设定限制性条件。

按本案的操作方式，股东以高价转让象征份额（如1%）的股权，若其他股东同意购买则转让股权的股东可以获取高额利润（甚至可以同样的方式继续多次分割转让剩余股权），如果其他股东不购买则可以顺利使股东以外的第三人获得股东身份，继而排除其他股东的优先购买权，最终实现在"股东内部"的股权无限制转让。如果认可上述行为的合法性，《公司法》关于股东优先购买权的立法目的将会落空，有限公司的人合性、封闭性也无法维系。

综上，民事活动应当遵循诚实信用的原则，民事主体依法行使权利，不得恶意规避法律，侵犯第三人利益。吴某民与吴某磊之间的两份股权转让协议，虽然形式合法，但实质上系规避《公司法》关于股东优先购买权制度的规定，且实际导致吴某崎在同等条件下的优先购买权落空，该行为系以合法形式掩盖非法目的，当属无效。

江苏省无锡市中级人民法院二审确认两份协议有效。二审法院认为，首先，股东的优先购买权是为了保证有限责任公司的人合性，而对股东对外转让股权所作的限制，但该权利并不优于股东对所持股权的自由处分，在不违反《公司法》关于优先购买权的规定的情形下，股东可以向其他股东以外的第三人转让股权。吴某民作为TB公司的股东，对其持有的股权有完全的、排他的权利，在不违反股东优先购买权的情况下，可以自主决定对外转让股权的对象、价款。吴某民与吴某磊于2012年3月10日及2012年10月29日签订的两份股权转让协议形式上符合《公司法》关于对外转让股权的规定。

其次，关于该两份协议是否存在以合法的形式掩盖非法目的的情形。两份股权转让协议均未违反《公司法》关于股东优先购买权的规定，吴某民在遵循《公司法》规定的情形下，自主处分所持股权，如果法院认定该行为存在非法目的，是在牺牲转让股东财产自由处分权的前提下过分保护其他股东的优先购买权，系司法对股东意思自治的过分干涉。

最后，吴某民与吴某磊所签订的股权转让协议具有独立性，吴某崎作为签订股权转让协议之外的第三人无权主张该两份协议无效，如果其认为该两份协议侵犯了其优先购买权，可以主张撤销该两份协议并在同等条件下受让股权。

江苏省高级人民法院再审确认两份协议无效。再审法院认为，吴某民与吴某磊之间的涉案两份股权转让协议存在《合同法》第五十二条第（二）项规定的恶意串通损害第三人利益的情形，属于无效协议。吴某民和吴某磊在7个月的时间内以极其悬殊的价格先后两次转让股权，严重损害了吴某崎的利益。吴某民和吴某磊第一次转让1%的股权价格为15万元，第二次转让59%的股权实际价格为62万元（以此测算第二次股权转让价格约为每1%价格1.05万元），在公司资产没有发生显著变化的情形下，价格相差达14倍以上，其目的在于规避《公司法》关于其他股东优先购买权的规定，从而导致吴某崎无法实际享有在同等条件下的优先购买权，即首次转让抬高价格，排除法律赋予其他股东同等条件下的优先购买权，受让人取得股东资格后，第二次完成剩余股权转让。吴某民在一审庭审中亦明确表示"第一次股权转让吴某磊不是公司股东，吴某民必须考虑同等条件的优先权""（第一次）比后面的要价要高，目的是取得股东身份"，这表明吴某民对其与吴某磊串通损害吴某崎利益的意图是认可的。如果认可上述行为的合法性，《公司法》关于股东优先购买权的立法目的将会落空。

综上，民事活动应当遵循诚实信用的原则，民事主体依法行使权利，不得恶意规避法律，侵犯第三人利益。吴某民与吴某磊之间的两份股权转让协议，目的在于规避《公司法》关于股东优先购买权制度的规定，剥夺吴某崎在同等条件下的优先购买权，当属无效。

实务解读

股权转让交易中，股东的优先购买权是"我国《公司法》所特有的规定"。[1]作为"公司组织法上的一种新型特殊权利"，[2]在《九民纪要》统一审判

---

[1] 葛伟军：《股东优先购买权的新近发展与规则解析：兼议〈公司法司法解释四〉》，载《中国政法大学学报》2018年第4期，第95页。

[2] 李建伟：《有限公司股东优先购买权侵害救济研究——兼评〈九民纪要〉的相关裁判规则》，载《社会科学研究》2020年第4期，第80页。

口径之前，侵犯股东优先购买权的合同效力司法实践中口径不一，存在"无效说""有效说""效力待定说""可撤销说"等各种观点。《九民纪要》就这个问题的处理进行了统一：股权转让合同如无其他影响合同效力的事由，应当认定有效。其他股东行使优先购买权的，虽然股东以外的股权受让人关于继续履行股权转让合同的请求不能得到支持，但不影响其依约请求转让股东承担相应的违约责任。由此确定了侵害股东优先购买权的股权转让合同一般有效的司法规则。

但是，《九民纪要》的该项规定并不能让企图规避股东优先购买权的外部投资人"高枕无忧"。该规则仅强调不能仅简单以侵犯股东的优先购买权而认定股权转让合同无效，如果股权转让协议存在恶意串通损害第三人利益等其他法定无效情形，仍然可能被法院认定属于无效协议。本案中，外部投资人与内部转让股东联合起来，分两次完成股权转让交易，企图变相规避股东优先购买权，该股权交易架构最终被法院认定构成恶意串通，损害第三人利益，进而否决该次交易。

实践中，被法院否定的规避或变相规避股东优先购买权的交易方式还有如下几种。

一、"腾笼换鸟式"规避股东优先购买权

公司股东通过设立新公司、股东会决议进行关联交易等形式，将目标公司资产低价转让，再高价转售，腾挪至其他公司以实现事实上的股权转让，可能会被认定为变相规避股东优先购买权。

关联案例 || 王某等因与石某强、山东KLSA化工有限公司、江苏SA化学科技有限公司股东滥用股东权利赔偿纠纷案，上海市高级人民法院（2012）沪高民二（商）终字第44号

法院认为，在香港KLSA公司收购上海SA公司、山东SA公司股权无果的情况下，上诉人王某、刘某、程某文、唐某民、王某1、杜某斌、冯某根、茅某晖、余某标、李某亮为规避石某强的股东优先购买权，滥用股东

权利实施了侵权行为。

1.新设除石某强之外的与上海SA公司、山东SA公司股权结构相同的山东KLSA化工有限公司（以下简称KLSA公司），因山东KLSA公司无法实现香港KLSA公司的收购目的，而再设江苏SA公司。

2.将上海SA公司、山东SA公司的资产以明显低于香港KLSA公司的拟收购价格转让江苏SA公司。

3.将明显低价受让的上海SA公司、山东SA公司资产的江苏SA公司的40%股权，以较高价格与香港KLSA公司完成股权转让。

在上述侵权行为过程中，王某、刘某、王某1等十名股东构成共同侵权。首先，王某、刘某、王某1等十名股东的行为，有共同的意思联络，主观上均有共同故意性。其次，为香港KLSA公司收购股权的目的实现，十名股东紧密配合，规避法律，共同完成相关公司之间资产的反复移转和股权的转让，其目的具有违法性。再次，十名股东的上述行为直接导致石某强在上海SA公司、山东SA公司所占股权利益受损的结果发生。最后，正因为王某、刘某、王某1等十名股东不通知石某强参加股东会以及违反公司章程设立关联公司、低价转让资产至关联公司等行为，才使石某强的股权利益受损，二者之间有直接的因果关系。根据《公司法》的规定，公司股东滥用股东权利给公司或者其他股东造成损失的，应当依法承担赔偿责任。

二、"外高内低式"规避股东优先购买权

"同等条件"是股东行使优先购买权的实质性要求，而其中的"价格"条件至关重要，因为股东优先购买权的重要功能之一在于"使闭锁公司拟转让之股权能获得最优的、公平的市场价格"。[①]

实践中，为了达到阻碍其他股东行使优先购买权的目的，转让股东会隐瞒股权转让的同等条件，人为抬高对外披露的转让条件，以达到让其他股东放弃

---

① 蒋大兴：《股东优先购买权行使中被忽略的价格形成机制》，载《法学》2012年第6期，第67页。

行使优先购买权的目的。法院认为，这种"外高内低式"的交易方式实质上背离了同等条件，属于恶意串通侵犯股东优先购买权，转让协议无效。

> **关联案例 ‖ 周某某与姚某某、姚某及原审第三人上海某机械制造有限公司股权转让纠纷案，上海市第一中级人民法院（2011）沪一中民四（商）终字第883号**
>
> 　　周某某上诉提出，2006年协议书中约定，其与周某受让姚某某、姚某全部股权的价格为1440万元，而姚某某与姚某于2007年12月12日签订的股权转让协议中明确，姚某以95万元受让姚某某所持有的95%股权，显然姚某并不是以"同等条件"行使股东优先购买权。
>
> 　　法院认为，股东优先购买权是形成权，股东要求行使优先购买权时，无须转让股东再为承诺，即在享有优先购买权股东与转让股东间定立拟转让股权的股权转让合同，且该合同是以转让股东与第三人间约定的"同等条件"为内容。因此，本案中，姚某向周某某发函及登报公告仅能起到通知周某某有关姚某欲行使股东优先购买权的法律后果，而不能要求周某某再一次进行受让股权的竞价，也就是说，姚某一旦行使优先购买权，其与姚某某间的股权转让合同，是以姚某某与周某某间约定的"同等条件"为内容。本院注意到，2006年协议书中周某某、周某受让上海某机械制造有限公司全部股权的价格为1440万元，而2007年12月12日姚某某将其持有的95%股权以95万元转让给姚某，很显然，姚某并不是以"同等条件"受让姚某某所持的股份。鉴于姚某某与姚某间的兄弟关系、姚某某的代签行为以及姚某受让股权的价格与2006年协议书所约定价格的悬殊程度等情况，本院认为，姚某某与姚某在签订2007年12月12日的股权转让协议书时有恶意串通损害周某某利益的行为，故2007年12月12日的股权转让协议书应认定为无效。因此，2006年协议书中有关周某某与姚某某间股权转让的部分仍可继续履行。

三、"假面舞会式"规避股东优先购买权

有限责任公司的外部第三人委托公司内部股东,以该内部股东的名义收购其他股东股权,规避了股东优先购买权,购买股权行为仍然有可能被法院认定无效。

关联案例 ‖ 泸州 XF 矿业集团有限公司与葛某文等股权转让纠纷案,四川省高级人民法院(2013)川民申字第1771号

法院认为,泸州 XF 矿业集团有限公司(以下简称 XF 矿业公司)委托刘某安以其内江 NG 有限责任公司股东的身份收购该公司其他股东股权的行为,其用意为规避《公司法》第七十二条第二款、第三款的规定。XF 矿业公司的规避行为属损害内江 NG 有限责任公司其他股东的合法权益,为恶意规避。刘某安受 XF 矿业公司委托收购股权的行为为名义上的股东间股权转让行为,实为隐瞒王某玉等62人对外转让股权,刘某安与王某玉等62人间的股权转让行为违反了《公司法》第七十二条的强制性规定,应属无效。

实务建议

股权转让时,公司内部股东行使股东优先购买权是维护公司人合性的重要方式,为了防止转让股东与公司外部投资人恶意串通,变相规避股东优先购买权,我们建议公司股东注意以下几点。

一、交易前,通过"特别约定"建立护城河——无道可借

在公司设立之初或股东加入公司时,股东可以在公司章程或股东协议中,通过特别约定的方式,在法定优先购买权之外另行设定"意定优先购买权"。以全体股东一致同意的方式,在法定优先购买权的基础上进一步约定比法定权利更为严苛的股权转让限制条款,以此保护公司内部股东关系的稳定性。这种意定优先购买权限制不仅可以表现为对于特定股东最低持股数量的限制要求,还可以表现为股东对外转让的前提条件,也可以包括特定条件下一方股东或公司对于其他股东所拥有股权的强制购买权或赎回权。

二、交易中，要求转让方真实陈述交易条件——暗道难寻

本次《公司法》修订，删除了有限责任公司对外转让股权时须经其他股东同意的规则。《公司法》（2023年修订）第八十四条第二款规定，股东向股东以外的人转让股权的，应当将股权转让的数量、价格、支付方式和期限等事项书面通知其他股东，其他股东在同等条件下有优先购买权。

"同等条件"要求优先购买权人提出的受让条件与第三人之间的交易对价相同。公司内部股东在收到转让股东对外转让股权的通知时，应当积极主动与转让股东核实确认完整交易条件（对价），包括价款数额、付款时间、付款方式、违约责任、税费承担等具体内容。

三、交易后，若受损害则收集证据积极维权——回归正道

当公司内部股东发现有外部第三人与转让股东"联手"规避股东优先购买权的行为时，不可"坐以待毙"，应积极收集取证，证明外部第三人与转让股东之间恶意串通损害股东优先购买权，从知道或者应当知道行使优先购买权的同等条件之日起三十日内，或者自股权变更登记之日起一年内向法院起诉确认合同无效并主张按照同等条件购买该股权，尽力挽回损失。

法律适用

《中华人民共和国公司法》（2023年修订）

第八十四条　有限责任公司的股东之间可以相互转让其全部或者部分股权。

股东向股东以外的人转让股权的，应当将股权转让的数量、价格、支付方式和期限等事项书面通知其他股东，其他股东在同等条件下有优先购买权。股东自接到书面通知之日起三十日内未答复的，视为放弃优先购买权。两个以上股东行使优先购买权的，协商确定各自的购买比例；协商不成的，按照转让时各自的出资比例行使优先购买权。

公司章程对股权转让另有规定的，从其规定。

第八十五条　人民法院依照法律规定的强制执行程序转让股东的股权时，应当通知公司及全体股东，其他股东在同等条件下有优先购买权。其他股东自人民法院通知之日起满二十日不行使优先购买权的，视为放弃优先购买权。

《最高人民法院关于适用〈中华人民共和国公司法〉若干问题的规定（四）》（2020年修正）

第二十条 有限责任公司的转让股东，在其他股东主张优先购买后又不同意转让股权的，对其他股东优先购买的主张，人民法院不予支持，但公司章程另有规定或者全体股东另有约定的除外。其他股东主张转让股东赔偿其损失合理的，人民法院应当予以支持。

第二十一条 有限责任公司的股东向股东以外的人转让股权，未就其股权转让事项征求其他股东意见，或者以欺诈、恶意串通等手段，损害其他股东优先购买权，其他股东主张按照同等条件购买该转让股权的，人民法院应当予以支持，但其他股东自知道或者应当知道行使优先购买权的同等条件之日起三十日内没有主张，或者自股权变更登记之日起超过一年的除外。

前款规定的其他股东仅提出确认股权转让合同及股权变动效力等请求，未同时主张按照同等条件购买转让股权的，人民法院不予支持，但其他股东非因自身原因导致无法行使优先购买权，请求损害赔偿的除外。

股东以外的股权受让人，因股东行使优先购买权而不能实现合同目的的，可以依法请求转让股东承担相应民事责任。

《最高人民法院关于印发〈全国法院民商事审判工作会议纪要〉的通知》

9.【侵犯优先购买权的股权转让合同的效力】审判实践中，部分人民法院对公司法司法解释（四）第21条规定的理解存在偏差，往往以保护其他股东的优先购买权为由认定股权转让合同无效。准确理解该条规定，既要注意保护其他股东的优先购买权，也要注意保护股东以外的股权受让人的合法权益，正确认定有限责任公司的股东与股东以外的股权受让人订立的股权转让合同的效力。一方面，其他股东依法享有优先购买权，在其主张按照股权转让合同约定的同等条件购买股权的情况下，应当支持其诉讼请求，除非出现该条第1款规定的情形。另一方面，为保护股东以外的股权受让人的合法权益，股权转让合同如无其他影响合同效力的事由，应当认定有效。其他股东行使优先购买权的，虽然股东以外的股权受让人关于继续履行股权转让合同的请求不能得到支持，但不影响其依约请求转让股东承担相应的违约责任。

洞悉美人计策：股权转让协议解除条件

知识要点： 解除股权转让协议

> ── **计策释义** ──────────
>
> 　　美人计：兵强者，攻其将；将智者，伐其情。将弱兵颓，其势自萎。利用御寇，顺相保也。
>
> 　　对于兵力强大的敌人，就要设法集中全力攻击他的将帅；敌方将帅有智谋时，就打击他的情绪。这样会使将帅的意志被"弱化"，士兵士气萎靡，从而使敌军的气势衰颓、瓦解。因而，要尽一切可能，对地方将帅进行渗透分化，这可以使战局顺利展开，使我方实力得以保全。

　　"美人计"指的是对用军事手段难以击败的敌人，要用"糖衣炮弹"（主要是用女色，也可引申为其他利益），先从思想意志上瓦解敌方的将帅，使其贪图安逸享乐，斗志涣散，内部分崩离析，从而将其打垮的计谋。现代战争中，甚至政治争斗中，也不乏使用"美人计"的例子，利用金钱贿赂，利用美人诱惑，方式变化多端，不可丧失警惕。"美人"既可以指人，也可以指物。

　　股权转让交易中，受让方受让股权所看重的并非公司股权本身，而是隐藏在公司股权背后的目标公司及其资产，股权所带来的经济收益有赖于公司资产的增长能力和公司经营的发展前景。

　　在股权转让交易前，一方面，对于身处公司外部的投资人而言，公司真实的经营状况、资产情况犹如戴着面纱的"美人"，犹抱琵琶半遮面。另一方面，为了提高竞价能力，面对进行尽职调查的受让方，股权转让方也会尽力"装扮"公司资产，企图"股权佳人"能够"一顾倾人城，再顾倾人国"。但是，一旦交易交割完毕，"抱得美人归"的受让方才发现公司资产状况恶劣、股权价值虚高，此时或将采取追究违约责任、减少价款、中止付款等措施，甚至解除合同。交易双方如果在股权转让合同中对公司资产状况对股权转让交易的影响约定不明，必将导致股权交易活动产生不确定性风险，最终引致股权转让双方发生纠纷，面临合同是否应当解除的困境。

裁判摘要

股权转让中，转让方迟延履行债务或有其他违约行为致使合同目的不能实现，受让方可以解除合同。权利受到妨害的当事人应当对受到妨害的基本事实承担举证责任，股权转让方未能提交证据证明投资公司的资产状况符合合同约定，亦未按约定向受让方完整交付投资公司资产，受让方并购投资公司的合同目的不能实现。因此，股权受让方有权解除产权转让合同。

基本案情[①]

2005年3月21日，石家庄市国资委与HDBG公司就石家庄DFRD投资有限公司股权转让事宜签订《国有企业股权转让框架协议书》。约定以标的企业的全部资产评估结果作为转让的定价依据。

2007年9月21日，经请示石家庄市国资委批准，DFRD集团对标的企业石家庄DFRD投资有限公司、深圳市DFRD投资有限公司（以下两公司同时出现时，简称两投资公司）全部国有产权进行公开挂牌转让。

2008年1月16日，DFRD集团与HDBG公司签订《产权转让合同》，约定转让DFRD集团所属的石家庄DFRD投资有限公司及深圳市DFRD投资有限公司90%的国有产权和两投资公司互相持有的10%国有产权，两投资公司经评估资

---

① 案例名称：澳大利亚HDBG投资有限公司、石家庄DFRD集团有限公司股权转让纠纷案

案　　号：（2017）最高法民终954号

法　　院：最高人民法院

原　　告：澳大利亚HDBG投资有限公司（以下简称HDBG公司）

被　　告：石家庄DFRD集团有限公司（以下简称DFRD集团）、石家庄市人民政府国有资产监督管理委员会（以下简称石家庄市国资委）

产总额40878.25万元，负债总额37714.92万元，净资产3163.33万元。双方约定转让价格为3163.33万元，转让价款在合同签订之日起5日内一次性付清。DFRD集团配合HDBG公司在本合同签订后一个月内办理完毕标的企业的工商登记手续，视为交割完成。双方约定2000万元违约金作为违约责任承担方式。

同日，DFRD集团作为甲方（债权人）、两投资公司作为乙方（债务人）、HDBG公司作为丙方（担保人）签订《还款协议》。约定两投资公司自签订此协议之日起至2012年12月31日前还清对DFRD集团的全部欠款230941366.09元，HDBG公司对上述债务提供连带责任保证担保。

1月28日，河北省产权交易中心出具成交确认书，载明HDBG公司已经付清转让价款，双方已经完成产权交割，请产权转让双方尽快办理产权、工商等变更事宜。

4月9日，石家庄市国资委批准两投资公司国有资产注销，注销原因为企业改制，国有股权转让。

11月，两投资公司及DFRD集团多次致函HDBG公司，要求HDBG公司履行《还款协议》，及时还款并做出具体还款安排，并在HDBG公司提交具体还款方案并经DFRD集团书面认可之前，暂停与改制收购工作有关的股权变更、公司交接、资产转移等工作。同时，HDBG公司向石家庄市国资委及DFRD集团致函，表示在DFRD集团履行按评估资产情况交付两投资公司，HDBG公司成功收购两投资公司后履行还款担保义务。

2009年11月、12月，HDBG公司多次向石家庄市国资委致函，以两投资公司的资产大量流失或被破坏等原因，请求终止转让两投资公司工作，并要求立即退还支付的全部收购价款，尽快支付违约金和收购成本费用及可期待利益补偿。

深圳市DFRD投资有限公司于2010年12月31日被吊销企业营业执照，石家庄DFRD投资有限公司于2012年4月9日被吊销企业营业执照。

因双方对合同是否应予解除产生争议，HDBG公司诉至法院，请求判令解除HDBG公司与DFRD集团签订的《产权转让合同》，要求DFRD集团返还股权转让款并支付违约金。DFRD集团辩称，其已将两投资公司资产交付给HDBG公司及其合作伙伴，《产权转让合同》的目的已经实现。案涉股权转让交易时间见图5-4。

图 5-4　案涉股权转让交易时间

审理意见

争议焦点：涉案《产权转让合同》是否应予解除及相关责任如何承担。

1.关于合同解除问题

《产权转让合同》系各方当事人真实意思表示，未违反法律法规的强制性规定，合法有效，各方应依照合同的约定履行义务。DFRD集团作为股权转让方，交付两投资公司产权是其主要合同义务；HDBG公司作为股权受让方，支付股权转让对价是其主要合同义务。

《产权转让合同》第六条约定，DFRD集团配合HDBG公司在该合同签订后一个月内办理完毕两投资公司的工商登记手续，视为交割完成。合同签订后，双方并未在一个月内办理完成两投资公司的工商变更登记。DFRD集团主张其已将两投资公司资产交付给HDBG公司及其合作伙伴，应提交证据证明其主张。DFRD集团提交了其注销两投资公司国有产权并与两投资公司职工解除劳动合同的证据，但上述事务发生在DFRD集团与国有资产管理部门及两投资公司职工之间，仅能证明DFRD集团进行了资产移交前的部分准备工作，不足以证明其已经将两投资公司的控制权、管理权及有关资产交付HDBG公司。

HDBG公司与YL公司、胡某印等签订协议，约定由YL公司等负责缴纳部分收购费用，HDBG公司保证其届时能取得两投资公司的部分权益，该约定为HDBG公司为支付3163.33万元股权转让款而与案外人达成的融资协议。YL公司系以HDBG公司的名义缴纳部分股权转让款，且YL公司、胡某印等不是案涉《产权转让合同》的当事人，HDBG公司是《产权转让合同》约定的唯一受让方。DFRD集团关于其已将两投资公司资产交付给HDBG公司及其合作伙伴的主张，缺乏事实依据。

此外，两投资公司在2008年11月3日向HDBG公司发出《关于向集团公司提供还款方案的函》，称将暂停与改制收购工作有关的股权变更、公司交接、资产转移、资金划转。证明直至2008年11月3日，DFRD集团尚未完成资产交付义务，且DFRD集团未提供证据证明在此之后完成了两投资公司的产权交割。据此，DFRD集团未举证证明两投资公司的公章、财务、人事等已完成交接，HDBG公司已实际取得两投资公司股权行使股东权利，因此DFRD集团未完成资产交付义务。

DFRD集团作为股权出让方，有义务在合同履行期间确保其出让的股权价值即股权项下两投资公司的资产符合《产权转让合同》的约定。DFRD集团持有两投资公司90%的股权，作为两投资公司的控股股东，其可以通过行使股东权利等方式查明两投资公司的资产状况。DFRD集团关于其已对两投资公司丧失控制权，对两投资公司资产状况没有举证责任的上诉主张，没有事实和法律依据。

HDBG公司签订案涉《产权转让合同》的目的，是通过收购两投资公司的股份从而正常经营两投资公司以实现收益。两投资公司均已被吊销企业营业执照，经营状况发生重大变化，已经不能正常经营，且DFRD集团没有提交证据证明两投资公司的资产状况符合《产权转让合同》的约定。DFRD集团未按照《产权转让合同》的约定向HDBG公司完整交付两投资公司资产，HDBG公司并购两投资公司的目的未能实现。根据《合同法》第九十四条第三项、第四项的规定，一方当事人迟延履行主要债务，经催告后在合理期限内仍未履行；一方当事人迟延履行债务或者有其他违约行为致使不能实现合同目的，当事人可以解除合同。HDBG公司主张解除《产权转让合同》，具有事实和法律依据，本院予以支持。DFRD集团关于其已将两投资公司资产交付给HDBG公司，案涉《产权转让合同》不应解除的主张，没有事实及法律依据，本院不予支持。

案涉《产权转让合同》未对合同解除权的行使期限作出约定，法律也未对此类合同解除权的行使期限作出规定，亦不存在DFRD集团催告HDBG公司行使合同解除权的情形。HDBG公司提起本案诉讼，主张行使合同解除权，未超过前述法律规定的解除权行使期限。合同解除权在性质上属于形成权，不适用诉讼时效的相关规定。DFRD集团上诉主张HDBG公司行使合同解除权超过1年除斥期间，提起本案诉讼超过诉讼时效，没有事实及法律依据，本院不予支持。

此外，DFRD集团还辩称HDBG公司以人民币支付股权转让款构成违约，HDBG公司作为违约方不享有合同解除权。《产权转让合同》约定"转让价格为人民币（大写）叁仟壹佰陆拾叁万叁仟叁佰元，即人民币（小写）3163.33万元"，HDBG公司已依照合同约定支付3163.33万元。HDBG公司以人民币支付股权转让款符合合同约定，DFRD集团也从未对此提出异议，亦未影响DFRD集团占有使用该款项。虽然根据《关于外国投资者并购境内企业的规定》的相关规定，外国投资者以其合法拥有的人民币资产作为支付手段，应经外汇管理机关核准，HDBG公司支付的款项未办理外汇核准，可能承担相应的行政责任，但不能据此认定HDBG公司的支付行为违反《产权转让合同》的约定。DFRD集团关于HDBG公司以人民币支付股权转让款构成违约，作为违约方无权解除合同的主张，没有事实及法律依据。

2.关于合同解除后的责任承担问题

《合同法》第九十七条规定："合同解除后，尚未履行的，终止履行；已经履行的，根据履行情况和合同性质，当事人可以要求恢复原状、采取其他补救措施，并有权要求赔偿损失。"①案涉《产权转让合同》解除后，HDBG公司没有取得合同约定的两投资公司产权，其请求返还产权转让款3163.33万元的主张，一审判决予以支持符合法律规定，应予维持。

《产权转让合同》第九条违约责任条款约定，若一方不履行合同的约定，应向另一方支付2000万元违约金。DFRD集团未能履行向HDBG公司交付两投资公司产权的合同主要义务，构成违约，HDBG公司有权依据合同约定要求DFRD集团支付违约金2000万元。95万元产权交易费系HDBG公司为履行案涉合同而遭受的损失，2000万元违约金已经能够弥补此项损失。HDBG公司主张500万元可得利益损失的计算依据《重整方案》，仅是HDBG公司单方制作的经营管理计划，不足以证明该损失的合理性。HDBG公司关于产权交易费及可得利益损失的赔偿请求，缺乏事实和法律依据，本院不予支持。

综上所述，法院终审判决，解除《产权转让合同》，DFRD集团向HDBG公司返还转让款3163.33万元及利息，并支付违约金2000万元。

---

① 现为《民法典》第五百六十六条第一款："合同解除后，尚未履行的，终止履行；已经履行的，根据履行情况和合同性质，当事人可以请求恢复原状或者采取其他补救措施，并有权请求赔偿损失。"

实务解读

虽然公司股权转让与公司资产转让是两种不同的交易模式，但是股权转让交易离不开对公司资产的评估与判断，因为一方面股权价值与公司资产情况密不可分，另一方面投资人获得公司股权的目的常常不仅是参与公司的经营管理，也在于通过取得公司股份间接得以控制公司资产的运作，使得股权保值增值以取得投资收益。虽然股权受让方应当具备审慎调查义务，并且具备承担风险的能力，但是公司真实的资产状况存在一定隐蔽性，股权受让人即使事前穷尽一切可能的调查手段，若股权转让方未能如实披露公司资产重大事项，股权受让方取得的可能是无经济价值的一个"空壳"，也可能是负担重重的"累赘"。此时，股权受让方通常主张合同目的无法实现而要求解除股权转让合同。

《民法典》第五百六十二条第二款和第五百六十三条第一款分别规定了约定解除权和法定解除权，两类合同解除事由下均与"合同目的"息息相关。目前通常认为，无论当事人以《民法典》第五百六十三条第一款前四项规定的何种法定解除事由主张行使法定解除权，"均需达到合同目的不能实现的程度，方能发生法定解除权"。[①] 最高人民法院也明确，"当事人依据本条规定主张合同解除时，人民法院是否支持，关键取决于对合同目的不能实现这一要件是否具备的判断"。[②] 虽然合同约定解除条件取决于双方当事人意思自治，但是仍然受到诚实信用原则的限制。最高人民法院在《九民纪要》中亦明确，约定解除的成就与否，需要综合考虑违约方的过错程度、违约形态和违约后果是否影响守约方合同目的的实现。[③]

由此可见，股权受让方能否解除股权转让合同的关键在于对"合同目的"的证明。实践中的难题在于在缺乏合同明确约定的情况下，如何证明股权转让合同的目的在于获得对公司资产的控制，以及证明股权价值与公司资产状况紧密相关。以下是三种可被法院支持的情形。

---

① 赵文杰：《〈合同法〉第94条（法定解除）评注》，载《法学家》2019年第4期，第175页。
② 最高人民法院民事审判第二庭编著：《最高人民法院关于买卖合同司法解释理解与适用》，人民法院出版社2016年版，第407页。
③ 最高人民法院民事审判第二庭编著：《〈全国法院民商事审判工作会议纪要〉理解与适用》，人民法院出版社2019年版，第314—315页。

一、明确公司资产作为股权价值计算依据

> **关联案例 ‖ JA投资集团有限公司等与余某军等股权转让纠纷上诉案，北京市高级人民法院（2015）高民（商）终字第1144号**
>
> 余某军和张某支付转让款3亿元购买XR公司和JA王朝酒店各49%的股权。双方在《股权转让协议书》中明确约定，双方确认XR公司和JA王朝酒店的股权总价值为6亿元，该价值包括属于XR公司和JA王朝酒店名下的所有动产和不动产价值。在合同履行过程中，余某军和张某主张，JA投资集团有限公司（以下简称JA集团）在其不知情的情况下以XR公司房产对外提供大量抵押担保，造成负债高额增加，使其斥巨资购买JA王朝酒店所用房产以及XR公司和JA王朝酒店股权的合同目的落空，构成根本违约，故诉至法院要求解除《股权转让协议书》和《股权转让补充协议》。
>
> 法院认为，在《股权转让协议书》及《股权转让补充协议》签订后，XR公司对外担保的债务不仅没有减少反而明显增加，风险已明显增加，所有者权益显著降低，余某军、张某从中并未获取任何利益。鉴于余某军、张某的合同目的已无法实现，JA集团和黄某对余某军和张某已构成根本性违约，故判决解除涉案的《股权转让协议书》及《股权转让补充协议》。

二、在关联文件中明确公司资产对股权交易的重要性

> **关联案例 ‖ 西安GJHK产业基金投资管理有限公司合同纠纷案，最高人民法院（2020）最高法民申6136号**
>
> LH集团公司与西安GJHK产业基金投资管理有限公司（以下简称西安基金公司）签订《股权转让合同》，约定LH集团公司以5400万元的价格转让其持有的目标公司30%的股权，后目标公司被判决司法解散。
>
> 最高人民法院经审查认为，LH集团公司、目标公司、西安基金公司于

2012年7月12日达成的《会议纪要》载明："……股权转让完成后，西安基金公司表示委派财务总监、生产总监监督目标公司严格按照上市公司要求规范运作，抽调专业技术人才组成研发公关小组，消化吸收瓦斯抑爆专利技术，逐步使专利技术本土化，最终实现企业上市。"该会议纪要是双方前期就股权转让事宜进行的协商，应视为《股权转让合同》的一部分，西安基金公司受让LH集团公司享有的目标公司30%股权包含实现目标公司上市的目的。但结合目标公司已经进入破产程序的现状，西安基金公司受让目标股权的目的难以实现。原审认定西安基金公司受让目标公司股权的目的已经实现属认定事实错误。此外，喻某谷作为法定代表人的香港HS公司以瓦斯抑爆专利技术使用权入股目标公司，该技术是否仍在目标公司控制之下及是否被喻氏父子转移的事实，涉及《会议纪要》约定"消化吸收瓦斯抑爆专利技术，逐步使专利技术本土化，最终实现企业上市"的合同目的，该部分事实有待进一步查明。故，裁定山西省高级人民法院再审。

三、涉及资产为公司主要或唯一经营项目或资产

关联案例‖上海HD电器（集团）有限公司等与乔某峰股权转让纠纷上诉案，最高人民法院（2015）民二终字第402号

上海HD电器（集团）有限公司（以下简称上海HD公司）、青海JS公司、ZPYX公司作为转让方向乔某峰、栾某转让目标公司全部股权，合同价款21亿元。栾某一方在签订完《股权转让协议》并支付1.45亿元后，发现目标公司名下江某矿区二井田探矿权于合同签订前早已被政府收购，故暂停支付剩余款项并主张解除合同。

法院认为，目标公司的探矿权在《股权转让合同》之前即转让给了青海省ML煤业开发集团有限公司，没有证据证明上海HD公司等三公司将该重大事实告知乔某峰、栾某，上海HD公司等三公司称乔某峰、栾某应该知道该事实只是基于推断并没有证据证明。股权系公司资产价值的动态载体，股权价值与公司资产价值直接相关。上海HD公司等三公司没有证据

证明目标公司除探矿权外还存在其他的经营项目或资产，目标公司的探矿权作为公司的无形资产以及蕴含的巨大利益无疑构成影响该公司股权价值的主要因素，且合同约定的股权转让价款亦达21亿元之巨，乔某峰、栾某称其签订《股权转让合同》的目的系取得目标公司探矿权符合客观事实。现目标公司探矿权已经转让第三人，导致乔某峰、栾某通过签订股权转让协议取得探矿权的合同目的不能实现。

实务建议

股权转让交易时间跨度长，合同履行过程中公司经营状况可能发生变化，股权交易交割后的公司资产与交易之初的状况可能存在云泥之别。因此，在股权转让过程中需要充分考虑股权收购的交易目的，对公司重大资产、公司债权债务等风险点进行全面的调查以确保股权交易符合商业目的。除此之外，股权转让合同本身作为交易基础，合同目的作为合同能否得以解除的实质要件，在股权转让合同条款的安排上，我们建议注意以下问题。

一、明辨"馅饼"还是"陷阱"，以"合同目的"突出公司资产重要性

首先，股权交易合同本身应凸显公司资产在本次股权交易中的重要性。具体可参考条文包括：在合同"鉴于"条款中，开宗明义明确股权交易的目的；在合同转让价款条文中，明确股权转让价格计算依据；在转让条件和合同履行条款中，明确公司资产交付的时点；在违约责任和保证条款中，明确目标公司及转让方已经完整披露公司重大资产信息，若存在不实陈述或未完整披露，应承担相应违约责任。

其次，在股权交易合同之外，交易双方在往来文件、磋商过程中，也应当强调公司资产对本次交易目的的重要性，形成相关书面材料，若启动诉讼则有助于法官了解本次交易背景、交易目的。

最后，交易双方的营业范围、从事的商业领域、过往交易经历等，都有助于法院理解交易"合同目的"。

二、"一别两宽，当断则断"，明确合同解除条件与公司资产状况相关联

《民法典》所规定的法定解除权以违约方根本违约致使合同目的不能实现为条件，且须解除方承担举证责任，举证难度较大。约定解除权因为是双方合意，自由度比较高，但是法院仍然会实质审查是否满足约定解除条件，综合考量能否行使约定解除权。

因此，在股权交易合同的解除条款中，为了避免"任何一方违约，守约方即有权解除合同"的模糊约定，合同双方应尽量明确可行使约定解除权的具体情形，明确约定股权价值、公司资产状况、经营状况等发生重大变化或转让方未如实披露重大信息等多种情形下，受让方享有约定解除权。

三、"美人不再，陪嫁依旧"，以公司资产作为交易担保，约定接管条件

在目标公司名下资产多为不动产或可登记权利时，比如房屋、土地、探矿权、采矿权、股权等，可在股权转让交易架构中增加目标公司资产为本次交易提供担保。但为了确保担保有效，应要求目标公司出具相应的股东会决议，并完成登记手续。另外，受让人可约定股权转让款在支付达到一定比例的情况下，即使未完成变更登记，也可提前介入公司经营管理，逐渐接收公司资产，接管公司财务，与股权转让方对公司公章和账户实现共管，实现对目标公司资产的控制，掌握公司资产真实状况，控制公司资产不被原股东恶意转移、侵占或损害，以确保能够实现本次交易目的。

"人之进学在于思，思则能知是与非"，提高警觉，远离陷阱，才能不被表象所迷惑，不至落入"美人"圈套。

法律适用

《中华人民共和国民法典》

第五百六十二条 当事人协商一致，可以解除合同。

当事人可以约定一方解除合同的事由。解除合同的事由发生时，解除权人可以解除合同。

第五百六十三条　有下列情形之一的，当事人可以解除合同：

（一）因不可抗力致使不能实现合同目的；

（二）在履行期限届满前，当事人一方明确表示或者以自己的行为表明不履行主要债务；

（三）当事人一方迟延履行主要债务，经催告后在合理期限内仍未履行；

（四）当事人一方迟延履行债务或者有其他违约行为致使不能实现合同目的；

（五）法律规定的其他情形。

以持续履行的债务为内容的不定期合同，当事人可以随时解除合同，但是应当在合理期限之前通知对方。

《最高人民法院关于印发〈全国法院民商事审判工作会议纪要〉的通知》

47.【约定解除条件】合同约定的解除条件成就时，守约方以此为由请求解除合同的，人民法院应当审查违约方的违约程度是否显著轻微，是否影响守约方合同目的实现，根据诚实信用原则，确定合同应否解除。违约方的违约程度显著轻微，不影响守约方合同目的的实现，守约方请求解除合同的，人民法院不予支持；反之，则依法予以支持。

揭穿假痴不癫：关于股权转让情势变更

知识要点：股权转让下情势变更原则

> **计策释义**
>
> 假痴不癫：宁伪作不知不为，不伪作假知妄为。静不露机，云雷屯也。
>
> 宁肯装作不知道而不采取行动，也不可假装知道而轻举妄动。暗中谋划，不露天机，这如同云势压住雷动，最后一旦爆发攻击，便可出其不意而获胜。

"假痴不癫"的"假"，意思是伪装，也就是说，装聋作哑，痴痴呆呆，心里却特别清醒。此计在政治谋略和军事谋略上均有妙用。用于政治谋略，就是韬晦之术，在形势不利于自己的时候，表面上装疯卖傻，给人以碌碌无为的印象，隐藏自己的才能，掩盖内心的政治抱负，以免引起政敌的警觉，专一等待时机，实现自己的抱负。用在军事上，指的是虽然自己具有相当强大的实力，却故意不露锋芒，表面上显得软弱可欺，用以麻痹和骄纵敌人，然后伺机给敌人以措手不及的打击。在军事上，此计不但是麻痹敌人、待机破敌的一种策略，还可作为"愚兵"之计来治军。

在股权交易中，精明的商人也会假装无知以迷惑交易方和法院以试图逃避股权转让合同项下约定的义务。本案中，股权受让方作为专业的矿产公司，明知涉案矿区位于风景名胜区，明知行政法规明令禁止在风景名胜区采矿的情况下，甘冒风险受让目标公司股权，享有矿业权所带来的利益，后因国家政策的进一步收紧，在迟延履行付款义务期间转而主张政策变更无法预料，构成情势变更，企图逃避商事交易的风险和责任。但假装无知，却最终难以自圆其说，法院判令其自担风险。

裁判摘要

当事人签订股权转让合同时，对地方区域政策变化应当预见，其明知行政法规禁止在风景名胜区采矿，仍然通过签订转让合同的方式获得股权及相应的探矿权的，不属于意外风险和不可抗力。在合同目的已无法实现的情况下，当事人不能以情势变更为由主张解除合同。

基本案情^①

2010年3月29日，郑某平与LM公司签订《股权转让协议》，约定郑某平以1.0284亿元向LM公司转让其持有的HRT公司51%的股权，包括乌鲁木齐县松树头煤矿区西勘探区8.12平方公里的探矿权证。

4月6日，LM公司向郑某平支付定金1500万元。4月12日，双方当事人办理了股东工商变更登记和法定代表人变更登记，HRT公司的股权结构由郑某平持股100%变更为郑某平持股49%，LM公司持股51%，法定代表人由郑某平变更为武某云。4月，郑某平向LM公司移交了HRT公司的公章、郑某平人名章及公司各类证照资料。随后，LM公司合计向郑某平支付股权转让款5860万元。

7月8日，LM公司《经理办公会会议纪要》记载，因乌鲁木齐市城市规划要求将煤矿逐步退出，乌鲁木齐市辖区内新建煤矿不予批准，松树头勘探区位于辖区内，故讨论该勘探区转让事宜。

7月9日，LM公司《关于研究松树头探矿权转让事宜的会议记录》记载乌鲁木齐市城市规划出台后，研究松树头探矿权转让事宜。

8月4日，乌鲁木齐市人民政府办公厅作出（2010）第085号《督查通知》，要求由乌鲁木齐县负责，对南山风景区范围内的各类矿场进行清理整顿，停止

---

① 案例名称：新疆LM能源有限责任公司与郑某平股权转让纠纷上诉案
案　　号：（2019）最高法民终827号
法　　院：最高人民法院
原　　告（反诉被告）：郑某平
被　　告（反诉原告）：新疆LM能源有限责任公司（以下简称LM公司）

在南山地区开展各类开采行为。

10月，新疆维吾尔自治区发展和改革委员会在征求乌鲁木齐市人民政府对乌鲁木齐县松树头矿区开发意见后，停止了后峡东部及南山片区所有矿区总体规划的编制和审批工作。

11月4日，新疆维吾尔自治区人民政府作出《关于对硫磺沟矿区和南山景区煤矿进行综合整治的通知》，禁止在南山景区进行矿产资源勘查开发和污染环境的项目建设，不得批准原有煤矿扩产增能，按照利用3到5年时间使南山景区内所有煤矿逐步减产，直至关闭。

2015年11月2日，LM公司向乌鲁木齐市国土资源局呈报《关于乌鲁木齐县松树头勘探区探矿权延续的请示》，申请办理案涉探矿权延续，相关部门尚未作出准予案涉探矿权许可证延续的意见。

2017年1月26日，《新疆维吾尔自治区人民政府党组2017年第2次中心组学习暨第2次会议纪要》提出：要坚决彻底关闭昌吉回族自治州、乌鲁木齐县南山景区及周边的小煤矿，防止对水源地造成污染，对生态环境造成破坏。

3月9日，新疆维吾尔自治区发展和改革委员会作出《关于新疆LM能源后峡巴波萨依煤矿复工有关意见的复函》，具体意见为不得批准再扩大产能，逐步实施减产、关停。

郑某平分别于2012年10月31日、2013年11月1日、2015年10月30日向LM公司致函催收案涉剩余股权转让款及逾期付款违约金。2012年11月9日，LM公司向郑某平出具《对郑某平来函意见的复函》记载：双方对该矿权煤炭资源开发存在的政策性不确定因素已取得共识。我公司愿意与您共同努力，继续推进项目开发建设或争取政策补偿。

2016年5月24日，郑某平向法院提起本案诉讼，诉请LM公司向其支付欠付的股权转让款6741.6万元和逾期付款违约金。LM公司提出反诉，请求解除其与郑某平签订的《股权转让协议》《股权转让补充协议》，并要求郑某平返还其已支付的股权转让价款62570234.79元以及详查、勘探等前期费用。

审理意见

争议焦点：案涉《股权转让协议》是否存在情势变更的情形。

LM公司签订协议的目的是通过股权转让的方式实际控股HRT公司，通过控股优势影响HRT公司的经营、决策，从而实现其股东权益。探矿权作为HRT公司的主要财产，之后探矿权转为采矿权是公司运营产生利益的主要来源，也正是基于此，LM公司将探矿权行使过程中发生的政策变化作为股权转让合同目的不能实现的理由，并主张适用《最高人民法院关于适用〈中华人民共和国合同法〉若干问题的解释（二）》（以下简称《合同法解释（二）》，现已失效）第二十六条情势变更的规定，要求解除合同。

对此法院认为，首先，该二十六条是当合同原有利益平衡因无法预见的客观情况发生后导致不公正的结果，造成不公平的状态存在，为调整这种状态施以的法律救济。该条情势变更属于合同成立的基础环境发生了异常的变动，所造成的风险属于意外的风险。本案中，案涉矿区位于乌鲁木齐县南山风景名胜区内，自2006年12月1日起施行的《风景名胜区条例》第二十六条规定"在风景名胜区内禁止进行下列活动：（一）开山、采石、开矿、开荒、修坟立碑等破坏景观、植被和地形地貌的活动……"LM公司在庭审中亦称"国家禁止在风景区采矿，当时新疆的政策把握得较为宽松，取得探矿权证始终是在禁区范围内"。LM公司作为矿产企业，在《股权转让协议》签订时对于案涉矿区位于风景名胜区内应当知晓，即使如LM公司所称当地环保政策宽松，LM公司在行政法规有明确的规定下，其对政策的走向应当有预见，之后当地政策逐步收紧导致探矿权不能延续对于LM公司而言不属于意外风险。LM公司明知行政法规禁止在风景名胜区采矿，而甘愿冒风险通过签订《股权转让协议》成为HRT公司股东享有矿业权所带来的利益，此种风险属于商业风险，不适用该二十六条。

其次，政策变化对本案合同的影响。LM公司与郑某平签订《股权转让协议》的原因是郑某平持有HRT公司的股权，HRT公司的财产包括案涉探矿权。当地政策的变化可能导致案涉探矿权无法延续，但目前探矿权仍然存在，LM公司签订《股权转让协议》的基础没有丧失，LM公司仍持有HRT公司51%的股权，并享有股东权益。

最后，2012年11月9日，LM公司对郑某平来函意见的复函中记载，双方对该矿区煤炭资源开发存在的政策性不确定因素已取得共识，愿继续推进项目开发建设或争取政策补偿。LM公司在2010年7月9日已经明知政策调整，但在2012年11月9日的复函中还明确表示继续推进，2013年5月8日仍支付股权转让价款，以实际行为继续履行合同。

因此，本案并不适用《合同法解释（二）》第二十六条情势变更的规定，LM公司主张以情势变更为由解除合同的理由不能成立。

实务解读

股权转让交易标的金额高、交易时间长，在合同履行过程中，市场情况常常会发生当事人在订立合同时无法预料的变化。同时，随着国家"环保""去产能""房地产调控"等政策的逐步推进，政策变更加剧了股权交易的不确定性。此时的合同条款是否还应得以严守成了交易双方争议的焦点，此情形急需情势变更制度发挥作用。

1999年制定的《合同法》并未规定情势变更制度。为有效发挥司法职能作用、应对金融危机、保持经济平稳较快发展，最高人民法院在《合同法解释（二）》中首次规定了情势变更制度。[1]《民法典》第五百三十三条吸收了《合同法解释（二）》第二十六条的规定，对情势变更制度进行了规定。前后两次的规定主要存在四点不同：一是不再将不可抗力排除在情势变更事由之外；二是将适用情势变更制度的情形由"对于一方当事人明显不公平或不能实现合同目的"变更为"继续履行合同对于当事人一方明显不公平"；三是增加规定了再交涉义务；四是增加仲裁机构裁决。[2]

从司法审判实践来看，最高法院以合同严守为基本原则，对于情势变更的适用秉持较为审慎的态度。在股权转让交易中，对是否符合情势变更构成要件的法院裁判意见梳理如下。[3]

一、应有情势变更的事实

构成情势变更的首要条件是"合同的基础条件"发生了当事人在订立合同时无法预见的、不属于商业风险的重大变化。商业风险是市场主体从事商业经营活动的固有风险，如果导致合同基础条件重大变化的客观事实属于正常的商

---

[1] 曹守晔：《关于适用〈中华人民共和国合同法〉若干问题的解释（二）之情势变更问题的理解与适用》，载《法律适用》2009年第8期，第44页。

[2] 最高人民法院民法典贯彻实施工作领导小组主编：《中华人民共和国民法典合同编理解与适用（一）》，人民法院出版社2020年版，第478页。

[3] 最高人民法院民法典贯彻实施工作领导小组主编：《中华人民共和国民法典合同编理解与适用（一）》，人民法院出版社2020年版，第480—483页。

业风险，则应当遵循风险自负原则，不能主张变更或解除合同。

关联案例 ‖ 滕某、苏州ZK创新型材料股份有限公司股权转让纠纷案，最高人民法院（2018）最高法民终796号

滕某主张客观情况发生的重大变化包括：苏州ZK创新型材料股份有限公司（以下简称ZK公司）持有的JYM公司的股权比例由签约时的26.5%变更为22.46%，JYM公司股权由有限公司股权变更为股份有限公司股权，JYM公司丧失《广播电视节目制作经营许可证》，JYM公司股权严重贬值。

法院认为，滕某所述客观情况的变化均难以认定为"订立合同时无法预见的、非不可抗力造成的、不属于商业风险的重大变化"。

第一，ZK公司持有JYM公司的股权被稀释仅是股权比例的变化，对应的注册资本并无变化。《回购协议》第一条约定：甲方（ZK公司）同意将持有的JYM公司26.5%股权（对应认缴注册资本4743.50万元，实缴注册资本4743.50万元）转让给乙方（滕某），按照本协议转让完成后，甲方不再持有JYM公司股权。JYM公司在两次临时股东会进行增资扩股后，根据2015年11月23日公司登记（备案）申请书，ZK公司持有JYM公司的股权份额为22.46%，对应认缴注册资本4743.50万元，实缴注册资本4743.50万元，ZK公司所持JYM公司股权对应的注册资本并未发生变化。至于JYM公司经过公司内部一定决策程序依法由有限公司改制为股份有限公司仅是公司形式的变化，股权由有限公司股权变更为股份有限公司股权，性质并无实质变化，不损害任何股东的权利，滕某也没有证据证明其不同意此种改制或变更，也不存在继续履行《回购协议》对滕某明显不公的问题。

第二，根据前文分析，ZK公司、滕某对于在此次重大资产重组过程中因ZK公司股东含有外资成分，进而导致JYM公司持有的《广播电视节目制作经营许可证》未能续期均负有过错。但ZK公司终止本次重大资产重组的原因并非是由于ZK公司股东含有外资成分，而是因为滕某未依法披露JYM公司为滕某个人债务提供担保进而招致证监会的处罚所致。在此情况下，双方经协商一致签订的《回购协议》，系双方真实意思表示，不违反法律、行政法规的强制性规定，合法有效，双方均应诚实履行。且《回购协议》履行完毕后，滕某回购ZK公司持有的JYM公司股份，JYM公司股东含有外资成分的问题亦予以排除，JYM公司可再行申报《广播电视节目制作经营许可证》。因此，滕某主张因JYM公司丧失影视制作经营许可资格影响公司股权的价值，可归属为"商业风险"范畴，且由于ZK公司股东中含有外资成分，双方在最初签订《股权转让协议》时就应当预见到可能会发生这样的法律后果，不符合情势变更所要求的客观情况发生了"在订立合同时无法预见的、非不可抗力造成的、不属于商业风险的重大变化"，也不存在继续履行《回购协议》对滕某明显不公平的问题，滕某据此请求解除《回购协议》，并无充分的事实和法律依据。

二、情势变更的事实应发生在合同成立之后、合同义务履行完毕之前

根据《民法典》第五百三十三条规定，作为合同基础条件的重大变化，应当发生在合同有效成立后至合同履行完毕之前的期间，即通常是在合同履行过程中发生的不属于商业风险的重大变化，导致合同基础条件动摇。

关联案例 ‖ HB矿业（集团）有限责任公司与XG集团有限公司股权转让纠纷案，最高人民法院（2018）最高法民终387号

法院认为，XG集团有限公司（以下简称XG集团）主张本案适用情势变更的主要依据是安徽省人民政府与HB市人民政府签订的《煤炭行业化解过剩产能实现脱困发展目标责任书》、杜集区人民政府《关于金石公司矿井关闭退出的批复》和《关于依法推进HB金石矿业有限责任公司关闭退出工作的实施意见》，但上述三份文件均形成于2016年，在案涉股权转让完成四年之后。而按照《股权转让协议书》的约定，XG集团应在首付款支付完成后的12个月之内向HB矿业（集团）有限责任公司履行完毕支付全部股权转

让款的义务。双方于2016年签订的《还款协议》只是在XG集团迟延履行《股权转让协议书》过程中，对剩余股权转让款如何支付达成的协议，而不是对股权转让协议履行期限的变更。XG集团上诉主张《还款协议》改变了股权转让价款尾款的付款时间，其不存在迟延履行行为，与查明的事实不符，本院不予采信。XG集团作为从事煤矿经营的企业对于经营煤矿的商业风险应有所了解，其所提出的国家关于煤炭行业化解过剩产能的政策变化，并不属于案涉《股权转让协议书》履行过程中发生的无法预见的、非不可抗力造成的情形，而是XG集团受让JS公司股权后在经营过程中的商业风险。

三、当事人在订立合同时无法预见

如果当事人在订立合同时已经预见到订立合同的基础条件会发生重大变化，但仍订立合同，表明其自愿承担由此产生的风险或者损失，或者其已经在合同中对相关风险进行预先安排，则不能以情势变更为由请求变更或者解除合同。

关联案例 || 江苏WR房地产有限公司等与BSL控股集团有限公司股权转让纠纷上诉案，最高人民法院（2015）民二终字第231号

法院认为，本案中，BSL控股集团有限公司（以下简称BSL公司）在签订《股权转让协议》时，对于诉争地块上的建筑物、物资等所有权并非BSL公司所有以及有权拆迁单位亦非BSL公司是明知的，对于拆迁进度并非BSL公司能够控制以及诉争地块能否在约定期限内拆迁完毕具有不确定性的风险应当有所预见，合同成立以后客观情况并未发生当事人在订立合同时无法预见的重大变化，不构成情势变更事由。

四、发生情势变更具有不可归责性

合同的双方或一方当事人不能干扰或自己主动创造一些情势变更以期适用情势变更制度，如果可归责于当事人，则应由其承担风险或违约责任而不适用情势变更制度。

关联案例 ‖ 章某清与DXYY（上海）资产管理有限公司股权转让纠纷上诉案，最高人民法院（2019）最高法民终686号

DXYY（上海）资产管理有限公司（以下简称DXYY公司）主张，HY公司存在大额高息负债，导致HY公司价值严重贬损。

法院认为，HY公司的六笔对外借款发生于2016年4月至7月，DXYY公司质证认可HY公司还贷所用资金几乎全部来源于对外借款，故可以认定HY公司对外借款主要用于公司经营，并无证据显示其恶意举债或挪作他用。案涉《股权转让协议》第二条"转让价款"部分约定，DXYY公司应于2016年4月30日之前支付完全部转让款余款，即5838.16万元。HY公司的六笔对外借款中的四笔发生于2016年4月30日之后，借款本金合计7200万元。章某清关于如DXYY公司按期付款，HY公司不会大额负债的主张具有合理性。DXYY公司确认HY公司对外借款是经DXYY公司股东从中协调的结果。如果DXYY公司认为HY公司的举债属于非正常经营，其股东协调公司相关方借款的行为就难以获得合理性解释。如DXYY公司认为HY公司对外举债造成公司价值贬损，也理应在2016年4月HY公司首笔对外借款发生时，即提出降低股权转让对价或解除《股权转让协议》的主张。综上，DXYY公司主张依据《合同法解释（二）》第二十六条之规定解除协议，本院不予支持。

五、继续履行合同对于当事人一方明显不公平

此为适用情势变更制度的核心要件。通常认为，情势变更的理论基础是诚实信用原则，情势变更是诚实信用原则的具体体现。当事人在订立合同以后，因为出现了订约时所不可预见的情势，如果继续按原合同履行将会导致当事人之间利益关系失衡，所以应允许当事人变更或解除合同以平衡当事人之间的利益关系。[①]

---

　　① 王利明：《合同法研究第2卷（修订版）》，中国人民大学出版社2011年版，第330页。

关联案例‖王某新与雷某股权转让合同纠纷上诉案，最高人民法院（2015）民二终字第284号

法院认为，煤矿因政策原因被关闭，其结果是王某新、雷某均不能再从煤矿经营生产中获得利益，即对双方造成的影响是一致的，并非只损害了王某新的利益，从而在双方当事人之间造成显失公平。因此，本案HX煤矿在技改升级过程中被关闭不符合情势变更的情形，不应适用情势变更原则对双方所签协议进行变更或解除。

实务建议

情势变更制度是基于合同实质公平理念下，对利益失衡的合同关系予以例外调整，是合同严守原则的例外适用。股权交易双方作为从事商事交易的商人，应当秉持诚实信用原则，尽力履行各自在合同项下应尽的义务。当商业风险现实发生之时，不可假装无知，试图以情势变更制度作为"盾牌"逃避应承担的风险和责任，损害正常的交易秩序。但是，若合同的基础条件发生了当事人在订立合同时无法预见的、不属于商业风险的重大变化，且继续履行合同将对一方当事人明显不公平，那么不利方也应利用情势变更制度尽力挽回损失。

一、留心观察，重新协商，努力自救

在情势变更的情况下，不利一方当事人需要主动与对方当事人提出协商请求，尽快反映变更后的客观情况，并将导致的后果向对方说明，尽量提出具体的应对方案。知悉相关情况后，在合理期限内有利一方若选择拒绝协商或对协商请求不作回应、给出模棱两可的回应，此时不利方已经尽到了私力救济的要求，此后方可请求法院或仲裁机构（约定仲裁的情况下）的救济。

二、程序正当，因时制宜，合理选择

在交易实践中，合同履行的基础条件变化原因可能是不可抗力，不可抗力本身也是法律所规定的法定解除事由之一。不利方在将不可抗力作为法定解除事由行使法定解除权时，应及时向对方当事人发出合同因不可抗力无法履行的通知，在通知中可以明确要求解除合同，在通知送达对方当事人时即产生解除合同的效力。而在情势变更解除合同的情形中，不利方应先与对方当事人重新协商变更或解除合同，若协商不成应向对方发出解除合同的通知，其并不产生解除合同的效力，合同解除的时点为法院或者仲裁机构作出裁决之日。因此，在不可抗力构成情势变更时，不利方可以根据案件具体情形，选择适用《民法典》第五百六十三条的法定解除与第五百三十三条规定的情势变更解除。

法律适用

《中华人民共和国民法典》

第五百三十三条 合同成立后，合同的基础条件发生了当事人在订立合同时无法预见的、不属于商业风险的重大变化，继续履行合同对于当事人一方明显不公平的，受不利影响的当事人可以与对方重新协商；在合理期限内协商不成的，当事人可以请求人民法院或者仲裁机构变更或者解除合同。

人民法院或者仲裁机构应当结合案件的实际情况，根据公平原则变更或者解除合同。

第五百六十三条 有下列情形之一的，当事人可以解除合同：

（一）因不可抗力致使不能实现合同目的；

（二）在履行期限届满前，当事人一方明确表示或者以自己的行为表明不履行主要债务；

（三）当事人一方迟延履行主要债务，经催告后在合理期限内仍未履行；

（四）当事人一方迟延履行债务或者有其他违约行为致使不能实现合同目的；

（五）法律规定的其他情形。

以持续履行的债务为内容的不定期合同，当事人可以随时解除合同，但是应当在合理期限之前通知对方。

《最高人民法院印发〈关于当前形势下审理民商事合同纠纷案件若干问题的指导意见〉的通知》

一、慎重适用情势变更原则，合理调整双方利益关系

1.当前市场主体之间的产品交易、资金流转因原料价格剧烈波动、市场需求关系的变化、流动资金不足等诸多因素的影响而产生大量纠纷，对于部分当事人在诉讼中提出适用情势变更原则变更或者解除合同的请求，人民法院应当依

据公平原则和情势变更原则严格审查。

2.人民法院在适用情势变更原则时，应当充分注意到全球性金融危机和国内宏观经济形势变化并非完全是一个令所有市场主体猝不及防的突变过程，而是一个逐步演变的过程。在演变过程中，市场主体应当对于市场风险存在一定程度的预见和判断。人民法院应当依法把握情势变更原则的适用条件，严格审查当事人提出的"无法预见"的主张，对于涉及石油、焦炭、有色金属等市场属性活泼、长期以来价格波动较大的大宗商品标的物以及股票、期货等风险投资型金融产品标的物的合同，更要慎重适用情势变更原则。

3.人民法院要合理区分情势变更与商业风险。商业风险属于从事商业活动的固有风险，诸如尚未达到异常变动程度的供求关系变化、价格涨跌等。情势变更是当事人在缔约时无法预见的非市场系固有的风险。人民法院在判断某种重大客观变化是否属于情势变更时，应当注意衡量风险类型是否属于社会一般观念上的事先无法预见、风险程度是否远远超出正常人的合理预期、风险是否可以防范和控制、交易性质是否属于通常的"高风险高收益"范围等因素，并结合市场的具体情况，在个案中识别情势变更和商业风险。

4.在调整尺度的价值取向把握上，人民法院仍应遵循侧重于保护守约方的原则。适用情势变更原则并非简单地豁免债务人的义务而使债权人承受不利后果，而是要充分注意利益均衡，公平合理地调整双方利益关系。在诉讼过程中，人民法院要积极引导当事人重新协商，改订合同；重新协商不成的，争取调解解决。为防止情势变更原则被滥用而影响市场正常的交易秩序，人民法院决定适用情势变更原则作出判决的，应当按照最高人民法院《关于正确适用〈中华人民共和国合同法〉若干问题的解释（二）服务党和国家工作大局的通知》（法〔2009〕165号）的要求，严格履行适用情势变更的相关审核程序。

果断釜底抽薪：债权人如何行使撤销权

知识要点：股权转让下债权人撤销权

> ┌─ **计策释义** ─────────────────
>
> 釜底抽薪：不敌其力，而消其势，兑下乾上之象。
>
> 在我方的力量还不足以战胜敌方之时，可以削弱敌方的气势。这就必须运用以柔克刚的战法取胜。

"釜底抽薪"原意用以比喻从根本上解决问题。此计用于军事，是指在战争中对强敌不可用正面作战取胜，而应该避其锋芒，设法攻击敌方的弱点，借以削减敌人的气势，再乘机取胜的谋略。釜底抽薪的关键是抓住主要矛盾，将对方逼入"无源之水，无本之木"的境地。

实务中，当债务人面临对外债务不能足额清偿时，为避免其名下股权成为受偿财产或股权转让收入成为偿还财产来源，可能通过零元或低价转让股权的方式规避对债权人的清偿责任。若股权转让交易实质性降低债务人偿债能力，影响债权人债权的实现，则债权人可采取"釜底抽薪"的方式击中要害，向法院主张撤销股权转让人和受让人的股权交易行为，阻断债务人转移财产之路。因此，当股东负有对外债务时，并不能随心所欲处置股权，而是应秉持诚信原则，在处分股权时应以不损害债权人的利益为限。

裁判摘要

根据《合同法》（现已失效）第七十四条的规定，[1]本案债务人以明显不合理的低价转让股权，对债权人造成损害，并且受让人知道该情形的，债权人可以请求人民法院撤销债务人转让股权的行为。

基本案情[2]

1998年8月21日，GJKF银行与沈阳GY公司签订一份《基本建设借款合同》，约定沈阳GY公司向GJKF银行借款人民币1.53亿元。沈阳GY公司在偿还了1300万元贷款后，其余贷款本息未还。

2003年5月13日，GJKF银行与沈阳GY公司签订一份《短期借款合同》，约定沈阳GY公司向GJKF银行借款人民币1000万元。合同到期后，沈阳GY公司未能偿还该笔贷款本息。

2004年3月19日，沈阳GY公司与DB电气签订股权转让协议，将其持有的XT高压74.4%的股权转让给DB电气。

3月24日，沈阳GY公司与DB电气签订股权转让协议，将其持有的CT能源95%的股权转让给DB电气。

3月25日，沈阳GY公司与DB电气签订股权转让协议，将其持有的XT仓储95%的股权转让给DB电气。

4月7日，DB电气将其持有的沈阳TS通信设备有限公司（以下简称沈阳

---

① 现为《民法典》第五百三十九条："债务人以明显不合理的低价转让财产、以明显不合理的高价受让他人财产或者为他人的债务提供担保，影响债权人的债权实现，债务人的相对人知道或者应当知道该情形的，债权人可以请求人民法院撤销债务人的行为。"

② 案例名称：GJKF银行与沈阳GY开关有限责任公司、XDB电气（沈阳）GY开关有限公司等借款合同、债权人撤销权纠纷二审案

案　　号：（2008）民二终字第23号

法　　院：最高人民法院

原　　告：GJKF银行

被　　告：沈阳GY开关有限责任公司（以下简称沈阳GY公司）、XDB电气（沈阳）GY开关有限公司（以下简称XDB公司）、XDB电气（沈阳）GY隔离开关有限公司（原沈阳XT高压电气有限公司，2005年12月21日变更为现名称，以下简称XT高压）、沈阳BF机械制造有限公司（原沈阳CT能源动力有限公司，2006年12月28日变更为现名称，以下简称CT能源）、沈阳DL物流有限公司（原沈阳XT仓储物流有限公司，2006年12月28日变更为现名称，以下简称XT仓储）、DB电气发展股份有限公司（以下简称DB电气）

来　　源：《最高人民法院公报》2008年第12期（总第146期）

TS）98.5%的股权转让给沈阳GY公司作为收购沈阳GY公司持有的XT高压74.4%的股权的对价。

4月14日，DB电气将其拥有的对DB输变电设备集团公司（以下简称DB输变电）人民币7666万元的债权及利息作为收购沈阳GY公司持有的CT能源95%的股权和XT仓储95%的股权的对价。

GJKF银行认为沈阳TS 98.5%的股权不具有任何实际价值，DB电气对DB输变电人民币7666万元的债权及利息是不良资产，故诉至法院，请求撤销沈阳GY公司与DB电气间转让XT高压、CT能源、XT仓储股权的行为。涉案法律关系见图5–5。

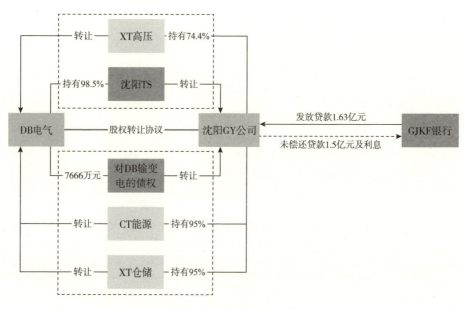

图5–5　涉案法律关系①

审理意见

争议焦点：GJKF银行是否有权依据《合同法》第七十四条之规定对涉诉资产置换合同行使撤销权？

1. 沈阳GY公司以其在CT能源95%的股权和XT仓储95%的股权置换DB电气持有的对DB输变电人民币7666万元的债权及利息的问题

法院认为，因沈阳GY公司当时是以实物资产作价人民币8551.06万元取得

① 此关系图已隐去涉案事实中其他与本文讨论问题无关的法律主体。

CT能源95%的股权，以实物资产及土地作价人民币16160.59万元取得XT仓储95%的股权。沈阳GY公司出资仅账面资产记载就达人民币24711.65万元，而用于置换上述股权的DB电气对DB输变电人民币7666万元的债权及利息，因DB输变电已无财产可供执行，辽宁省沈阳市中级人民法院对此已经作出了执行终结的裁定。现仍没有证据能证明DB电气对DB输变电人民币7666万元的债权及利息可以实现，故应认定该笔债权为不良资产。DB电气以该不良资产为对价与沈阳GY公司所持有的CT能源95%的股权和XT仓储95%的股权进行置换，对价严重失衡，造成了沈阳GY公司作为从事民事活动的一般担保的法人责任财产不当减少的后果，对此后果双方均系明知。沈阳GY公司与DB电气这笔股权置换行为，侵害了债权人的利益，构成了《合同法》规定的债权人可行使撤销权的法定条件。现GJKF银行据此请求撤销沈阳GY公司与DB电气的该股权置换合同的主张成立，应予支持。

2. 关于沈阳GY公司以其在XT高压74.4%的股权置换DB电气持有的沈阳TS 98.5%的股权的问题

在一审中，DB电气举证证明2006年8月13日，沈阳GY公司将沈阳TS 98.5%的股权以人民币1.3亿元的价格转让给沈阳DJ。二审法院调取的沈阳DJ的账目记载表明，在"股权交易"期间，沈阳DJ收购沈阳TS股权的1.3亿元资金出自辽宁XT，且1.3亿元的股权交易款的百分之八十在交易当日又转回至资金划出方辽宁XT，故GJKF银行关于沈阳DJ与沈阳GY公司之间1.3亿元股权转让存在价值严重不对等的上诉理由成立。

根据一审、二审查明的事实，各方当事人对于XT高压74.4%股权价值为1.3亿元均无异议，但对于沈阳TS 98.5%的股权价值争议很大。2004年3月26日，DB电气以十台汽轮发电机组折价1.3亿元投资沈阳TS，持有沈阳TS 98.5%的股权。2005年4月8日，DB电气通过深圳证券交易所公开发布的由德某华永会计师事务所出具的《DB电气发展股份有限公司2004年年度会计报表及审计报告》载明，十台汽轮发电机组的账面价值为2787.88万元。二审法院经对证据综合分析判断，鉴于DB电气对十台汽轮发电机组认可的账面价值为2787.88万元，故二审法院认为该价值更接近于DB电气取得该资产时的成本。

综上，沈阳GY公司将其1.3亿元的资产与DB电气价值约2787.88万元的资产相置换，且据DB电气公开的《DB电气发展股份有限公司2004年年度会计报表及审计报告》，DB电气明知自己与沈阳GY公司交易支付的十台汽轮发电机组价值仅为2787.88万元，仍然与沈阳GY公司进行股权置换，该交易行为严重损害了沈阳GY公司债权人GJKF银行的利益，根据《合同法》第七十四条关于"债务人以明显不合理的低价转让财产，对债权人造成损害，并且受让人知道该情形的，债权人也可以请求人民法院撤销债务人的行为"之规定，GJKF银行关于沈阳GY公司与DB电气有关XT高压的股权交易合同应当依法撤销的上诉请求本院予以支持。原审判决以沈阳GY公司将所取得的沈阳TS 98.5%的股权以1.3亿元的价格转让给沈阳DJ为由认定DB电气在与沈阳GY公司就股权置换向沈阳GY公司支付对价不当，本院予以纠正。

综上所述，法院最终判决撤销DB电气以其持有的对DB输变电人民币7666万元的债权及利息与沈阳GY公司持有的在CT能源95%的股权和在XT仓储95%的股权进行股权置换的合同，和沈阳GY公司以其在XDB公司74.4%的股权与DB电气持有的沈阳TS 98.5%的股权进行股权置换的合同。

实务解读

本案例中，公司股东的债权人在发现股权转让交易有损其债权受偿的情况下，通过行使债权人撤销权，"釜底抽薪"式阻断其债务人转移财产、逃避债务之路。

根据我国《民法典》的有关规定，在债权人认为债务人的行为危害其债权的情况下，保护债权的方式和途径有两种，除本案例中债权人所行使的撤销权之外，债权人还可以恶意串通损害第三人利益为由，以第三人的身份请求人民法院确认债务人签订的股权转让合同无效。

虽然债权人撤销权制度和合同无效制度的法律后果都是达到恢复原状的目的，但是两种制度在适用范围、期限和证明标准等方面存在区别。[①]具体到债务人转让股权逃避债务的情形下，两者不同之处列举如下。

一、适用范围不同

债权人行使撤销权限与债务人无偿转让股权，对债权人造成损害，或者债

---

① 最高人民法院案例指导工作办公室、民四庭（吴光侠、高晓力执笔）：《指导案例33号〈瑞士嘉吉国际公司诉福建金石制油有限公司等确认合同无效纠纷案〉的理解与参照》，载《人民司法·案例》2015年第18期，第10—11页。

务人以明显不合理的低价转让股权，对债权人造成损害，并且受让人知道该情形的，债权人可以请求人民法院撤销债务人的行为。债权人撤销权是债的保全制度，"为防止责任财产的不当减少，影响债权的实质价值，才例外地突破债之关系相对性的限制，赋予债权人干预债务人行为的权利，以防止债务人消极地不行使权利（代位权）或积极地减少财产（撤销权）"。[①]而债权人主张合同无效的情形限于债务人与他人恶意串通损害其利益。

关联案例 ‖ 徐州HY投资有限公司与灵石县QZ兔业发展有限责任公司、灵石县CTY矿产品开发有限公司一般股权转让侵权纠纷案，最高人民法院（2014）民提字第22号

法院认为，《股权转让余款支付协议》约定的灵石县QZ兔业发展有限责任公司（以下简称兔业公司）付款日期2006年8月30日、2007年8月30日届至后，兔业公司在未向徐州HY投资有限公司（以下简称HY公司）支付相应款项的情况下，于2007年9月28日与灵石县CTY矿产品开发有限公司（以下简称CTY公司）签订《股权转让协议》，将其持有的TX公司20%股权以800万元转让给CTY公司。因该笔股权转让价款明显低于同日兔业公司向BL公司转让其所持TX公司另外25%股权的价款8750万元，也没有证据证明上述800万元的股权转让款被兔业公司实际收取或用于抵销相应债务。而且，股权转让当年兔业公司所有者权益从年初的9573029.88元变为年末的9630342.71元也可表明低价转让股权后该公司清偿能力受到影响。所以，上述股权转让行为明显损害兔业公司债权人之利益。CTY公司及其法定代表人邢某珍在2007年9月28日TX公司就上述两笔股权转让的股东会决议上盖章、签字的行为，表明CTY公司知道其从兔业公司受让TX公司20%股权之价格属明显低价。而且兔业公司在与CTY公司签订《股权转让协议》时的法定代表人李某泉同时系在CTY公司持股20%的股东。所以，在兔业公司未提供证据证明其与CTY公司间股权转让行为正当、合理的情况下，对HY公司提

---

① 茅少伟：《恶意串通、债权人撤销权及合同无效的法律后果——最高人民法院指导案例33号的实体法评释》，载《当代法学》2018年第2期，第24页。

出的兔业公司与CTY公司间《股权转让协议》属恶意串通损害其利益进而应无效之主张，应予支持。本院对兔业公司与CTY公司间签订的《股权转让协议》无效予以认定。

二、期限不同

《民法典》第五百四十一条规定："撤销权自债权人知道或者应当知道撤销事由之日起一年内行使。自债务人的行为发生之日起五年内没有行使撤销权的，该撤销权消灭。"因此，行使撤销权会有除斥期间的限制，而请求确认合同无效则无此期间限制。

关联案例 ‖ WZ集团有限公司、RH投资控股股份有限公司合同纠纷案，最高人民法院（2018）最高法民申401号

法院认为，2012年7月2日SD集团与WZ集团有限公司（以下简称WZ集团）签订《债权转让协议书》即开始计算撤销权的行使期限。SD集团于2016年7月22日出具的《情况说明》载明，自2012年3月以来，SD集团及其相关企业陷入重大债务危机，经省市政府同意，RH投资控股股份有限公司（以下简称RH公司）与SD集团于2013年4月签订《合作协议》，约定RH公司作为SD集团战略合作伙伴于2013年5月6日开始介入SD集团的债务重组。但因SD集团存在众多债务，重组复杂，直至2013年10月8日RH公司才正式介入SD集团重组工作。因此，RH公司知道或者应当知道撤销事由之日应为2013年10月8日正式介入SD集团重组工作之日。根据以上事实和法律规定，二审法院认定RH公司于2014年5月8日提起本案诉讼之日，并未超过1年除斥期间，亦未超过最长5年期间，该认定并无不当，再审法院予以维持。

三、证明标准不同

从司法实践来看，在行使撤销权的情况下，债权人只需要举证证明"债务人

无偿转让财产"或者"债务人以明显不合理的低价转让财产对债权人造成损害，且受让人知道该情形"，其中只要债权人能够举证证明受让人知道债务人的转让行为是以明显不合理的低价，就足以认定受让人知道会因此对债权人造成损害。

在主张相关合同无效的情况下，债权人不仅要证明债务人有损害其利益的行为，而且要证明债务人与受让人恶意串通。恶意串通比行使撤销权的证明标准更高。根据《最高人民法院关于适用〈中华人民共和国民事诉讼法〉的解释》（2022年修正）第一百零九条的规定，"恶意串通事实"的证明还要达到"确信该待证事实存在的可能性能够排除合理怀疑的"标准，高于民事诉讼中高度盖然性的一般标准。

> **关联案例 ‖ GF发展有限公司、广州市SD开发公司债权人撤销权纠纷案，最高人民法院（2017）最高法民再93号**
>
> 在该案中，GF发展有限公司（以下简称GF公司）诉请撤销其债务人广州市SD开发公司（以下简称SD公司）与第三人YL中心之间的股权转让合同，而第三人YL中心主张其没有恶意，法院认为，《合同法》第七十四条并没有将主观上是否存在恶意作为撤销权的成立要件之一。本案无须对债务人SD公司与第三人YL中心是否存在主观恶意进行评判，而应当围绕以下三个问题进行审理：1.GF公司所持债权是否合法有效；2.SD公司向YL中心转让HN路桥公司投资权益是否为无偿或以明显不合理低价转让；3.该转让行为是否对GF公司造成损害。

实务建议

釜底抽薪作为一种预防事件爆发和爆发后寻求彻底解决的策略，以及一种治本的手段，说明要解除后患须从根本上寻找方法。其完整表达为"扬汤止沸，不如釜底抽薪"，其方略主要体现在治标不如治本。

债务人名下财产是其对外偿债能力的保证和体现，如果债务人通过无偿转让、低价转让等方式转移财产，影响偿债能力，债权人可采取"釜底抽薪"式策略以最大限度地保护自身债权安全。

一、找准"锅灶"——尽力摸清债务人财产状况

债权人应尽量通过各种渠道摸清楚债务人可供偿债的财产情况，如果力量有限，可考虑在执行程序中借助法院执行力量查清财产。因此，在债权届期债务人不偿还债务的情况下，债权人可尽快提起诉讼，凭生效判决申请法院强制执行，通过法院强制执行获知债务人财产情况。此外，可以通过保全等措施控制债务人财产，防止债务人隐匿、转移财产逃避清偿责任。进一步而言，申请执行有助于债权人撤销权诉讼的举证。当进入执行程序后，债务人转移财产导致其名下无可执行财产，更有利于证明其转让行为损害债权。

二、把握"火势"——密切关注债务人交易动态

即使债权未届清偿期限，债权人也应当紧密关注合同履行相对方的信用状况。若债权到期之后，发现对方有低价转移财产行为时，债权人应当于"知道或应当知道"该损害事实之日起1年内及时提起撤销之诉，且不应超过债务人该损害行为发生之日起5年（撤销权行使的最长期间是5年）。若债权人无法及时发现该等损害事实，导致撤销权期间经过，则债权人可考虑起诉确认该转让合同无效。

三、及时"抽薪"——衡量利弊后及时提起诉讼

如上所述，在债务人的行为危害债权人行使债权的情况下，债权人保护债权的方法，一是行使债权人的撤销权，请求撤销债务人订立的相关合同；二是基于债务人与他人恶意串通的证据，请求人民法院确认债务人签订的相关合同无效。诉请合同无效不受除斥期间的限制，但对债权人的举证责任要求更高。因此，两种保护债权实现的方式各有利弊，债权人可以根据自身情况权衡利弊后作出选择。

法律适用

《中华人民共和国民法典》

第一百五十四条 行为人与相对人恶意串通，损害他人合法权益的民事法律行为无效。

第五百三十八条　债务人以放弃其债权、放弃债权担保、无偿转让财产等方式无偿处分财产权益，或者恶意延长其到期债权的履行期限，影响债权人的债权实现的，债权人可以请求人民法院撤销债务人的行为。

第五百三十九条　债务人以明显不合理的低价转让财产、以明显不合理的高价受让他人财产或者为他人的债务提供担保，影响债权人的债权实现，债务人的相对人知道或者应当知道该情形的，债权人可以请求人民法院撤销债务人的行为。

第五百四十条　撤销权的行使范围以债权人的债权为限。债权人行使撤销权的必要费用，由债务人负担。

第五百四十一条　撤销权自债权人知道或者应当知道撤销事由之日起一年内行使。自债务人的行为发生之日起五年内没有行使撤销权的，该撤销权消灭。

第五百四十二条　债务人影响债权人的债权实现的行为被撤销的，自始没有法律约束力。

《最高人民法院关于印发〈全国法院贯彻实施民法典工作会议纪要〉的通知》

9.对于民法典第五百三十九条规定的明显不合理的低价或者高价，人民法院应当以交易当地一般经营者的判断，并参考交易当时交易地的物价部门指导价或者市场交易价，结合其他相关因素综合考虑予以认定。

转让价格达不到交易时交易地的指导价或者市场交易价百分之七十的，一般可以视为明显不合理的低价；对转让价格高于当地指导价或者市场交易价百分之三十的，一般可以视为明显不合理的高价。当事人对于其所主张的交易时交易地的指导价或者市场交易价承担举证责任。

《最高人民法院关于适用〈中华人民共和国民事诉讼法〉的解释》（2022年修正）

第一百零九条　当事人对欺诈、胁迫、恶意串通事实的证明，以及对口头遗嘱或者赠与事实的证明，人民法院确信该待证事实存在的可能性能够排除合理怀疑的，应当认定该事实存在。

第六章　公司解散与清算

活用借尸还魂：如何延续公司营业期限

知识要点：法定解散之营业期限届满

计策释义

借尸还魂：有用者，不可借；不能用者，求借。借不能用者而用之，匪我求童蒙，童蒙求我。

世间许多看上去很有用处的东西，往往不容易去驾驭而为己用；有些看上去无甚用途的东西，往往有时我方还可以借助它而为己发挥作用。将自身不能有作为的人加以控制和利用，这其中的道理，正与幼稚蒙昧的人需要求助于足智多谋的人，而不是足智多谋的人需要求助于幼稚蒙昧的人一样。

"借尸还魂"原意是说已经消灭或没落的事物，又借助别的名义或以某种形式重新出现。用在军事上，是指利用、支配那些没有作为的势力来达到我方目的的策略。商业中，典型的"借尸还魂"计策莫过于"借壳上市"，主要是把非上市的企业或者资产装入已上市的公司中，并改变主营业务、实际控制人以及名称。而且，往往ST股[①]是借壳方重点考虑的标的。

---

① 中国证监会于1998年3月16日颁布了《关于上市公司状况异常期间的股票特别处理方式的通知》，要求证券交易所对财务状况异常的上市公司实行股票的特别处理（Special Treatment，简称ST）。沪深交易所于1998年4月22日宣布，将对财务状况或其他状况出现异常的上市公司股票交易进行特别处理，在简称前冠以"ST"，因此这类股票被称为ST股。2003年5月8日开始，警示退市风险启用了新标记"*ST"。

公司章程规定的营业期限届满，是《公司法》规定的公司解散事由之一，意味着已到"生死存亡"之际。但是公司营业期限届满，并不代表公司不能继续经营，也并不意味着公司一定要就此解散。

如本案例中，在公司营业期限届满后，公司两位股东对于究竟是解散公司还是继续经营产生分歧，甚至爆发激烈矛盾。一方股东诉至法院要求解散公司，另一方股东明确不同意，试图"借尸还魂"。法院从公平、公正的秩序中寻求各方利益平衡的角度考虑，认为公司经营状况正常，不存在解散事由，故裁定不予清算公司，以实现公司、股东利益和社会经济效益的最大化。

裁判摘要

虽然公司营业期限届满，但是公司治理机构及治理状态均属正常，公司内部对是否延长经营期限、是否解散并未形成决议。公司亦不存在被吊销企业法人营业执照、责令关闭或者被撤销的解散事由。人民法院受理公司清算案件的前提是公司已经解散并怠于清算，因无公司解散的法律事实，故裁定不予受理清算申请。

基本案情①

2013年7月26日，WF销售公司注册成立，注册资本1000万元，QC公司和DFNM公司是WF销售公司的两个股东，分别持股49%和51%。

《陕西WF汽车销售服务有限公司章程》第15条规定，公司的经营期限为5年，因此WF销售公司的经营期限于2018年7月26日届满。

WF销售公司章程约定的经营期限届满后，WF销售公司、QC公司和DFNM公司之间就WF销售公司是否发生解散事由存在争议。

QC公司认为在其不同意延续的情况下，股权占比51%的DFNM公司不能通过修改公司章程以延续WF销售公司经营期限，故WF销售公司已经满足法

---

① 案例名称：陕西QC实业有限公司、陕西WF汽车销售服务有限公司申请公司强制清算纠纷案

案　　号：（2021）最高法民申2310号

法　　院：最高人民法院

申 请 人：陕西QC实业有限公司（以下简称QC公司）

被申请人：陕西WF汽车销售服务有限公司（以下简称WF销售公司）

第 三 人：西安市DFNM科技发展有限公司（以下简称DFNM公司）

律规定的解散的法定条件，但WF销售公司在公司已经解散的条件下故意无理由拖延成立清算组，故诉至法院，申请法院组织成立清算组对WF销售公司进行清算。

WF销售公司辩称，QC公司应当先就WF销售公司是否存在解散事由一事另行向法院起诉，待法院确认WF销售公司解散后才能提起强制清算之诉。

DFNM公司辩称，其与QC公司出资成立WF销售公司的目的尚未实现，WF销售公司有继续存在的必要性，不同意对WF销售公司进行解散后清算。

审理意见

争议焦点：WF销售公司是否存在公司解散的法律事实？

法院认为，公司解散清算是公司清算机关以终止公司法律人格为目的而依法进行的具有确定法律后果的行为。虽然根据WF销售公司章程的规定，该公司的营业期限已经届满，但是双方当事人认可该公司治理机构及治理状态均属正常，公司内部对是否延长经营期限、是否解散并未形成决议。WF销售公司亦不存在被吊销企业法人营业执照、责令关闭或者被撤销的解散事由。根据《公司法解释（二）》和《最高人民法院印发〈关于审理公司强制清算案件工作座谈会纪要〉的通知》的相关规定，人民法院受理公司清算案件的前提是公司已经解散并怠于清算，因本案中并无WF销售公司解散的法律事实，二审法院裁定不予受理QC公司的清算申请并无不当。

实务解读

本案例涉及的问题是，在公司章程所规定的营业期限届满后，股东之间对于是否修改公司章程延长营业期限存在分歧、尚未形成修改公司章程的有效决议时，不同意延长营业期限的股东可否通过直接向法院申请强制清算以"终结"公司？换言之，仅因为公司章程所规定的营业期限届满，是否就可以认为构成了公司法定解散事由？

一、公司章程规定的营业期限届满后，不愿意继续经营的股东对是直接清算还是申请强制解散有争议

"最常见的公司章程规定的解散事由是明确规定公司的存续期限届满公司解

散。"① 根据《公司法》（2023年修订）第二百二十九条规定，公司营业期限届满是公司解散的原因之一，但股东可通过修改公司章程以继续经营。营业期限届满后，股东之间无法达成延长经营期限的合意时，不愿意继续经营的股东应先诉请解散公司再申请清算，还是可直接申请清算，在审判实践中存在不同观点。

1.多数观点认为，可直接申请清算

司法实践中，多数观点认为，公司营业期限届满，且股东之间无法达成续存公司的股东会决议的，公司即已经处于解散状态，在公司清算义务人迟迟未启动清算程序的情况下，法院可直接受理股东对公司提出的强制清算申请，无须股东先行诉请解散公司。

关联案例 ‖ 贵州XN工具（集团）有限公司、贵州XGTL矿山机电设备有限公司申请公司强制清算纠纷案，贵州省高级人民法院（2017）黔民终531号

法院认为，公司在营业期限届满前可以通过修改公司章程而存续。本案中，贵州XGTL矿山机电设备有限公司（以下简称XGTL公司）的营业期限在2015年9月28日已经届满，在公司营业期限届满前，公司也未通过修改公司章程延长经营期限，故XGTL公司已处于解散状态。公司应当在解散事由出现之日起十五日内成立清算组，开始清算。本案中，XGTL公司逾期不成立清算组进行清算、债权人也未提起清算申请，故贵州XN工具（集团）有限公司作为XGTL公司股东有权依法申请人民法院指定清算组进行清算，一审法院应予受理。一审法院认为公司解散是公司清算的前提，XGTL公司未解散故不符合清算条件，本案中XGTL公司因营业期限届满的法定事由已经处于解散状态，无须当事人另行提起解散公司之诉，故一审法院认定事实和适用法律错误，本院予以纠正。

2.少数观点认为，应先行确认解散

少数裁判意见以最高人民法院发布的《最高人民法院印发〈关于审理公司

---

① 刘敏：《公司解散清算制度》，北京大学出版社2012年版，第18页。

强制清算案件工作座谈会纪要〉的通知》为依据，认为公司营业期限届满且股东之间无法达成续存公司的股东会决议的，属于被申请人对是否存在解散事由存在异议的情形，因此"原则上应当另案解决，解决后再行决定是否受理强制清算申请"。[①]同时，请求确认公司营业期限已届满属于人民法院受理民事案件范围。

> **关联案例 ‖ 三亚XSJYGY文化艺术有限公司、海南JNH实业有限公司**
> **公司解散纠纷案，最高人民法院（2018）最高法民申274号**
>
> 最高人民法院认为，经原审查明，2016年4月，三亚XSJYGY文化艺术有限公司（以下简称XS公司）以海南JNH实业有限公司（以下简称JNH公司）为被申请人向海南省三亚市中级人民法院提起申请公司清算纠纷诉讼。在该案审理过程中，因JNH公司就其营业期限已届满提出异议，故原审法院参照《最高人民法院印发〈关于审理公司强制清算案件工作座谈会纪要〉的通知》第十三条的规定，裁定对XS公司提出的强制清算申请不予受理，且同时认定："本案中JNH公司目前尚未出现吊销企业法人营业执照、责令关闭或者被撤销等解散事由，故XS公司可就JNH公司是否已发生解散事由单独提起诉讼或仲裁予以确认后，再另行提出强制清算申请。"故XS公司于本案中请求确认JNH公司营业期限已届满系基于前案释明，针对其关于JNH公司解散事由已发生的主张而提起的单独诉讼，性质应理解为前案申请公司清算纠纷诉讼的衍生诉讼，XS公司具有诉的利益，起诉主体适格。原裁定认定本案公司及股东之外的人对XS公司经营期限届满提出主张，不属于人民法院受理民事案件的范围，适用法律不当，本院予以纠正。

3. 申请清算与起诉解散公司可同时进行

经检索，我们发现，法院还有观点认为，在公司营业期限届满后，不愿意继续经营公司的股东可同时向法院申请强制清算和起诉解散公司。

---

① 宋晓明、张勇健、刘敏：《〈关于审理公司强制清算案件工作座谈会纪要〉的理解与适用》，载《人民司法·应用》2010年第1期，第40页。

关联案例 ‖ TX药业有限公司与广州WLJ药业股份有限公司申请公司清算纠纷案，最高人民法院（2015）民申字第2518号

最高人民法院经审查认为，《公司法解释（二）》第二条规定的"股东提起解散公司诉讼，同时又申请人民法院对公司进行清算的，人民法院对其提出的清算申请不予受理"，针对的是公司股东在以《公司法》第一百八十二条规定的以公司僵局为由提起解散公司诉讼的同时，又申请对公司进行强制清算申请的情形。该规定并未排除对按照该法第一百八十条第一项（公司章程规定的营业期限届满等）而独立提出的强制清算申请在符合第一百八十三条规定条件下的受理。本案TX药业有限公司是在广州WLJ药业股份有限公司营业期限于2015年1月25日届满后，依据《公司法》第一百八十条第一项提出的强制清算申请，一、二审法院未对此种清算申请与提起解散公司诉讼的同时提出的强制清算申请加以区分，而援引《公司法解释（二）》第二条的规定裁定不予受理，属于适用法律不当。

二、公司营业期限届满后，愿意继续经营的股东可以"借尸还魂"

1. 通过股东会决议修改公司章程，延长经营期限继续经营公司

根据《公司法》的规定，公司章程规定的营业期限届满，若公司股东仍愿意继续经营公司，则可以通过股东会决议修改公司章程而存续，该等股东会决议采用绝对多数决，须经持有三分之二以上表决权的股东通过。通过股东会决议延期经营的，该等决议应当符合《公司法》有关股东会决议程序的规定，不得出现不成立、无效、可撤销等效力瑕疵情形。

关联案例 ‖ 聂某恒、夏某英公司解散纠纷案，最高人民法院（2020）最高法民申3910号

最高人民法院经审查认为，聂某恒、夏某英所持股权未达到HXY公司全部股权的三分之二，不符合原公司章程及《公司法》关于修改公司章程

的规定，故聂某恒、夏某英所作的延长HXY公司营业期限的决议无效。因在公司章程规定的营业期限届满后，公司股东未达成新的决议修改公司章程使公司继续存续，故HXY公司已到达法定的解散条件，二审法院确认HXY公司从营业期限届满之次日即2015年12月8日起解散并无不当。

关联案例 ‖ ZNY电力燃料有限公司与KL（集团）有限责任公司等公司决议效力确认纠纷案，北京市第三中级人民法院（2020）京03民终760号

法院认为，依据上述司法解释的规定，公司作出的决议应严格履行法定程序，在未召开会议的情况下，全体股东可以通过在决定文件上签名、盖章的方式表明认可相应决议。本案中，ZNY电力燃料有限公司（以下简称ZNY公司）和KL（集团）有限责任公司并未在任何决定文件中签名或盖章，同时，ZNY公司也未提交证据证明两公司基于同意经营期限延长，知悉并同意涉案股东会决议的意思表示而作出了上述行为，ZNY公司实际经营并不能直接推定涉案股东会决议成立。因此，一审法院认定涉案股东会决议不成立并无不当。

2. 未形成延期决议仍然持续经营，事实上形成公司继续存续的合意

公司章程规定的营业期限届满后，股东虽然未形成有效的延期决议，亦未对公司组织清算。相反，股东继续持续经营公司，甚至扩大经营规模，可被认为以行为事实上形成公司继续存续的合意，此时对于不愿意经营股东强制清算的要求，法院将不予支持。

关联案例 ‖ 梁某贞、佛山市YJ发展有限公司申请公司清算强制清算案，广东省佛山市中级人民法院（2017）粤06清终2号

法院认为，公司清算的前提是公司解散。本案中，一方面，在YJ发展有限公司（以下简称YJ公司）营业期限届满后，公司股东分别于2004年3月

16日及2004年12月20日两次作出章程修正案扩大了经营范围,虽然未对营业期限作出变更,但已表明股东之间就YJ公司的继续经营及公司的存续达成了合意。另一方面,根据《公司法》的规定,公司应当在解散事由出现之日起十五日内成立清算组进行清算。但本案中,YJ公司于2002年11月24日营业期限届满后,在长达十五年的时间里没有清算,反而继续经营并于2006年与申请人等共同出资成立了佛山市YT投资有限公司。此外,YJ公司亦于2010年5月18日及2015年10月29日分别申请了工商备案登记,且工商行政管理局出具的营业执照显示YJ公司营业期限为长期,可见,YJ公司事实上仍继续经营,没有解散。综上所述,虽然YJ公司章程规定了营业期限已届满,但股东已就公司的存续达成了合意,且YJ公司事实上亦在继续经营,故YJ公司并未解散,不符合强制清算的受理条件。

3.其他股东可要求以合理价格收购不愿继续经营公司股东的股权

当公司章程规定的营业期限届满后,股东之间就是否继续经营公司无法达成一致意见或多数意见时,希望继续经营公司的其他股东可通过股东会形成收购不愿意继续经营公司股东股权的股东会决议,在股东会决议未被判决无效或撤销的情况下,法院可能认定公司不存在解散事由,不予清算。

关联案例 ‖ 林某进、甘肃ZS科工贸有限公司申请公司强制清算纠纷案,最高人民法院(2017)最高法民申1151号

最高人民法院经审查认为,甘肃ZS科工贸有限公司(以下简称ZS公司)申请公司强制清算,其目的是通过解散公司收回其股东投资以及收益从而退出公司。本案中虽然ZS公司营业期限届满,具备了公司章程约定的公司清算条件,但在本案诉讼中,ZS公司其他股东愿意通过股权收购方式收购林某进股权以使公司存续,该公司自力救济的方式有利于打破公司僵局,保护公司其他股东以及公司债权人利益,林某进的股东权利可通过其他途径解决。因此,林某进仅以公司营业期限届满为由申请公司强制清算,原审法院不予受理,并无不当。

实务建议

公司章程规定的营业期限届满且未决议延长期限，不一定会导致公司被强制解散。当股东之间就经营公司的目的是否已经实现、是否继续经营公司的事宜产生明显分歧，无法经协商取得多数意见时，可能进一步加剧股东之间的矛盾、冲突，进而影响公司稳定经营，为公司职工利益、股东利益和社会利益带来不安定因素，给相关利害关系人造成不必要的损失。为降低冲突发生的可能性，我们建议以下两点。

一、对不同意延长公司营业期限的股东而言

第一，在公司章程规定的营业期限届满前，及时与公司其他股东沟通协商，明确表达不愿意延期的意愿。必要时可依照法定程序主动提议、召集股东会，及时审议公司营业期限届满而解散清算事宜。若在股东会上，其他股东明确表示不同意解散公司，希望延期经营的，应在股东会上明确提出异议，对延期经营事项投反对票。如需要其他股东收购或公司回购股权的，应及时提出要求以合理价格收购的意向。如对前述股东会决议召集、表决等程序有异议或认为决议内容不公正、不正当地损害小股东利益，应及时向法院起诉，确认股东会决议不成立、无效或撤销股东会决议。

第二，在公司章程规定的营业期限届满后，若股东之间仍未取得一致意见，未形成有效的股东会决议，不愿意继续经营的股东应避免签署同意公司继续经营的文书，或采取反映类似意图的行为，如公司或其他股东采取继续经营或扩大经营规模等延续经营的行为，应提出明示的书面异议，并保留好递交或邮寄的回执；继续向其他股东或公司主张要求收购股权以退出公司。本次《公司法》修订，明确董事为清算义务人，并新增了清算义务人未履行清算义务的赔偿责任。即《公司法》（2023年修订）第二百三十二条规定"公司因本法第二百二十九条第一款第一项、第二项、第四项、第五项规定而解散的，应当清算。董事为公司清算义务人，应当在解散事由出现之日起十五日内组成清算组进行清算。清算组由董事组成，但是公司章程另有规定或者股东会决议另选他人的除外。清算义务人未及时履行清算义务，给公司或者债权人造成损失的，应当承担赔偿责任"。如公司未依法成立清算组，可考虑向人民法院申请强制清

算。如其他股东或公司对营业期限是否届满提出异议，则可诉请确认营业期限已届满，公司存在法定解散事由。

二、对希望延长公司营业期限的股东而言

第一，营业期限届满之前，股东应及时提出延长营业期限的股东会议案，提议召开股东会议案商讨延期经营事项。延长营业期限属于修改公司章程的重大事项，须经代表三分之二以上表决权的股东通过。股东会议案的召集、表决等环节应当严格依照法定程序进行，避免股东会延期决议被认定存在效力瑕疵。公司形成延长营业期限的决议后，应及时携带股东会议案、修改后的公司章程等文件前往工商行政管理部门办理变更登记，换发营业执照。

第二，若公司章程规定的营业期限届满后，仍未形成有效的延期决议，那么在与不愿意经营的股东保持沟通、协商的情况下，希望继续经营的股东应积极主动介入公司经营管理，保持公司经营现状，通过事实行为表明继续经营的意愿，并保留好公司可以维持经营的证据。若和其他股东无法协商，可以考虑明确表示可收购不同意公司延长营业期限的股东所持股权，通过股权收购让异议股东退出公司。

法律适用

《中华人民共和国公司法》（2023年修订）

第二百二十九条 公司因下列原因解散：

（一）公司章程规定的营业期限届满或者公司章程规定的其他解散事由出现；

（二）股东会决议解散；

（三）因公司合并或者分立需要解散；

（四）依法被吊销营业执照、责令关闭或者被撤销；

（五）人民法院依照本法第二百三十一条的规定予以解散。

公司出现前款规定的解散事由，应当在十日内将解散事由通过国家企业信用信息公示系统予以公示。

第二百三十二条 公司因本法第二百二十九条第一款第一项、第二项、第四项、第五项规定而解散的，应当清算。董事为公司清算义务人，应当在解散事由出现之日起十五日内组成清算组进行清算。

清算组由董事组成，但是公司章程另有规定或者股东会决议另选他人的除外。

清算义务人未及时履行清算义务，给公司或者债权人造成损失的，应当承担赔偿责任。

《最高人民法院关于适用〈中华人民共和国公司法〉若干问题的规定（二）》（2020年修正）

第二条　股东提起解散公司诉讼，同时又申请人民法院对公司进行清算的，人民法院对其提出的清算申请不予受理。人民法院可以告知原告，在人民法院判决解散公司后，依据民法典第七十条、公司法第一百八十三条和本规定第七条的规定，自行组织清算或者另行申请人民法院对公司进行清算。

第七条　公司应当依照民法典第七十条、公司法第一百八十三条的规定，在解散事由出现之日起十五日内成立清算组，开始自行清算。

有下列情形之一，债权人、公司股东、董事或其他利害关系人申请人民法院指定清算组进行清算的，人民法院应予受理：

（一）公司解散逾期不成立清算组进行清算的；

（二）虽然成立清算组但故意拖延清算的；

（三）违法清算可能严重损害债权人或者股东利益的。

《最高人民法院印发〈关于审理公司强制清算案件工作座谈会纪要〉的通知》

13.被申请人就申请人对其是否享有债权或者股权，或者对被申请人是否发生解散事由提出异议的，人民法院对申请人提出的强制清算申请应不予受理。申请人可就有关争议单独提起诉讼或者仲裁予以确认后，另行向人民法院提起强制清算申请。但对上述异议事项已有生效法律文书予以确认，以及发生被吊销企业法人营业执照、责令关闭或者被撤销等解散事由有明确、充分证据的除外。

18.公司因公司章程规定的营业期限届满或者公司章程规定的其他解散事由出现，或者股东会、股东大会决议自愿解散的，人民法院受理强制清算申请后，清算组对股东进行剩余财产分配前，申请人以公司修改章程，或者股东会、股东大会决议公司继续存续为由，请求撤回强制清算申请的，人民法院应予准许。

切勿隔岸观火：清算义务人的范围认定

知识要点：清算义务人的范围

┌─── **计策释义** ───────────────────┐

　　隔岸观火：阳乖序乱，阴以待逆。暴戾恣睢，其势自毙。顺以动《豫》，《豫》顺以动。

　　当敌方内讧趋于表面化、激烈化的时候，我方便静观以待；敌方内部反目成仇、厮杀争斗，势必自取灭亡。我方就顺势而为，相机而动，以加速他的灭亡。

└──────────────────────────┘

　　"隔岸观火"，通俗来讲就是"坐山观虎斗"，然后坐收渔利或者乘虚而入。在军事谋略上是指，敌方内部分裂，矛盾激化，相互倾轧，势不两立，这时切不可操之过急，免得反而促成他们暂时联手对付己方。正确的方法是静止不动，让他们互相残杀，力量削弱，甚至自行瓦解，然后相机而动，"从中渔利"。商业中，"火"可以引申为与自己实际上利害关系不大的某种现象，而"岸"可以理解为护城河，或者风险隔离带。那么，当确定不会引火烧身时，就可以作壁上观，利用好风险隔离带，免得自己承担责任。

　　具体到公司清算诉讼中，为保护公司债权人，公司的全体股东曾经都被认定为清算义务人，负有清算的义务。但是对于没有参与公司经营、不直接管理、掌控公司财产、账册、重要文件等的公司小股东来说，在大股东不及时组织对公司进行清算、怠于履行清算义务时，小股东在客观情况上无能为力启动清算程序，实为无奈"作壁上观"。此时，若直接判令小股东对公司债务承担连带清偿责任，难免会有失公平。因此，《公司法》（2023年修订）第二百三十二条规定，董事为公司清算义务人，明确了清算组由董事组成，但是公司章程另有规定或者股东会决议另选他人的除外。股东虽然可以凭借风险隔离带，明若观火，但也要注意避免"城门失火，殃及池鱼"。

裁判摘要

公司小股东能够举证证明其既不是公司董事会或者监事会成员，也没有选派人员担任该机关成员；不是公司实际控制人，且从未参与公司经营管理，不掌握公司财产、账册、重要文件等。其未履行清算义务不应被认定为"怠于履行清算义务"，对公司债务不应承担连带清偿责任。

基本案情①

2001年4月6日，DLDZ公司成立，注册资本为5000万元，股东及出资情况为：珠海TH集团有限公司（以下简称TH公司）持股65.1%，北京BPKS电力电子技术中心（以下简称BPKS中心）持股9.9%，深圳市OM投资发展有限公司（以下简称OM公司）持股10%，王某元持股10%，XGD公司持股5%。KQ公司与DLDZ公司就担保合同发生纠纷，DLDZ公司应向KQ公司偿付本金19190591元及利息。

2006年10月30日，DLDZ公司被工商机关吊销营业执照。

因DLDZ公司未向KQ公司清偿前述债务，KQ公司向法院申请对DLDZ公司进行强制清算，因按照登记地址不能通知到DLDZ公司及其股东BPKS中心、XGD公司、TH公司、OM公司，DLDZ公司的自然人股东王某元已死亡，且没有DLDZ公司的任何财产、账册及重要文件，无法进行清算，因此法院裁定终结清算程序。

---

① 案例名称：北京KQ新技术开发总公司与西安高新区XGD科技园发展有限公司清算责任纠纷案

案　　号：（2020）陕民终341号
法　　院：最高人民法院
原　　告：北京KQ新技术开发总公司（以下简称KQ公司）
被　　告：西安高新区XGD科技园发展有限公司（以下简称XGD公司）

2011年，KQ公司以TH公司、OM公司、BPKS中心为被告向北京市海淀区人民法院提起诉讼，要求三被告作为股东连带承担DLDZ公司对KQ公司所负债务及利息。法院支持其诉求，判决上述三股东承担连带清偿责任。后海淀区人民法院依职权开展了执行工作，发放申请执行人案款数额13643860.2元。

现KQ公司将XGD公司诉至法院，要求XGD公司连带清偿DLDZ公司对KQ公司所欠债务。XGD公司辩称，其并非DLDZ公司的实际控制人；作为DLDZ公司仅持股5%的股东，其也从未参与DLDZ公司的经营管理；其并未实际掌控DLDZ公司的主要财产、账册等重要文件，因此对于DLDZ公司的清算不能，其无能为力。

审理意见

本案争议焦点：XGD公司是否应对原告KQ公司的债务承担连带清偿责任？

法院认为，根据《公司法解释（二）》第十八条第二款的规定，有限责任公司股东因公司无法清算对公司债务承担连带清偿责任需具备两个要件，其一是股东怠于履行清算义务，即有限责任公司股东在法定清算事由出现后，在能够履行清算义务的情况下，故意拖延、拒绝履行清算义务，或者因过失导致无法进行清算；其二是股东怠于履行清算义务这一消极不作为与公司主要财产、账册、重要文件灭失进而无法进行清算这一结果之间具有因果关系。

该条规定的立法本意是防止公司的股东、董事在公司应当进行清算的情况下而不清算，故意逃避债务，损害债权人利益，旨在强化清算义务人依法清算的法律责任，因此股东承担连带清偿责任的前提是其存在怠于履行义务的消极不作为，且因此导致公司主要财产、账册、重要文件等灭失，无法进行清算。

本案中，XGD公司作为DLDZ公司仅持股5%的小股东，在DLDZ公司清算事由发生后，XGD公司正常营业的情况下，KQ公司未提交证据证明其通过必要的途径通知过DLDZ公司清算事由，XGD公司提交的证据亦表明其通过联系其他股东等方式试图履行清算义务，并不存在怠于履行清算义务的行为；且作为小股东，未在DLDZ公司担任高级管理人员，未参与DLDZ公司的经营管理，不掌握DLDZ公司财务情况，不是DLDZ公司的控股股东，其没有能力掌握DLDZ公司财产、账册、重要文件等，对于DLDZ公司财产、账册、重要文件等灭失导致无法清算不负有责任，也不足以造成公司无法清算而给KQ公司造成损失。

综上，KQ公司要求XGD公司承担连带清偿责任的请求，法院不予支持。

实务解读

公司清算程序规范有序进行的前提，是公司解散后有适格的主体及时成立清算组启动清算程序。关于清算程序的启动主体，也就是谁是清算义务人的问题，我国立法和司法实践经过了长期的摸索，理论和实务界也一直在争论。

一、"法人清算制度"雏形显现

"清算义务人，是指法人解散后依法负有启动清算程序的主体，其义务在于根据法律规定及时启动相应的清算程序以终止法人。"[1]最早对企业法人清算作出原则性规定的是在1986年，即《民法通则》第四十七条的规定，企业法人解散，应当成立清算组织。[2]这个条文可以理解为法人清算的雏形，但对于具体由谁启动清算程序、由谁成立清算组织并未规定，即清算义务人制度还尚未具化。

1993年《公司法》颁布实施，其第一百九十一条的规定系对企业清算时点和清算组织的人员组成进行的规定，但也没有明确规定清算义务人这一概念。[3]

我国"清算义务人"历史演变见图6-1。

---

[1]　最高人民法院民事审判第二庭编著：《〈全国法院民商事审判工作会议纪要〉理解与适用》，人民法院出版社2019年版，第163页。

[2]　《民法通则》（1986年4月12日第六届全国人民代表大会第四次会议通过，现已失效）第四十条："法人终止，应当依法进行清算，停止清算范围外的活动。"第四十七条："企业法人解散，应当成立清算组织，进行清算。企业法人被撤销、被宣告破产的，应当由主管机关或者人民法院组织有关机关和有关人员成立清算组织，进行清算。"

[3]　《公司法》（1993年12月29日第八届全国人民代表大会常务委员会第五次会议通过）第一百九十一条："公司依照前条第（一）项、第（二）项规定解散的，应当在十五日内成立清算组，有限责任公司的清算组由股东组成，股份有限公司的清算组由股东大会确定其人选；逾期不成立清算组进行清算的，债权人可以申请人民法院指定有关人员组成清算组，进行清算。人民法院应当受理该申请，并及时指定清算组成员，进行清算。"

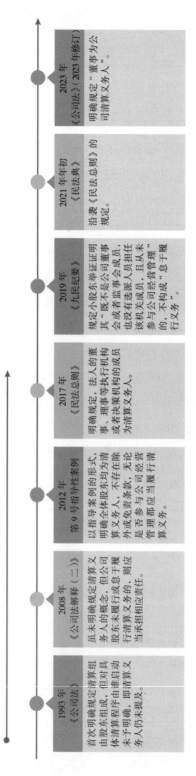

图6-1 我国"清算义务人"的历史演变

二、"清算义务人"概念逐渐明晰

2008年《公司法解释（二）》施行，该解释虽然没有使用"清算义务人"概念，但条文表述是如果公司的相关人员未履行义务或怠于履行义务的，则应当承担相应责任，"清算义务人"这一概念在最高人民法院答记者问中频繁出现。[①]

2012年，最高人民法院通过发布第9号指导性案例《上海CL贸易有限公司诉蒋某东、王某明等买卖合同纠纷案》进一步阐释了上述司法解释的适用条件，为如何认定公司的清算义务人提供了指导，明确了有限责任公司的小股东不能以其不是实际控制人或者未实际参加公司经营管理为由，免除清算义务。[②]

关联案例 ‖ 上海CL贸易有限公司诉蒋某东、王某明等买卖合同纠纷案，上海市第一中级人民法院（2010）沪一中民四（商）终字第1302号[③]

裁判要点：有限责任公司的股东、股份有限公司的董事和控股股东，应当依法在公司被吊销营业执照后履行清算义务，不能以其不是实际控制人或者未实际参加公司经营管理为由，免除清算义务。

三、《民法总则》与《公司法解释（二）》的明显冲突

在《民法总则》通过之前，司法实践普遍认为有限责任公司的全体股东是清算义务人。但是，2017年3月15日，《民法总则》以界定法人清算义务人的主体范围的形式，进一步对公司法定清算义务人主体范围予以明晰。《民法总则》第七十条第二款规定："法人的董事、理事等执行机构或者决策机构的成员为清算义务人。法律、行政法规另有规定的，依照其规定。"在《民法总则》与《公

---

① 刘岚：《规范审理公司解散和清算案件——最高人民法院民二庭负责人答本报记者问》，载《人民法院报》，2008年5月20日第2版。

② 最高人民法院案例指导工作办公室（执笔人：姚宝华）：《指导案例9号〈上海存亮贸易有限公司诉蒋志东、王卫明等买卖合同纠纷案〉的理解与参照》，载《人民司法·应用》2013年第3期，第25—26页。

③ 本案为2012年最高人民法院发布第三批指导性案例之案例九，但是根据《最高人民法院关于部分指导性案例不再参照的通知》（法〔2020〕343号）的规定，本案不再参照，但该案的裁判以及参照该指导性案例作出的裁判仍然有效。

司法解释（二）》产生冲突的情况下，对于适用法律，有限责任公司的清算义务人到底是谁的问题，产生不同的观点。[①]司法实践中，法院或对此问题避而不谈，或直接根据"特别法优于一般法"的规则，直接适用《公司法解释（二）》。

关联案例 ‖ 广州市YHBY网络技术股份有限公司、广州SSJJ信息科技有限公司股东损害公司债权人利益责任纠纷案，广东省广州市中级人民法院（2019）粤01民终14170号

法院认为，《民法总则》第七十条第二款规定："法人的董事、理事等执行机构或者决策机构的成员为清算义务人。法律、行政法规另有规定的，依照其规定。"而《公司法》及相关司法解释已明确规定，有限责任公司的清算义务人是全体股东。根据特别法优先于普通法的法律适用原则，一审法院认定广州市YHBY网络技术股份有限公司与满某作为YY公司股东均负有对YY公司的法定清算义务并无不当，本院对此予以确认。广州市YHBY网络技术股份有限公司对《民法总则》与《公司法》的关系性质理解错误，本院对其上诉提出的法律适用意见不予采纳。

四、《九民纪要》对小股东承担清算责任的适度修正

司法解释和指导案例颁布后，统一了全体股东为有限责任公司清算义务人的审判口径，但是对公司债权人的倾向保护却不适当地扩大了股东的清算责任。有的法院机械地判决没有"怠于履行义务"的小股东或者虽"怠于履行义务"但与"公司主要财产、账册、重要文件等灭失"的后果没有因果关系的小股东对公司债务承担远超过其出资数额的责任，导致出现利益明显失衡的现象。最高人民法院在注意到此类现象后，以会议纪要的形式对之前判令小股东承担责任的倾向进行了修正。

最高人民法院于2019年通过《九民纪要》规定，"在判断是否'怠于履行义务'这个标准时，应当从司法政策上对《公司法解释（二）》第十八条第二款规

---

① 参见最高人民法院民事审判第二庭编著：《〈全国法院民商事审判工作会议纪要〉理解与适用》，人民法院出版社2019年版，第163—164页。

定的小股东进行倾向保护。在股东举证证明其虽然未履行清算义务但是采取了积极措施，或者小股东举证证明其既不是公司董事会或者监事会成员，也没有选派人员担任该机关成员，且从未参与公司经营管理，此种情形下，应当认定该小股东没有'怠于履行义务'，从而不应对公司债务承担连带责任。"[1]

五、《公司法》（2023年修订）明确董事为清算义务人

现行《公司法》及其《公司法解释（二）》将有限责任公司股东作为清算义务人，使股东责任从有限责任变为无限责任，致使股东与债权人之间利益关系失衡的现象同样引起了理论界的关注。因此，有学者提出，基于股东、董事、监事、直接责任人等在公司治理结构中的地位、职权等角度考量，有限公司的清算义务人不是股东，公的治理结构决定了董事才是妥当的清算义务人。[2]

此类观点同样引起了立法机关的注意。本次《公司法》修订，在第二百三十二条明确了董事为清算义务人，清算组由董事组成，但是公司章程另有规定或者股东会决议另选他人的除外。此外，还新增规定了清算义务人未履行清算义务的赔偿责任。这也实现了《公司法》与《民法典》规定的协调统一，而对于公司小股东来说，那把悬在头上的清算责任之剑已彻底落地。

实务建议

公司作为营利法人顺利退出市场，有利于建设健康的营商环境。当公司出现法定解散事由时，公司董事应当在法定期限十五日内成立清算组，及时组织清算，避免公司出现无法清算的情况。虽然《公司法》明确了董事作为清算义务人，但对于公司的中小股东而言，仍须注意以下方面。

一、有"火"可观——密切关注公司实际经营情况

虽然小股东在公司持股比例较低，也可能未实际参与公司经营管理，但是为了实现投资目标、防范风险，小股东也不可自当"甩手掌柜"，不可不关注公

---

① 最高人民法院民事审判第二庭编著：《〈全国法院民商事审判工作会议纪要〉理解与适用》，人民法院出版社2019年版，第168页。
② 梁上上：《有限公司股东清算义务人地位质疑》，载《中国法学》2019年第2期，第265—270页。

司实际经营情况。建议小股东定期参加公司经营管理相关会议，必要时要求查阅公司财务账册，关注公司经营动向。当发现公司存在或可能存在异动时，提前做好相应准备。

二、有"岸"可隔——督促董事积极履行清算义务

当公司出现法定解散事由时，作为公司董事应当积极履行应尽的清算义务。如果小股东自身不具有启动法定清算程序的能力或条件，那么也应当积极督促董事及时启动清算程序。比如，及时通知股东、董事及实际控制人商议公司清算事宜，并保留相应的书面通知和会议记录；尽可能明确公司主要财产、财务账册、重要文件的主要负责人、占有人、保管人，及时妥善保存，避免其被转移或丢失。

三、伺机而动——自行清算出现障碍时及时诉诸司法途径

在公司其他股东或控股股东有不同意清算、无法取得联系或者存在擅自转移公司账册、资产等行为时，小股东可以及时申请法院强制清算，避免损失的扩大。司法机关介入后，小股东也应积极配合法院的强制清算或破产清算程序。在公司主要财产、财务账册、重要文件被控股股东、高级管理人员或实际控制人侵占、隐匿、转移的情况下，小股东可及时向控股股东、高级管理人员发出书面通知，提出明确的追索主张；同时及时向公安机关报案，并留存相关记录和证据。

法律适用

《中华人民共和国民法典》

第七十条 法人解散的，除合并或者分立的情形外，清算义务人应当及时组成清算组进行清算。

法人的董事、理事等执行机构或者决策机构的成员为清算义务人。法律、行政法规另有规定的，依照其规定。

清算义务人未及时履行清算义务，造成损害的，应当承担民事责任；主管机关或者利害关系人可以申请人民法院指定有关人员组成清算组进行清算。

《中华人民共和国公司法》（2023年修订）

第二百二十九条 公司因下列原因解散：

（一）公司章程规定的营业期限届满或者公司章程规定的其他解散事由出现；

（二）股东会决议解散；

（三）因公司合并或者分立需要解散；

（四）依法被吊销营业执照、责令关闭或者被撤销；

（五）人民法院依照本法第二百三十一条的规定予以解散。

公司出现前款规定的解散事由，应当在十日内将解散事由通过国家企业信用信息公示系统予以公示。

第二百三十二条　公司因本法第二百二十九条第一款第一项、第二项、第四项、第五项规定而解散的，应当清算。董事为公司清算义务人，应当在解散事由出现之日起十五日内组成清算组进行清算。

清算组由董事组成，但是公司章程另有规定或者股东会决议另选他人的除外。

清算义务人未及时履行清算义务，给公司或者债权人造成损失的，应当承担赔偿责任。

第二百三十四条　清算组在清算期间行使下列职权：

（一）清理公司财产，分别编制资产负债和财产清单；

（二）通知、公告债权人；

（三）处理与清算有关的公司未了结的业务；

（四）清缴所欠税款以及清算过程中产生的税款；

（五）清理债权、债务；

（六）分配公司清偿债务后的剩余财产；

（七）代表公司参与民事诉讼活动。

《最高人民法院关于适用〈中华人民共和国公司法〉若干问题的规定（二）》（2020 年修正）

第十八条　有限责任公司的股东、股份有限公司的董事和控股股东未在法定期限内成立清算组开始清算，导致公司财产贬值、流失、毁损或者灭失，债权人主张其在造成损失范围内对公司债务承担赔偿责任的，人民法院应依法予以支持。

有限责任公司的股东、股份有限公司的董事和控股股东因怠于履行义务，导致公司主要财产、账册、重要文件等灭失，无法进行清算，债权人主张其对公司债务承担连带清偿责任的，人民法院应依法予以支持。

上述情形系实际控制人原因造成，债权人主张实际控制人对公司债务承担相应民事责任的，人民法院应依法予以支持。

追索顺手牵羊：未履行清算义务的责任

知识要点：未履行清算义务的赔偿责任

计策释义

顺手牵羊：微隙在所必乘，微利在所必得。少阴，少阳。

对敌人微小的纰漏，必须及时加以利用；对敌人"给予"的极小良机，也要力求获取。我方要善于捕捉时机，伺隙捣虚，变敌方小的疏漏而为我方小的战果。

"顺手牵羊"的原意是比喻凭借便利的条件捎带取来，毫不费力气。现多指乘机拿走人家东西的偷窃行为，与"贼不走空"近似。用在军事上则是指，看准敌方在行动中出现的漏洞，抓住薄弱点，乘虚而入获取胜利的谋略。古人云："善战者，见利不失，遇时不疑。"意思是要捕捉战机，乘隙争利。当然，小利是否应该必得，这要考虑全局利益，只要不会"因小失大"，小胜的机会也不应该放过，因为积小胜可以为大胜。

公司解散清算制度是一个完善的公司法律制度的重要组成部分，公司退出市场必须遵循法定清算程序，公司财产在未依照法律规定清算前，不得分配给股东。但是实务中，许多公司在解散事由发生后，不予清算、不当清算、违法清算、虚假清算，未经合法清算程序即"瓜分"公司资产，企图"顺手牵羊"捞上一笔，严重损害了公司债权人等利害关系人的合法权益。

裁判摘要

根据相关法律、法规和司法解释的规定，法人被吊销营业执照后应当依法进行清算，其债权、债务由清算组负责清理。法人被吊销营业执照后未依法进行清算的，债权人可以申请人民法院指定有关人员组成清算组进行清算。法人被吊销营业执照后没有依法进行清算，债权人也没有申请人民法院指定有关人员组成清算组进行清算，而是在诉讼过程中通过法人自认或者法人与债权人达成调解协议，在清算之前对其债权债务关系作出处理、对法人资产进行处分，损害其他债权人利益的，不符合公平原则，人民法院对此不予支持。

基本案情①

1992年8月，雷某城与其兄长雷某思在我国香港地区成立了YD地产发展公司（以下简称地产公司），公司性质为无限责任公司。

1993年3月，雷某思与张某月在我国香港地区成立YD房地产公司。

11月22日，地产公司与厦门HC建设发展总公司（以下简称HC公司）签订《合作兴建与经营WJ花园新城合同书》，约定HC公司提供建设用地，地产公司提供全部开发建设资金，双方共同建设、经营WJ花园新城（以下简称WJ花园）。1994年8月底，HC公司退出合作项目。

1994年9月13日，厦门HC杏林台商投资区建设局颁发YD房地产公司《建设用地规划许可证》。

1994年10月12日，YD房地产公司在厦门设立全资子公司WJ公司，地产公司与WJ公司商定，将尚未办理房屋所有权和土地使用权登记手续的WJ花园冠名到WJ公司名下进行经营。

1996年9月26日，WJ公司取得国有土地使用权证；9月23日，WJ公司取得《建设工程规划许可证》。WJ公司于1997年被工商局注销，于2001年被吊销

---

① 案例名称：雷某城与厦门WJ房地产发展有限公司、YD房地产发展有限公司财产权属纠纷案

案　　号：（2006）民一终字第29号

法　　院：最高人民法院

原　　告：雷某城

被　　告：厦门WJ房地产发展有限公司（以下简称WJ公司），YD房地产发展有限公司（以下简称YD房地产公司）

来　　源：《最高人民法院公报》2007年第11期（总第133期）

企业法人营业执照，至今尚未清算。

WJ花园建设过程中，WJ公司与案外人AN公司产生合同纠纷诉至法院，法院作出民事调解书，确定WJ公司于2001年1月30日前向AN公司赔偿本息115万元。

2004年6月8日，雷某思声明，将其在地产公司的所有股份转让给雷某城，并于2005年4月26日再次发表声明，将地产公司的所有股份和WJ花园的所有资产转让给雷某城。

雷某城向法院起诉WJ公司及WJ公司股东YD房地产公司，请求将WJ公司名下的WJ花园项目所有权和土地使用权确认归其所有。涉案法律关系见图6-2。

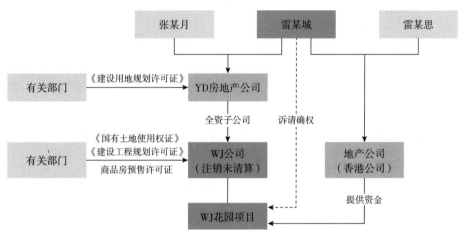

图6-2　涉案法律关系

审理意见

争议焦点：雷某城是否为WJ公司名下的WJ花园项目房地产的所有权人？

法院认为，依据《城市房地产管理法》的规定，房地产权属证书是确定房地产所有权人的法定凭证。WJ公司取得HC新区01-C地块7700.24平方米的土地使用权证及WJ花园（一期）项目的商品房预售许可证后，依法成为WJ花园（一期）项目房地产的所有权人。雷某城在不否认WJ公司取得WJ花园项目讼争房地产权属证书合法性的情形下，认为其为讼争房地产实际所有权人的主张，不符合"一物一权"的物权确权原则，本院不予支持。

2005年出台的《公司法》第一百八十四条[①]规定，公司因被吊销营业执照而解

散的，应当在解散事由出现之日起十五日内成立清算组，开始清算。逾期不成立清算组进行清算的，债权人可以申请人民法院指定有关人员组成清算组进行清算。人民法院应当受理该申请，并及时组织清算组进行清算。1988年出台的《企业法人登记管理条例》第三十三条规定，企业法人被吊销《企业法人营业执照》，其债权债务由主管部门或者清算组织负责清理。《最高人民法院关于企业法人营业执照被吊销后，其民事诉讼地位如何确定的复函》及《最高人民法院经济审判庭关于人民法院不宜以一方当事人公司营业执照被吊销，已丧失民事诉讼主体资格为由，裁定驳回起诉问题的复函》意见表明，企业被吊销营业执照后，应当依法进行清算。企业未进行清算，债权人可以起诉企业股东或者开办单位承担清算责任。

根据上述法律规定，并参照最高人民法院函复意见，WJ公司被吊销营业执照后，应当启动清算程序。雷某城可以通过清算程序确认其所享有的权益，并在确认基础上履行相应义务。如WJ公司及其股东YD房地产公司不履行清算义务，雷某城可依法申请人民法院组成清算组进行清算或请求判令WJ公司及YD房地产公司承担清算义务。WJ公司在诉讼中认可雷某城提出的全部主张，同意将WJ花园房地产权属确权给雷某城。本院二审中，WJ公司与雷某城主张调解，WJ公司同意将WJ花园项目确权给雷某城所有。WJ公司上述诉讼中的自认及提出的调解意见，均是对WJ花园项目房地产的处分，在其未启动清算程序，对雷某城享有权益进行确认前，对公司主要资产进行处分，不符合法律规定的债务履行程序。

如果WJ公司尚有其他债务，其在清算前将公司主要资产处分给雷某城，必然损害其他债权人利益，不符合公平原则，故WJ公司通过自认或调解方式对公司资产进行的处分，本院均不予支持。

综上所述，法院判决驳回雷某城的所有诉讼请求。

实务解读

本案例中，公司未经清算程序即分配资产，可能损害公司利害关系人利益，因此受到法院的否定。

一、解散清算制度坚持程序公正原则

"以程序的正义保障结果的公平是公司解散清算制度的首要价值。"[①] 健康的

---

① 刘敏：《公司解散清算制度》，北京大学出版社2012年版，第45页。

市场既需要市场准入规定，也需要完善的市场主体退出制度。作为规范市场主体退出程序的规定，公司解散清算制度，旨在妥善处理即将完结的公司善后事宜，使其存续期间建立的各种法律关系平稳归于消灭，实现公司合法退出市场，保障公司债权人等利害关系人的利益实现，维护社会交易秩序和信用体系。

只有清算程序得到认真遵守，公司清算的目的才能实现。因此，最高人民法院强调"人民法院审理公司强制清算案件，应当严格依照法定程序进行，坚持在程序正义的基础上实现清算结果的公正"。①

根据我国现行法律法规的规定，完整的清算程序包括开始清算、终结现存事务、清查公司财产、追收债权和财产、收取未缴出资、债权确认、债务清偿、分配剩余财产、结束清算事务等九大环节，具体执行流程如图6-3所示。

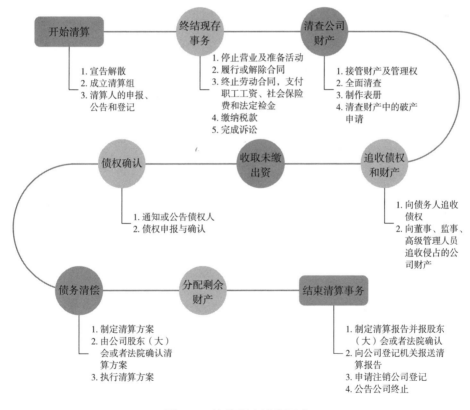

图6-3 清算程序流程示意

<hr/>

① 参见《最高人民法院印发〈关于审理公司强制清算案件工作座谈会纪要〉的通知》（法发〔2009〕52号）。

二、遵循清算程序、全面履行清算义务保护利害关系人利益

解散清算中对资产的管理、处分、债权的确认等环节是否能够依法进行直接影响着利害关系人利益最终能否公平实现。因此，公司解散清算制度的程序正义对利害关系人利益保护至关重要。

在前文中，我们介绍了清算义务人主体的界定问题。清算义务人是负有"清算义务"的主体，"清算义务"主要包括依法组织清算人（执行清算程序的主体）启动清算和协助清算工作，如提供财务会计报告、会计账簿、原始凭证、公司财产清单等。[①]

为防止公司利害关系人利益受到不当侵害，《公司法解释（二）》规定了清算义务人未尽清算义务侵害债权责任，包括不作为和作为两种情况（图6-4）。

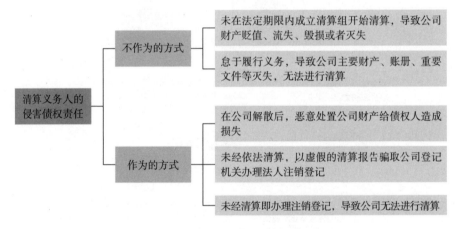

图6-4　清算义务人的侵害债权责任示意

1.不作为的方式

（1）未在法定期限内成立清算组，导致公司财产贬值、流失、毁损或者灭失

公司被吊销营业执照、责令关闭或者被撤销而解散的，应当在解散事由出现之日起十五日内成立清算组，开始清算。清算组由董事组成，也可以由公司章程的规定或股东会决议另选他人组成。清算义务人若未及时履行清算义务，给公司或债权人造成损失的，应当承担赔偿责任。

---

① 李建伟：《公司清算义务人基本问题研究》，载《北方法学》2010年第2期，第72页。

关联案例 || 李某波、包某慧股东损害公司债权人利益责任纠纷案，河南省许昌市中级人民法院（2020）豫10民终341号

法院认为，HJ建筑公司于2013年被吊销营业执照三年后才成立清算组，且在HJ建筑公司被吊销营业执照时对外尚有1178万元的债权，后王某军于2015年申请执行HJ建筑公司一案因HJ建筑公司无可供执行的财产而被终本执行，综上，HJ建筑公司的股东作为清算义务人，在公司被吊销营业执照后尚有对外债权的情况下未及时进行清算，导致被上诉人王某军债权无法得到实现，HJ建筑公司的股东应对涉案债权承担赔偿责任。

（2）怠于履行义务，导致公司主要财产、账册、重要文件等灭失，无法进行清算

《公司法解释（二）》规定"怠于履行义务"而不是"怠于履行清算义务"，说明股东怠于履行的不仅包括清算义务，还包括清算义务以外的义务，比如建立完善公司会计财务制度、监督公司治理等义务。[①]在出现公司股东或者主要责任人下落不明，公司重要会计账簿、交易文件灭失，公司财务制度不规范，无法确定公司账簿真实性和完整性而无法清算等情形的情况下，则无须以清算义务人是否启动清算程序为前提而认定清算义务人构成"怠于履行义务"。

关联案例 || 白某悦等与白某等股东损害公司债权人利益责任纠纷案，北京市第三中级人民法院（2018）京03民终15140号

法院认为，本案中，因CZ公司已被依法吊销，出现法定解散事由，应当依法组成清算组对公司财产予以清算。公司股东有义务履行清算责任，现鹿某、鹿某德、王某拉、白某悦作为CZ公司股东均未举证证明履行了法定清算义务，且鹿某德当庭认可无法提供公司的账册、公章等重要文件，导致无法对该公司予以清算，故白某、白某梅作为CZ公司债权人向上述四位股东主张对公司债务承担连带清偿责任，具有事实和法律依据。

---

① 蒋大兴：《公司法的观念与解释Ⅲ》，法律出版社2009年版，第323—325页。

2. 作为的方式

（1）公司解散后，恶意处置公司财产给债权人等利害关系人造成损失

对公司财产的处置，既包括事实上的处置也包括法律上的处置。事实上的处置是就公司财产加以改造、毁损、外部的加工变形等行为；法律上的处置则包括转让财产、抛弃财产、免除债务、债务承担、在财产上设定抵押等行为。在实践中，对清算义务人及实际控制人恶意处置公司财产的行为应当作广义解释，即既包括事实上的处置也包括法律上的处置。①

清算义务人及实际控制人在公司解散后恶意处置公司财产给公司债权人造成损失的，应当对公司债务承担赔偿责任。公司清算义务人及实际控制人对公司债务承担赔偿责任必须同时具备主观要件和客观要件。②

关联案例 ‖ 云南JH石化有限公司、中某油KL天然气利用有限公司股东损害公司债权人利益责任纠纷案，广东省深圳市中级人民法院（2018）粤03民终23164号

法院认为，第一，应当先明确，转让涉案股权是否导致公司财产流失、公司是否能清偿债权的举证责任，应当是公司股东还是债权人。本院认为，公司出现非破产原因的解散事由时，原则上推定只要公司依法进行清算，债权人在清算程序中理应得到全额的清偿。但是由于有限责任公司的股东没有及时启动清算程序清偿债务，债权人在经强制执行债务人财产不能获得清偿的部分，应当首先推定为债务人的清算义务人未及时启动清算程序所造成的公司财产的减少部分。因此，除非清算义务人能够举证证明该部分财产减少不是其不作为造成的，否则清算义务人就要对公司不能清偿债权人的部分予以清偿。因此，对于云南KL公司至今未能清偿云南JH石化有限公司（以下简称JH公司）债务，其股东中某油KL天然气利用有限公司（以下简称中某油KL公司）应当承担就其转让涉案股权并未造成云南KL公司无法清偿债务的举证责任，也就是中某油KL公司应当就现有财

---

① 徐强胜：《公司纠纷裁判依据新释新解》，人民法院出版社2014年版，第327—328页。

② 最高人民法院民事审判第二庭编著：《最高人民法院关于公司法司法解释（一）、（二）理解与适用》，人民法院出版社2015年版，第438—439页。

产是否能清偿JH公司债务承担举证责任，否则应当承担举证不能的不利后果，否则中某油KL公司就要对债务人不能清偿JH公司的部分予以清偿。

第二，（2014）昆民五终字第29号生效民事判决中认定，中某油KL公司提交了《会计报表》，反映出云南KL公司自2010年11月4日成立至2012年10月31日这一期间各项财务数据均为零，公司无任何经营行为，该案二审中，云南KL公司亦明确陈述公司成立至今接近四年没有经营行为，由此可见，云南KL公司从成立至今均无经营行为，也无收入，现有证据证明云南KL公司持有的涉案股权为其仅有的财产，中某油KL公司作为股东，在明知云南KL公司被判决解散后，转让云南KL公司财产，导致公司财产流失。

第三，关于涉案股权是否无偿转让的问题，中某油KL公司主张云南KL公司向DX大华公司转让85%DX天然气公司股权并非无偿转让，该股权实际上是由云南KL公司代但某彬持有，云南KL公司提交了但某彬向云南KL公司汇款4250万元的银行转账予以证明。本院认为，首先，中某油KL公司主张云南KL公司代但某彬代持DX天然气公司的股权，其未能提交股权代持协议等证据予以证明。其次，但某彬向云南KL公司支付4250万元的银行转账凭证中附言处记载为借款或购买钢材，无法确认该款项为但某彬支付出资款。最后，云南KL公司二审期间提交的《借条》记载，其借到但某彬4250万元，用于天然气综合利用开发项目中于DX市城市建设投资有限责任公司共同出资设立新的公司时，作为云南KL公司的注册资金使用，足以证明但某彬向云南KL公司支付4250万元的性质为借款，并非但某彬因代持股权关系而支付的出资款。因此，云南KL公司向DX大华公司转让股权属于无偿转让，JH公司该上诉理由成立，本院予以采纳。

综上，中某油KL公司未依约履行清算义务，无偿转让涉案股权，云南KL公司转让涉案股权导致公司财产流失，无法偿还债权人JH公司的债务，云南KL公司应当在造成损失范围内对债务承担赔偿责任。

（2）未经依法清算，以虚假的清算报告骗取公司登记机关办理法人注销登记

《公司法》（2023年修订）第二百三十九条规定，公司清算结束后，清算组应当制作清算报告，报股东会或者人民法院确认，并报送公司登记机关，申请

注销公司登记。清算义务人以虚假的清算报告骗取公司登记机关办理法人注销登记，应当对公司债务承担相应的赔偿责任。

关联案例 || 刘某海、张某企股东损害公司债权人利益责任纠纷案，广东省深圳市中级人民法院（2018）粤03民终4376号

法院认为，SSQDE公司在深圳商报上刊登了《清算公告》，要求债权人向清算组申报债权，但刘某海通过邮政特快专递寄送《债权申报书》，收件人、电话、地址均与《清算公告》上刊登的一致，却因原写地址不详、电话无法打通等原因被退件，可见，《清算公告》中刊登的联系方式为无法接收债权人申报材料的无效联系方式。《清算公告》中载明"债权人应前往清算组申报"债权，但在联系方式无效的情况下，即使债权人前往亦无法联系并进行申报。SSQDE公司在清算之前，曾通知刘某海，即明知刘某海的债权存在，但张某企、张某宁作为实际经营者及股东，却向公司登记机关作出债务已清偿完毕的虚假陈述，导致SSQDE公司被注销，该行为损害了债权人的合法权益，张某企、张某宁依法应当承担相应的赔偿责任。

（3）未经清算即办理注销登记，导致公司无法进行清算

公司在注销前必须先进行清算，清算组在办理公司注销登记时，并未将公司所欠的债务纳入清算报告内，致使公司注销后仍然存在未了结的债务的，属于未尽到清算责任，应视为未清算。

关联案例 || 康某华、柯某立等清算责任纠纷案，福建省厦门市中级人民法院（2022）闽02民终1108号民事判决书

法院认为，柯某立、陈某侦作为YQ公司的清算义务人，在未对案涉有机质肥料厂项目所涉债权债务关系进行清算的情况下，向市场监督管理部门提交"债权债务已清算完结"的《企业注销登记申请书》和《简易注销全体

投资人承诺书》，对YQ公司予以简易注销，导致公司无法进行清算，造成了康某华投资款的损失。且柯某立、陈某侦在《简易注销全体投资人承诺书》承诺对"债权债务已清算完结"等陈述的真实性负责，否则承担相应法律后果和责任。故柯某立、陈某侦应当对康某华的损失承担赔偿责任。

实务建议

清算是公司退出市场的最后一道法律屏障，清算义务人应当遵循法定清算程序的指引，在股东补缴出资、支付劳动报酬、税费、清偿债务后，方可分配剩余财产，进而注销公司。

清算义务人不予清算、不当清算、虚假清算、违法清算，企图让债权人的债权"化为乌有"，损害债权人利益，将承担相应的连带清偿责任。因此我们建议以下两点。

一、避免羊入虎口——按照法定程序全面履行清算义务

清算义务人的法定"清算义务"包括启动、组织清算程序的义务和妥善保管公司财务资料、公司资产的义务。因此，为按照法律法规的指引，全面履行清算义务，清算义务人应当做到以下三点。

首先，在公司经营管理过程中，建立、完善公司财务会计制度，督促完善公司内部治理制度，妥善保管公司财务凭证、财务账簿等。

其次，当公司解散后，依法及时组织清算人启动清算。如果是自行清算的，清算义务人应当负责召集、主持首次清算人会议，推选清算负责人开始清算。

最后，清算程序启动后，清算义务人也要积极参与清算工作，配合、协助清算工作，向清算人提供财务会计报告、会计账簿、原始凭证等，配合清算人完成对公司资产的清点核查，协助完成对债权人的通知和公告。

二、及时亡羊补牢——债权人密切关注，必要时启动强制清算

债权人等利害关系人面对债务人解散事由出现，应及时与债务人就清偿债务事宜进行沟通，并保留证据。随后债权人应密切关注债务人动向，确认清算人是否启动清算程序。

如果未启动清算程序，债务人股东是否存在转移、处分公司资产的损害债权的行为。如果债务人迟迟不启动清算程序，债权人等利害关系人此时应果断向法院申请，由人民法院指定有关人员组成清算组进行强制清算，以维护自身合法权益。

法律适用

《中华人民共和国公司法》（2023 年修订）

第二百二十九条 公司因下列原因解散：

（一）公司章程规定的营业期限届满或者公司章程规定的其他解散事由出现；

（二）股东会决议解散；

（三）因公司合并或者分立需要解散；

（四）依法被吊销营业执照、责令关闭或者被撤销；

（五）人民法院依照本法第二百三十一条的规定予以解散。

公司出现前款规定的解散事由，应当在十日内将解散事由通过国家企业信用信息公示系统予以公示。

第二百三十二条 公司因本法第二百二十九条第一款第一项、第二项、第四项、第五项规定而解散的，应当清算。董事为公司清算义务人，应当在解散事由出现之日起十五日内组成清算组进行清算。

清算组由董事组成，但是公司章程另有规定或者股东会决议另选他人的除外。

清算义务人未及时履行清算义务，给公司或者债权人造成损失的，应当承担赔偿责任。

第二百三十三条 公司依照前条第一款的规定应当清算，逾期不成立清算组进行清算或者成立清算组后不清算的，利害关系人可以申请人民法院指定有关人员组成清算组进行清算。人民法院应当受理该申请，并及时组织清算组进行清算。

公司因本法第二百二十九条第一款第四项的规定而解散的，作出吊销营业执照、责令关闭或者撤销决定的部门或者公司登记机关，可以申请人民法院指定有关人员组成清算组进行清算。

第二百三十四条 清算组在清算期间行使下列职权：

（一）清理公司财产，分别编制资产负债表和财产清单；

（二）通知、公告债权人；

（三）处理与清算有关的公司未了结的业务；

（四）清缴所欠税款以及清算过程中产生的税款；

（五）清理债权、债务；

（六）分配公司清偿债务后的剩余财产；

（七）代表公司参与民事诉讼活动。

第二百三十五条　清算组应当自成立之日起十日内通知债权人，并于六十日内在报纸上或者国家企业信用信息公示系统公告。债权人应当自接到通知之日起三十日内，未接到通知的自公告之日起四十五日内，向清算组申报其债权。

债权人申报债权，应当说明债权的有关事项，并提供证明材料。清算组应当对债权进行登记。

在申报债权期间，清算组不得对债权人进行清偿。

第二百三十六条　清算组在清理公司财产、编制资产负债表和财产清单后，应当制订清算方案，并报股东会或者人民法院确认。

公司财产在分别支付清算费用、职工的工资、社会保险费用和法定补偿金，缴纳所欠税款，清偿公司债务后的剩余财产，有限责任公司按照股东的出资比例分配，股份有限公司按照股东持有的股份比例分配。

清算期间，公司存续，但不得开展与清算无关的经营活动。公司财产在未依照前款规定清偿前，不得分配给股东。

第二百三十七条　清算组在清理公司财产、编制资产负债表和财产清单后，发现公司财产不足清偿债务的，应当依法向人民法院申请破产清算。

人民法院受理破产申请后，清算组应当将清算事务移交给人民法院指定的破产管理人。

第二百三十八条　清算组成员履行清算职责，负有忠实义务和勤勉义务。

清算组成员怠于履行清算职责，给公司造成损失的，应当承担赔偿责任；因故意或者重大过失给债权人造成损失的，应当承担赔偿责任。

第二百三十九条　公司清算结束后，清算组应当制作清算报告，报股东会或者人民法院确认，并报送公司登记机关，申请注销公司登记。

《最高人民法院关于适用〈中华人民共和国公司法〉若干问题的规定（二）》（2020年修正）

第七条 公司应当依照民法典第七十条、公司法第一百八十三条的规定，在解散事由出现之日起十五日内成立清算组，开始自行清算。

有下列情形之一，债权人、公司股东、董事或其他利害关系人申请人民法院指定清算组进行清算的，人民法院应予受理：

（一）公司解散逾期不成立清算组进行清算的；

（二）虽然成立清算组但故意拖延清算的；

（三）违法清算可能严重损害债权人或者股东利益的。

第十一条 公司清算时，清算组应当按照公司法第一百八十五条的规定，将公司解散清算事宜书面通知全体已知债权人，并根据公司规模和营业地域范围在全国或者公司注册登记地省级有影响的报纸上进行公告。

清算组未按照前款规定履行通知和公告义务，导致债权人未及时申报债权而未获清偿，债权人主张清算组成员对因此造成的损失承担赔偿责任的，人民法院应依法予以支持。

第十五条 公司自行清算的，清算方案应当报股东会或者股东大会决议确认；人民法院组织清算的，清算方案应当报人民法院确认。未经确认的清算方案，清算组不得执行。

执行未经确认的清算方案给公司或者债权人造成损失，公司、股东、董事、公司其他利害关系人或者债权人主张清算组成员承担赔偿责任的，人民法院应依法予以支持。

第十八条 有限责任公司的股东、股份有限公司的董事和控股股东未在法定期限内成立清算组开始清算，导致公司财产贬值、流失、毁损或者灭失，债权人主张其在造成损失范围内对公司债务承担赔偿责任的，人民法院应依法予以支持。

有限责任公司的股东、股份有限公司的董事和控股股东因怠于履行义务，导致公司主要财产、账册、重要文件等灭失，无法进行清算，债权人主张其对公司债务承担连带清偿责任的，人民法院应依法予以支持。

上述情形系实际控制人原因造成，债权人主张实际控制人对公司债务承担相应民事责任的，人民法院应依法予以支持。

第十九条　有限责任公司的股东、股份有限公司的董事和控股股东，以及公司的实际控制人在公司解散后，恶意处置公司财产给债权人造成损失，或者未经依法清算，以虚假的清算报告骗取公司登记机关办理法人注销登记，债权人主张其对公司债务承担相应赔偿责任的，人民法院应依法予以支持。

第二十条　公司解散应当在依法清算完毕后，申请办理注销登记。公司未经清算即办理注销登记，导致公司无法进行清算，债权人主张有限责任公司的股东、股份有限公司的董事和控股股东，以及公司的实际控制人对公司债务承担清偿责任的，人民法院应依法予以支持。

公司未经依法清算即办理注销登记，股东或者第三人在公司登记机关办理注销登记时承诺对公司债务承担责任，债权人主张其对公司债务承担相应民事责任的，人民法院应依法予以支持。

直击反间计策：公司僵局的认定和救济

知识要点：公司僵局的认定

> ### ┌── 计策释义 ──
>
> 反间计：疑中之疑。比之自内，不自失也。
>
> 在疑阵中再布疑阵，比照此法，使来自敌方内部的间谍归顺于我。使敌方内部自生矛盾，我方就可万无一失。

《孙子兵法》特别强调间谍的作用，认为将帅打仗必须事先了解敌方的情况。要准确掌握敌方的情况，不要靠鬼神，不要靠经验。"必取于人，知敌之情者也"，这里的"人"就是间谍。《孙子兵法·用间篇》指出有五种间计——因间、内间、生间、死间、反间。反间是指识破对方的阴谋算计，巧妙地利用对方的阴谋诡计进行攻击。收买或利用敌方派来的间谍为我所用的计策就是反间。在解决问题时，要从问题的内部寻找可信任的盟友，发展密切关联的关系，从不利境地中找到为我所用的资源。

在经营公司过程中，当己方表决权不具备相对优势时，就需要"反间"联合其他股东，争取支持，但需要警惕"骑墙派"股东。

裁判摘要

人民法院对于应否解散公司应综合考虑公司的设立目的能否实现、公司运行障碍能否消除等因素。只有公司经营管理出现严重困难，严重损害股东利益，且穷尽其他途径不能解决的，才判决解散公司。

基本案情[①]

2002年3月7日，DDHC公司成立，现股东出资比例为：温某生出资517.64万元，占注册资本17.97%；韦某书出资639.41万元，占注册资本22.2%；黄某良出资611.06万元，占注册资本21.21%；刘某出资537.48万元，占注册资本18.67%；李某东出资574.41万元，占注册资本19.95%。

2007年6月3日，DDHC公司就股东股份分红事宜召开股东会并作出股东会决议。刘某对该股东会决议提出反对意见，认为该决议确定的分红方案无依据，应按照工商登记的持股比例进行分配。

2009年1月17日，DDHC公司就工程款债务问题召开股东会，刘某未参加该次股东会议。该会议决议各股东分别再向公司出资共计22万元，其中刘某应出资4万元。

2009年7月26日，DDHC公司召开临时股东会，会议决议内容主要为审核公司财务、项目部收支情况。刘某参加了此次股东会且未有异议。

后刘某与DDHC公司实际控制股东矛盾激化。2012年3月9日，DDHC公司以刘某未返还借款为由向法院起诉，法院支持诉请且判决已经生效。2012年，刘某以DDHC公司未返还借款为由向法院起诉，法院判决驳回刘某的全部诉讼请求且判决已经生效。

2014年8月8日、11月26日，刘某以书面方式向DDHC公司分别就公司盈利分配方案及精减人员配置事项提议召开临时股东会。DDHC公司均未予回复。

刘某以DDHC公司已持续7年多未召开股东会，亦未形成有效的股东会决议，经营管理出现严重困难，其投资设立公司的目的无法实现，合法权益遭到损害为由，诉至法院，请求法院判令解散DDHC公司。

---

① 案例名称：广西DDHC房地产开发有限公司、刘某公司解散纠纷案
案　　号：（2017）最高法民再373号
法　　院：最高人民法院
原　　告：刘某
被　　告：广西DDHC房地产开发有限公司（以下简称DDHC公司）
第 三 人：韦某书，温某生，李某东，黄某良

审理意见

争议焦点：DDHC公司是否符合法定解散条件应予解散。

再审法院认为，公司解散属于公司的生死存亡问题，关涉公司股东、债权人及员工等多方利益主体，关涉市场经济秩序的稳定和安宁。因此，人民法院对公司解散应慎重处理，应综合考虑公司的设立目的能否实现、公司运行障碍能否消除等因素。只有公司经营管理出现严重困难，严重损害股东利益，且穷尽其他途径不能解决的，才判决解散公司。

就本案而言，第一，DDHC公司尚不存在公司经营管理发生严重困难的情形。判断"公司经营管理是否发生严重困难"，应从公司组织机构的运行状态进行综合分析，如股东会、董事会以及监事会等公司权力机构和管理机构是否无法正常运行，是否对公司事项无法作出有效决议，公司的一切事务是否处于瘫痪状态等。本案中，虽然DDHC公司自2009年召开股东会后未再召开股东会，也未召开董事会，但是根据合计持股60.12%的股东（温某生17.97%、韦某书22.2%、李某东19.95%）明确表示不同意解散公司的事实可知，即便持股18.67%的股东刘某不参加股东会，DDHC公司仍可以召开股东会并形成有效决议。这一推断也被DDHC公司于2017年3月23日召开临时股东会并制定有效公司章程的事实所印证。刘某称其与黄某良的股权合计已经超过DDHC公司股份总额的三分之一，但刘某并无证据证明黄某良同意解散公司。至诉讼时，黄某良虽未出庭并陈述意见，但其已经签收本案相关法律文书，无法认定其是否反对股东会作出的决议。未召开股东会并不等于无法召开股东会，更不等于股东会议机制失灵，故刘某提出公司机制失灵的理由不成立。

刘某主张其股东权利无法行使，投资设立公司的目的无法实现。本院认为，公司的法人性质及多数决的权力行使模式决定公司经营管理和发展方向必然不能遵循所有投资人的意志，会议制度的存在为所有参与者提供表达意见的机会，但是最终的结果仍应由多数决作出，除非有例外约定。刘某作为持股比例较低的股东，在会议机制仍能运转的前提下，若认为其意见不被采纳进而损害自己的利益，可采取退出公司等方式维护自己的权益，据此主张公司应当解散的理由不成立。刘某主张DDHC公司目前处于歇业状态，但其提交的证据不能予以证明。《企业信用信息公示报告》中显示DDHC公司的登记状态是存续，《开发资质查询结果》

《建设工程规划许可查询结果》《预售许可情况查询结果》也不能证明DDHC公司处于歇业状态。刘某还主张DDHC公司是房地产开发公司，仅开发DDHC公司一个项目，该项目已经建设销售完毕，DDHC公司无存续必要。但在再审庭审中对于法院"公司现在经营情况怎样"的询问，DDHC公司回应称"部分公司车位未销售完毕，现在正在正常经营。原来的主要项目未销售完毕，现在无新的项目开发"，对此刘某并未提出充分的证据予以反驳。因此，DDHC公司并未陷入公司经营管理失灵无法正常运转的局面，公司经营管理并未发生严重困难。

第二，DDHC公司继续存续并不会使股东利益受到重大损失。前已述及，DDHC公司并不存在经营管理发生严重困难的情形，在此前提下，公司继续存续是否会使"股东利益受到重大损失"应结合股东利益的救济方式进行综合分析。如果有其他途径对股东的利益予以救济，则不宜通过解散公司的方式进行。刘某主要因要求DDHC公司分红未果以及公司财务不公开等事项而与DDHC公司及其他股东产生矛盾，属于股东分红请求权、知情权纠纷。依照《公司法》的规定，股东认为上述权利受到侵害的，可以诉请要求分配利润或提供账册查询，性质上不属于公司解散诉讼的受理事由。刘某主张DDHC公司仅对其提起返还借款诉讼属于差别对待，一审法院作出（2013）南市民二终字第122号民事判决，支持DDHC公司的诉讼请求，令刘某返还借款。DDHC公司主张债权的行为属于合法行为，刘某主张差别对待，严重损害其利益的理由不成立。刘某主张DDHC公司财务状况异常混乱，存在内外账、会计账和出纳账常年不符、款项支付不明、财务凭证不齐等问题，但其提供的证据不足以认定该事实。刘某主张DDHC公司经营亏损，继续经营会严重损害股东利益。根据《公司法》（2013年修正）第一百八十二条和《公司法解释（二）》第一条的规定，公司经营亏损不属于法定解散事由，本院不予支持。在刘某尚未采取其他法律措施维护自己权利的情况下，就本案现有证据而言，尚不足以证实DDHC公司继续存续会使股东利益受到重大损失。

从本案诉讼来看，刘某与其他股东之间的矛盾的确难以调和，但股东之间的矛盾并非解散公司的法定事由，股东纠纷可采取内部解决方式（如知情权、分红请求权、股权退出机制）来解决。公司解散对于公司而言，是最严厉、最具破坏性的结果，若非万不得已，不宜选择以解散公司的办法来解决股东之间的矛盾，从而维护社会关系的稳定，保障债权人的利益。DDHC公司各股东之间应本着诚信原则和公平原则，化干戈为玉帛，求同存异，妥善处理好股东之间的矛盾。

综上所述，再审法院撤销原生效判决，改判DDHC公司不符合公司法定解散条件，不应予以解散，驳回刘某的全部诉讼请求。

实务解读

"公司僵局，是指因股东之间、公司董事等高级管理人员之间出现难以调和的利益冲突与矛盾，导致公司运行机制失灵，公司事务处于瘫痪，无法形成有效的经营决策的状态。这一概念属于描述性概念，需要法官发挥其主观能动性，在法律使用时体现一定的灵活性，妥当地裁决案件。"[①] 司法强制解散公司是解决公司僵局的一项重要法律制度。"有限公司股东困境的根源在于闭锁性特征，公司司法解散能够分离对立股东而彻底解决股东利益冲突，为股东提供司法退出救济。"[②]

我国2005年修正后的《公司法》已对股东请求解散公司的条件作出了特别规定，明确在"公司经营管理出现严重困难，继续存续会使股东利益受到重大损失"的情况下，股东有权提起解散公司诉讼。本次《公司法》（2023年修订）第二百三十一条规定："公司经营管理发生严重困难，继续存续会使股东利益受到重大损失，通过其他途径不能解决的，持有公司百分之十以上表决权的股东，可以请求人民法院解散公司。"

司法实践中，对于"公司经营管理发生严重困难"的认定是法院审理的焦点，实务中对该要件应如何解释始终存在争议。例如，所谓经营管理困难是指经营困难，还是管理困难。最高人民法院通过指导性案例的形式体现了其对经营管理困难的理解，侧重于管理困难，而非经营绩效的困难。

一、"公司经营管理发生严重困难"侧重于公司管理方面有严重内部障碍

"判断公司的经营管理是否出现严重困难，应当从公司的股东会、董事会或

① 梁上上：《公司僵局案的法律困境与路径选择——以新旧公司法对公司僵局的规范为中心展开》，载《浙江社会科学》2006年第2期，第68页。

② 耿利航：《公司解散纠纷的司法实践和裁判规则改进》，载《中国法学》2016年第6期，第212页。

执行董事及监事会或监事的运行现状进行综合分析的规则，公司是否处于盈利状况并非判断公司经营管理发生严重困难的必要条件。公司经营管理发生严重困难的侧重点在于公司管理方面存有严重内部障碍，如股东会机制失灵、无法就公司的经营管理进行决策等，不应片面理解为公司资金缺乏、严重亏损等经营性困难。"[1]因此，在该案例中，"法院不是终结了一个'好公司'，而是终结了一个'存在管理困境的好公司'——法院关注的不是公司本身的'经营绩效'，而是公司本身的'管理障碍'"。[2]

> **关联案例 || 林某清与常熟市KL实业有限公司公司解散纠纷案，江苏省高级人民法院（2010）苏商终字第0043号[3]**
>
> 　　裁判要旨：2005年《公司法》第一百八十三条[4]将"公司经营管理发生严重困难"作为股东提起解散公司之诉的条件之一。判断"公司经营管理是否发生严重困难"应从公司组织机构的运行状态进行综合分析。公司虽处于盈利状态，但其股东会机制长期失灵，内部管理有严重障碍，已陷入僵局状态，可以认定为公司经营管理发生严重困难。对于符合《公司法》及相关司法解释规定的其他条件的，人民法院可以依法判决公司解散。

　　二、未召开股东会持续时间超过两年并非判断"公司经营管理严重困难"的绝对条件

　　最高人民法院发布《公司法解释（二）》明确列举了"公司经营管理严重困难"的四种情形，其中包括公司持续两年以上无法召开股东会或者股东大会和因股东矛盾导致公司持续两年以上不能做出有效的股东会或者股东大会

---

　　[1]　最高人民法院案例指导工作办公室（执笔人：陈龙业）：《指导案例8号〈林方清诉常熟市凯莱实业有限公司、戴小明公司解散纠纷案〉的理解与参照》，载《人民司法·应用》2012年第15期，第59页。

　　[2]　蒋大兴：《"好公司"为什么要判决解散——最高人民法院指导案例8号评析》，载《北大法律评论》（2014）第15卷·第1辑，第7页。

　　[3]　本案例为2012年最高人民法院发布第二批指导性案例之案例八。

　　[4]　2013年12月28日修改后的《公司法》将该条文序号调整为第一百八十二条。

决议，即可体现"股东僵局和董事僵局所造成的公司经营管理上的严重困难，即公司处于事实上的瘫痪状态，体现公司自治的公司治理结构完全失灵，不能正常进行经营活动，如果任其继续存续下去，将会造成股东利益的损失"。[①]但是，未召开股东会持续时间超过两年并非判断"公司经营管理发生严重困难"的绝对条件。

关联案例 ‖ 海南LRHY旅业开发有限公司、海南DY投资有限公司公司解散纠纷案，最高人民法院（2018）最高法民申280号

法院认为，根据海南LRHY旅业开发有限公司（以下简称LRHY公司）《公司章程》关于"股东会会议应对所议事项作出决议，决议应由全体股东表决通过"的规定，LRHY公司已难以形成有效的股东会决议，股东会机制已经失灵，LRHY公司陷入僵局。LRHY公司主张，2016年1月15日LRHY公司召开股东会并作出有效的股东会决议，至本案诉讼时尚未满两年，原判决认定事实错误，LRHY公司不符合法定解散条件。本院认为，未召开股东会持续时间不足两年并非阻碍判定公司解散的绝对条件。如前所述，判定公司能否解散应根据《公司法》第一百八十二条的规定予以综合判断。故即使2016年1月15日LRHY公司召开股东会且作出了股东会决议，亦不能得出LRHY公司尚未陷入公司僵局的结论。

三、"公司经营管理发生严重困难"包括股东控制权势力悬殊下的股东压制

在司法实践中，公司内部治理的严重阻碍，不仅包括势均力敌的股东之间的"对峙"，还包括多数股东或控股股东对小股东的"暴政"。因此，有学者提出此种股东压制也应包含于解散事由之中。[②]"股东压制是对于股权集中度较高

---

① 宋晓明、张勇健、刘敏：《〈关于适用公司法若干问题的规定（二）〉的理解与适用》，载《人民司法·应用》2008年第11期，第18页。
② 李建伟：《股东压制的公司法救济：英国经验与中国实践》，载《环球法律评论》2019年第3期，第156页。

的公司中多数股东与少数股东之间关系的一种描述。前者利用股东会上的表决权优势或者董事会的多数席位而实质性剥夺后者参与公司经营管理权，压制由此而生。作为英美《公司法》的一个常用概念，股东压制通常表达的是少数股东遭受多数股东的诸种不公平对待。"[①]

> **关联案例 ‖ 重庆 ZH 实业（集团）有限公司与重庆 ZH 机电工业有限公司股东知情权及公司解散纠纷案，最高人民法院（2007）民二终字第 31 号**
>
> 法院认为，重庆 ZH 实业（集团）有限公司利用大股东的控制地位，违反公司章程规定，使小股东始终不能行使决策经营权、不能享有知情权，且小股东在股东会决议上对大股东作出的相关报告始终表示反对，对重庆 ZH 实业（集团）有限公司通过相关转嫁投资、交易及利用公司资产为自己贷款作抵押等行为提出严重异议，重庆 ZH 机电工业有限公司已形成经营管理僵局。由于大股东在诉讼前及诉讼中的相关表现，该院有理由认为如果公司继续存续，会使股东权利受到重大损失。本案在这种情况下判决公司解散，有利于保护小股东的合法利益。

实务建议

有限公司不同于公众公司，更为注重股东之间的人合性基础，不管是势均力敌的股东之间的"对峙"，还是势力悬殊的股东压制，都可能造成公司内部决策机制失灵，造成公司僵局的局面。

因此，股东诉请司法解散公司成为退出公司的救济途径之一。但是，从利益衡量方面考虑，司法解散其实已经是下策，尤其是对于尚能正常营业甚至处于盈利状态的公司而言。为防止陷入公司僵局，我们建议股东在事前做好预防措施，避免可能产生不可调和的矛盾，而不得不司法解散公司。

[①] 李建伟：《司法解散公司事由的实证研究》，载《法学研究》2017年第4期，第124页。

一、不给"反间"留余地——优化公司股权比例结构

在前述案例中，要么两方股东持股比例对等（50%对50%），要么两方股东中一方股东占据控股地位，在股东双方就经营理念出现分歧的时候，要么争执不下，要么绝对压制使另一方毫无"还击之力"。此外，如果两方股东约定持股比例40%对60%，那么须三分之二以上表决权通过的决议实际上需要全体股东一致同意，同样赋予了任意一方股东在重大事项上的一票否决权，造成了相互掣肘的局面。

因此，在设立公司或加入公司时，尤其是加入持股比较集中的公司时，股东应认真对待持股比例问题，尽量避免持股比例对等、相差悬殊或相互掣肘的持股比例，可以考虑持股51%或67%等。

二、争"权"方能夺"利"——合理设置表决权比例

除了出资比例，表决权比例对公司内部权力机关顺畅运行也至关重要。因此，应科学设置表决权比例。我国法院认可有限公司股东约定不按实际出资比例享有表决权。本次《公司法》（2023年修订）还新增了股份有限公司类别股制度，允许类别股每股的表决权数多于或少于普通股的股份。因此，可以考虑设置不同于出资比例的表决权比例，以防表决僵局，如章程规定，在某些事项上小股东可拥有51%的表决权。或者，在公司章程中约定特殊表决权事项，包括限制表决权、一票否决权、回避表决权等。限制表决权即限制控股股东在某些重大事项上所享有表决权的最高表决权数额。对于某些重大事项有特殊利益诉求的股东，可以创设一票否决权以保护自身利益。也可以在公司章程中，明确规定股东或者董事在表决公司事项时，对与其存在利益关联或冲突的草案议案时，应当回避不参与表决，以免损害公司和其他股东利益。

三、"失之东隅，收之桑榆"——通过董事会特定职权制衡

公司内部决策机构除了股东会，还有作为执行机构的董事会和监督机构的监事会。股东会、董事会和监事会在制度设计定位上本来就具有相互制约、制衡以及监督的功能。因此，股东可以在公司章程中明确约定选派董事、监事和经理等任命权限，选定进入董事会、监事会的人员名单，继而影响高级管理层人员的选任。此外，就股东会、董事会的职权分工，除了法律明文规定的事项

外，股东可以根据公司实际情况赋予董事会重要职权，通过董事会职能的行使在一定程度上弱化因出资比例而产生的地位失衡。

四、制度比人更可靠——提前设计，打破僵局机制

股东可以在公司章程中明确约定，在某些事项上股东会或董事会一旦形成僵持局面，无法作出决议，则启动打破僵局的机制，以保证公司的基本运行，最大限度地降低公司的损失。例如，明确约定赋予董事长在董事会出现表决僵局时以最终的决定权。规定董事会成员与股东会成员不得完全重合，在董事会出现表决僵局时将该事项提交股东会表决。

此外，还可以约定在出现僵局时，由双方信任的某个机构或人员（如特定人士组成的委员会、独立董事、独立监事、仲裁机构、[①]行业协会或行政主管部门）来居中调解或裁决，也可以由特定机构或人员暂时接管公司事务，以防公司经营因决策僵局而遭受破坏。

法律适用

《中华人民共和国公司法》（2023年修订）

第一百四十四条 公司可以按照公司章程的规定发行下列与普通股权利不同的类别股：

（一）优先或者劣后分配利润或者剩余财产的股份；

（二）每一股的表决权数多于或者少于普通股的股份；

（三）转让须经公司同意等转让受限的股份；

（四）国务院规定的其他类别股。

公开发行股份的公司不得发行前款第二项、第三项规定的类别股；公开发行前已发行的除外。

公司发行本条第一款第二项规定的类别股的，对于监事或者审计委员会成员的选举和更换，类别股与普通股每一股的表决权数相同。

第二百二十九条 公司因下列原因解散：

（一）公司章程规定的营业期限届满或者公司章程规定的其他解散事由出现；

---

① 李谧：《公司内部争议的可仲裁性》，载北京仲裁委员会微信公众号，2022年7月25日。

（二）股东会决议解散；

（三）因公司合并或者分立需要解散；

（四）依法被吊销营业执照、责令关闭或者被撤销；

（五）人民法院依照本法第二百三十一条的规定予以解散。

公司出现前款规定的解散事由，应当在十日内将解散事由通过国家企业信用信息公示系统予以公示。

第二百三十一条 公司经营管理发生严重困难，继续存续会使股东利益受到重大损失，通过其他途径不能解决的，持有公司百分之十以上表决权的股东，可以请求人民法院解散公司。

《最高人民法院关于适用〈中华人民共和国公司法〉若干问题的规定（二）》（2020年修正）

第一条 单独或者合计持有公司全部股东表决权百分之十以上的股东，以下列事由之一提起解散公司诉讼，并符合公司法第一百八十二条规定的，人民法院应予受理：

（一）公司持续两年以上无法召开股东会或者股东大会，公司经营管理发生严重困难的；

（二）股东表决时无法达到法定或者公司章程规定的比例，持续两年以上不能做出有效的股东会或者股东大会决议，公司经营管理发生严重困难的；

（三）公司董事长期冲突，且无法通过股东会或者股东大会解决，公司经营管理发生严重困难的；

（四）经营管理发生其他严重困难，公司继续存续会使股东利益受到重大损失的情形。

股东以知情权、利润分配请求权等权益受到损害，或者公司亏损、财产不足以偿还全部债务，以及公司被吊销企业法人营业执照未进行清算等为由，提起解散公司诉讼的，人民法院不予受理。

无奈走为上计：解散公司之诉主体资格

知识要点：解散公司诉讼的主体资格

走为上：全师避敌。左次无咎，未失常也。

全军退却用以避开强敌，退在左边扎营，既不会有危险，也是与正常用兵之法不相悖的。

古人按语中说："敌势全胜，我不能战，则必降、必和、必走。"也就是说，当敌人处于上风的时候，我方有三条路可以选择：一是投降；二是求和；三是撤退。"走为上"，指的是在敌我力量对比相差悬殊的不利形势下，采取有计划的主动撤退，避开强敌，重新寻找战机。"走"不能简单理解为"逃"，"走为上"的实质思想是以退为进。商业中，在危难关头，要有胆有识，当机立断，迅速实行战略转移，及时调整方向，才能转危为安。司法解散公司是有限公司的中小股东在受到股东压制等情况下的重要救济途径之一，对于维护股东权益有重要意义。

裁判摘要

大股东利用优势地位单方决策，擅自将公司资金出借给其关联公司，损害小股东利益，致使股东矛盾激化，公司经营管理出现严重困难，经营目的无法实现，且通过其他途径已无法解决，小股东诉请解散公司的，人民法院应予支持。

基本案情①

2015年2月26日，经吉林省人民政府批准同意，HY集团公司与JR控股公司签订了《吉林省JR资产管理有限公司出资协议书》，约定共同出资设立JR管理公司，开展收购、受托经营金融机构不良资产，对不良资产进行管理、投资和处置，对外投资等业务。

2月28日，JR管理公司正式注册登记成立，注册资本10亿元，JR控股公司出资2亿元，占注册资本的20%，HY集团公司出资8亿元，占注册资本的80%。该公司法定代表人由时任HY集团公司法定代表人的王某军担任，任董事长兼总裁（总经理）职务。

JR管理公司于成立当日（2015年2月28日）召开第一次股东会会议，选举了董事、监事；4月27日召开第一次董事会会议，决议设立吉林省JR服务有限公司。

7月10日，中国银监会办公厅发文批准设立JR管理公司。

JR管理公司成立后不久，HY集团公司在未经股东之间进行充分协商及通过董事会批准的情况下，即将9.65亿元资金借给HY集团公司实际控制的关联公司。

10月19日，JR控股公司向HY集团公司发文，提出四点意见，包括委派监事会主席进驻开展监事工作，每月提供财务报表和重要业务及人事任免情况报告，借出资金于月底前归位，不迟于11月10日前召开股东会、董事会和监事会完善公司治理结构等要求。

12月18日，JR管理公司召开第二次股东会会议，重新选举董事、监事，同意制定《监事会议事规则》，审议并否决了JR控股公司提出的《关于增资扩股的议案》。同日，JR管理公司召开第二次董事会会议，原则同意暂行执行行政、财务、投资、人事、风控、不良债权资产收购及处置办法等基本管理制度，并决议设立吉林省HY小额贷款有限公司。

2016年12月15日、2017年3月3日、2017年6月19日，JR控股公司多次向

---

① 案例名称：吉林省JR资产管理有限公司、HY集团有限公司公司解散纠纷案
案　　号：（2019）最高法民申1474号
法　　院：最高人民法院
原　　告：吉林省JR控股集团股份有限公司（以下简称JR控股公司）
被　　告：吉林省JR资产管理有限公司（以下简称JR管理公司）
第 三 人：HY集团有限公司（以下简称HY集团公司）
来　　源：《最高人民法院公报》2021年第1期（总第291期）

HY集团公司发函，要求受让HY集团公司持有的JR管理公司全部股权，HY集团公司一方面表示"鉴于政府要求及贵我双方目前实际情况，我集团同意转让资产管理公司部分或全部股权"，另一方面主张"坚持要按市场化原则操作"。

在本案审理期间，一审法院多次组织各方进行调解，但各方提出的和解条件差异较大，在近十个月的调解期间内，双方最终未能达成和解。

审理意见

经审理，法院认为存在以下两个争议焦点：一是公司经营管理是否发生严重困难，继续存续是否会使股东利益受到重大损失；二是公司困境是否能够通过其他途径解决。

1.关于公司经营管理是否发生严重困难，继续存续是否会使股东利益受到重大损失问题

对于公司经营管理发生严重困难可以提起司法解散的情形，有关法律、司法解释作出了明确规定。《公司法》（2018年修正）第一百八十二条规定，公司经营管理发生严重困难，继续存续会使股东利益受到重大损失，通过其他途径不能解决的，持有公司全部股东表决权百分之十以上的股东，可以请求人民法院解散公司。《公司法解释（二）》第一条规定，股东以下列事由之一提起解散公司诉讼，并符合《公司法》第一百八十二条规定的，人民法院应予受理：（一）公司持续两年以上无法召开股东会或者股东大会，公司经营管理发生严重困难的；（二）股东表决时无法达到法定或者公司章程规定的比例，持续两年以上不能做出有效的股东会或者股东大会决议，公司经营管理发生严重困难的；（三）公司董事长期冲突，且无法通过股东会或者股东大会解决，公司经营管理发生严重困难的；（四）经营管理发生其他严重困难，公司继续存续会使股东利益受到重大损失的情形。本案中，认定金融管理公司经营管理是否发生严重困难、应否司法解散即以此为据。根据一、二审判决查明的事实，本院认为一、二审判决认定JR管理公司经营管理发生严重困难符合司法解散的条件并无不当。

第一，从公司经营方面看。JR管理公司作为吉林省人民政府批准设立的省内唯一的地方资产管理公司，主营业务为不良资产批量收购、处置，以防范和化解地方金融风险。但JR管理公司成立后不久，在未经股东会、董事会审议决定的情况下，HY集团公司即利用对JR管理公司的控制地位，擅自将10亿元注册资本中的9.65亿元外借给其实际控制的关联公司HY投资控股有限公司、辽某足球俱乐部股份有限公司及HY商业集团有限公司，这是股东之间产生矛盾乃至其后公司人合性丧失的诱因。虽然此后JR控股公司及吉林省金融监管部门多次催促HY集团公司解决借款问题、保障公司回归主营业务，HY集团公司也承诺最迟于2015年年底前收回外借资金，但截至2016年12月31日，JR管理公司的对外借款问题仍未解决，其银行存款余额仅为2686465.85元。由于JR管理公司的经营资金被HY集团公司单方改变用途作为贷款出借且长期无法收回，导致公司批量收购、处置不良资产的主营业务无法正常开展，也使公司设立的目的落空，公司经营发生严重困难。

第二，从公司管理机制运行方面看。JR管理公司于2015年2月28日成立后，除2015年4月27日召开过董事会之外，未按公司章程规定召开过股东年会和董事会例会。2015年12月18日召开的股东会、董事会，是在股东双方发生分歧之后召开的临时股东会和董事会临时会议。此后直至JR控股公司于2017年10月提起本案诉讼，虽然股东双方之间已经出现矛盾，公司经营也已出现严重困难，但JR管理公司未能召开股东会、董事会对存在的问题妥善协商加以解决。JR控股公司提起本案诉讼后，JR管理公司虽于2017年11月先后召开了董事会和股东会，但董事出席人数不符合章程规定的董事会召开条件，股东会也仅有HY集团公司单方参加。JR控股公司完全否认该次股东会、董事会召集程序的合法性和决议的有效性，且股东双方已经对簿公堂，证明股东之间、董事之间的矛盾已经激化且无法自行调和，股东会、董事会机制已经不能正常运行和发挥作用。

在此情形下，继续维持公司的存续和股东会的非正常运行，只会产生大股东利用其优势地位单方决策，压迫损害另一小股东利益的后果。

2.关于公司困境是否能够通过其他途径解决问题

JR控股公司与HY集团公司因资金外借出现矛盾后，双方自2015年起即开始协调解决，但直至本案成讼仍未妥善解决，股东间的信任与合作基础逐步丧失。其间，双方也多次沟通股权结构调整事宜，但始终未能就股权转让事宜达成一致。在本案诉讼期间，一审法院于近十个月的时间多次组织双方进行调解，试图通过股权转让、公司增资、公司控制权转移等多种途径解决纠纷，但股东双方均对对方提出的调解方案不予认可，最终未能达成调解协议。

在司法解散之外的其他途径已经穷尽仍无法解决问题的情形下，一、二审法院判决解散JR管理公司，于法于理均无不当。

综上所述，最高人民法院驳回吉林省JR资产管理有限公司、HY集团有限公司的再审申请，法院生效判决最终判令JR管理公司解散，本案也成为我国首例地方金融资产管理公司被司法强制解散的案例。

实务解读

对于股东提起解散公司诉讼，除了前文所述须具备"公司经营管理出现严重困难，继续存续会使股东利益受到重大损失"的事由，《公司法》还对提起解散公司诉讼案件的原告资格问题进行了规定。"对于提起解散公司诉讼案件的原告资格问题，2005年提出的《公司法》第一百八十三条①之所以规定持有公司全部股东表决权百分之十以上的股东才有权提起解散公司诉讼，是出于防止个别股东恶意诉讼、损害其他股东和公司利益的目的，以期通过对股东所持股份比例的限制，在起诉股东和其他股东之间寻求利益上的平衡。"②

对于法院受理公司解散之诉过程中对原告资格的审查，最高人民法院提出以下几点要求。

第一，"单独或合计持有公司全部股东表决权10%以上"是指股东向人民法院"起诉时"所持有的表决权比例。在受理过程中，法院会审查"起诉时"原告所持有的表决权比例状况，只要原告在起诉时"单独或合计持有公司全部股东表决权10%以上"即视为符合原告条件，对于起诉前的原告持有该比例股份的持续时间没有限制。

第二，法院只对原告股东所持股份事实进行形式审查，只要股东能够依工商登记、股东名册等资料证明其所持股份情况即可，在受理案件时不必对原告股东缴资是否真实、出资是否存在瑕疵等实质情况进行积极审查。

第三，法院受理了股东请求解散公司诉讼之后，在案件审理的过程中，如果原告股东的持股比例发生了变化，比如原告丧失股东资格或实际享有的表决

---

①　2013年12月28日修正后《公司法》将该条文字序号调整为第一百八十二条，本次《公司法》修订后的条文序号改为第二百三十一条。

②　宋晓明、张勇健、刘敏：《〈关于适用公司法若干问题的规定（二）〉的理解与适用》，载《人民司法·应用》2008年第11期，第18页。

367

权达不到公司全部股东表决权10%的，人民法院应裁定驳回起诉。①

在具体的司法实践中，法院对起诉股东的原告资格认定有如下观点。

一、对造成公司僵局具有过错的股东也有提起解散公司诉讼的主体资格

公司解散不应考虑公司僵局产生的原因以及过错，只要符合《公司法》规定的实质条件，就应当认定为具备了司法解散公司的条件。

关联案例 ‖ FJ新型复合材料（太仓）有限公司、SF科技有限公司、YL集团有限公司公司解散纠纷案，最高人民法院（2011）民四终字第29号②

法院认为，公司解散不需要考虑公司僵局产生的原因以及过错。FJ新型复合材料（太仓）有限公司（以下简称FJ公司）上诉认为，SF科技有限公司（以下简称SF公司）委派的董事张某钦擅自离职，不参加董事会会议，人为制造公司僵局，损害FJ公司利益，法院不应支持SF公司具有恶意目的的诉讼；SF公司则抗辩认为YL集团有限公司（以下简称YL公司）以欺诈方式取得董事长职位而导致公司僵局。公司能否解散取决于公司是否存在僵局以及是否符合《公司法》第一百八十三条③规定的实质条件，而不取决于公司僵局产生的原因和责任。《公司法》第一百八十三条没有限制过错方股东解散公司，因此即使一方股东对公司僵局的产生具有过错，其仍然有权依据该条规定请求解散公司。本案中SF公司提出解散FJ公司的背景情况为，FJ公司已陷入公司僵局并由YL公司单方经营管理长达七年，SF公司持有60%的股份，其行使请求司法解散公司的诉权，符合《公司法》第一百八十三条的规定，不属于滥用权利、恶意诉讼的情形。至于SF公司委派的董事张某钦是否存在违反董事竞业禁止义务的过错行为、应否承担赔偿FJ公司损失的民事责任，由FJ公司通过另案解决，与本案无涉。

---

① 参见最高人民法院民事审判第二庭编著：《最高人民法院关于公司法司法解释（一）、（二）理解与适用》，人民法院出版社2015年版，第142—143页。

② 本案例来源于《最高人民法院公报》2014年第2期（总第208期）。

③ 2013年12月28日修正后的《公司法》将该条文序号调整为第一百八十二条，本次《公司法》修订后的条文序号为第二百三十一条。

二、没有实际出资到位或未实际支付受让股权的转让款的股东具有提起解散公司诉讼的主体资格

公司章程或工商登记信息显示股东单独或合计持有公司全部股东表决权10%以上的，即使该股东没有实际出资到位或未实际支付受让股权的转让款，也不影响其具有提起解散公司诉讼的主体资格。判定公司经营管理是否发生严重困难，不在于公司是否盈利及经营困难，而在于股东之间矛盾引起公司管理存在严重的内部障碍，股东会、董事会等内部运行机制失灵，致使公司无法形成自主意志，并持续存在不可化解。[①]

关联案例 ‖ JH（合肥）建设发展有限公司、江苏JK置业有限公司公司解散纠纷案，最高人民法院（2019）最高法民终1504号[②]

法院认为，涉案《合资经营合同书》、JH（合肥）建设发展有限公司（以下简称JH公司）章程、17号案生效判决以及工商公示信息等显示，XH公司、QK公司自原股东JH国际有限公司处分别受让取得JH公司10%、14%的股权，享有推选董事参与JH公司董事会、表决决定JH公司重大事宜等权利。虽然JH公司、江苏JK置业有限公司（以下简称JK公司）抗辩称，XH公司、QK公司未完全履行《合资经营合同书》项下的付款义务，所持有的表决权不符合提起公司解散之诉的法定要求，但XH公司、QK公司提供的《支付报告》、（2009）皖执他字第0060号通知以及付款凭证等证据，证明了XH公司、QK公司在另案17号案民事判决作出后，于2009年将其欠付JH国际有限公司的相关股权转让款打入原审法院的执行款专户，因JH国际有限公司未领取该笔款项，原审法院于2012年退回款项等事实。在JH公司、JK公司不能提供相反证据予以否定的情况下，应当认定XH公司、QK公司有作出积极履行股权转让款支付义务的行为，故股权转让款项未能支付到位的结果不影响其提起公司解散诉讼的主体资格。原审法院认定XH公司、QK公司提起公司解散之诉，并无不当。

---

① 马士鹏：《公司司法解散的要件》，载《人民司法·案例》2021年第11期，第67页。

② 本案例来源于《人民司法·案例》2021年第11期，第64页。

三、未登记于股东名册的隐名股东不具有提起解散公司诉讼的主体资格

提起解散公司诉讼的适格主体只能是显名股东，即登记在公司章程和股东名册上的股东，且持有公司全部股东表决权应在百分之十以上，隐名股东没有登记在公司股东名册上，不能提起公司解散之诉。

关联案例 ‖ 沈某芳、叶某光与深圳市HM五金塑胶有限公司公司解散纠纷案，广东省深圳市中级人民法院（2016）粤03民终7868号①

法院认为，虽然沈某芳、叶某光的实际出资人身份已由法院另案民事判决予以确认，但依据《公司法解释（三）》第二十五条之规定，直接受到法律保护的是实际出资人所享有的投资权益。《公司法》第四条规定："公司股东依法享有资产收益、参与重大决策和选择管理者等权利。"因此，"投资权益"并不等同于"股东权益"，沈某芳、叶某光不能当然享有股东身份、行使股东权利提起公司解散之诉。有权提起公司解散诉讼的主体是股东，根据我国法理通说，这些规定中的"股东"的内涵是指登记在股东名册上的股东。因此，沈某芳、叶某光作为深圳市HM五金塑胶有限公司的实际出资人，又称隐名股东，是没有登记在公司股东名册上的，故沈某芳、叶某光不能提起公司解散之诉。综上，沈某芳、叶某光的起诉不适格，法院裁定驳回起诉。

四、股东名下的股权被冻结的，不影响其提起解散公司诉讼

股权冻结对于股东资格没有任何影响，股权冻结也不必然导致相应股权的变更。执行法院采取的股权冻结措施，与因股东地位而享有的解散公司诉权并不矛盾。

---

① 本案例来源于《人民司法·案例》2016年第5期，第84页。

关联案例 || 桂林恭城XLA锌化工有限公司、桂林GY金属有限公司公司解散纠纷案，广西壮族自治区桂林市中级人民法院（2017）桂03民再33号

法院认为，公司股东的股权是否被冻结，不影响其行使正当的股东权利，而且也无任何证据证明桂林GY金属有限公司提起本案诉讼存有恶意，故其仍有权提起公司解散的诉讼。该公司经营管理已发生严重困难，继续存续会使股东利益受到重大损失，且困境无法解决。综上所述，再审申请人桂林恭城XLA锌化工有限公司（以下简称XLA公司）的再审理由不成立。XLA公司章程规定的营业期限已届满，而且，该公司经营管理发生严重困难，继续存续会使股东利益受到重大损失，困境无法解决。被申请人桂林GY金属有限公司请求解散XLA公司符合法律规定，本院予以支持。

实务建议

司法解散公司虽然为中小股东退出公司提供了法律通道，但是此种措施以终结公司为代价，成本过大，对于股东已经投入的资源也构成了浪费。因此，为避免在公司僵局情形下，股东不得已而起诉解散公司，建议股东在公司章程中提前预设公司僵局情形下的退出之路，以最大限度稳定公司经营，保护公司、股东及公司债权人利益。具体可约定的退出通道包括以下几种。

一、股权回购或转让

公司章程可以明确规定，当出现特定公司僵局情形时，多数股东的强制回购义务，即当公司股东会或董事会对某些重大事项无法达成决议，持多数股权的股东应以公允价格收购持反对票的股东的股权，并且预先设定股权价格的计算及评估方式，从而使公司内部矛盾得以消解，继续维持公司的存续，使其他股东和公司的利益不因公司解散而受到损害，同时由能够使异议股东达到退出公司的目的，获得双赢的结果。

二、公司减资或分立

当公司僵局出现后，如多数股东不愿意收购另一方股东的股权，公司减资

或分立也是让不愿再参与公司经营的股东退出的路径。公司章程中可以约定，在出现特定公司僵局情形时，如果一方股东不愿意回购股权，则公司依法实行减资程序，从而使得公司得以存续。此外，公司章程还可以约定发生矛盾的股东之间可以协商对公司进行分立，"分而治之"化解公司僵局。

三、约定公司解散事由

《公司法》规定可依据公司章程规定的解散事由而解散公司。因此，股东可以在公司章程中约定，在出现特定公司僵局情况下，如果无法通过股权回购、公司减资、公司分立等方法化解公司僵局的，那么公司就应当解散，并依法成立清算组开始清算程序，以此来避免因股东矛盾激化诉至法院解散公司，致使公司经营进一步停滞或恶化，尽可能减少对股东和债权人等利害关系人利益的损害。

法律适用

《中华人民共和国公司法》（2023 年修订）

第二百二十九条 公司因下列原因解散：

（一）公司章程规定的营业期限届满或者公司章程规定的其他解散事由出现；

（二）股东会决议解散；

（三）因公司合并或者分立需要解散；

（四）依法被吊销营业执照、责令关闭或者被撤销；

（五）人民法院依照本法第二百三十一条的规定予以解散。

公司出现前款规定的解散事由，应当在十日内将解散事由通过国家企业信用信息公示系统予以公示。

第二百三十一条 公司经营管理发生严重困难，继续存续会使股东利益受到重大损失，通过其他途径不能解决的，持有公司百分之十以上表决权的股东，可以请求人民法院解散公司。

《最高人民法院关于适用〈中华人民共和国公司法〉若干问题的规定（二）》（2020 年修正）

第五条 人民法院审理解散公司诉讼案件，应当注重调解。当事人协商同意由公司或者股东收购股份，或者以减资等方式使公司存续，且不违反法律、行政法规强制性规定的，人民法院应予支持。当事人不能协商一致使公司存续的，人民法院应当及时判决。

经人民法院调解公司收购原告股份的，公司应当自调解书生效之日起六个月内将股份转让或者注销。股份转让或者注销之前，原告不得以公司收购其股份为由对抗公司债权人。

遏制趁火打劫：破产中个别清偿可撤销

知识要点：破产程序中个别清偿撤销权

> **计策释义**
>
> 趁火打劫：敌之害大，就势取利，刚决柔也。
>
> 当敌方发生严重危机的时候，就要乘势发兵战而胜之。这正是强者战胜困境之敌而采取的重要决策。

"趁火打劫"，原意是指趁别人失火，一片混乱，无暇自顾的时候，去抢别人的财物。此计用在军事上指的是，当敌方遇到麻烦或危难的时候就要果断出击，以争取迅速取胜。此计延伸到商业竞争之中，在金融领域更是被多次利用，甚至曾造成了巨大的金融危机。

当公司资不抵债进入破产程序后，无异于赴汤蹈火。股东补缴的出资属于公司破产财产，只能用于向公司所有债权人进行公平清偿。而个别债权人企图趁火打劫，主张就该股东补缴的出资单独受偿，与破产程序中的公平受偿原则相悖，最终只能空欢喜一场。

裁判摘要

尽管生效判决或执行裁定已认定公司股东应在出资不足部分本息范围内就公司债务不能清偿部分对公司债权人承担补充赔偿责任，但在股东实际承担补充赔偿责任前公司就已被裁定宣告进入破产程序的情况下，根据《企业破产法》第十六条、第三十五条的规定，股东应先向公司补缴出资，该补缴的出资只能用于向公司所有债权人进行公平清偿，而不能向个别债权人清偿。

基本案情①②

1994年6月26日，PQ公司在广东省深圳市注册成立。

1998年9月29日，经深圳市工商行政管理局核准，公司股东发生变更，PQ公司注册资本从1800万元增加至6600万元。其中，HC公司应入资3300万元，持有PQ公司50%股权。但HC公司资本金并未足额到位，实际只投入了1900万元，欠缴注册资本金1400万元。

2000年4月3日，宜昌中院作出（2000）宜中经初字第6号民事判决书，判决PQ公司向NH支行偿还欠付的本金800.9023万元和利息200.8778万元。

2000年7月28日，宜昌中院作出（2000）宜中执字第110号民事裁定书，申请执行人为NH支行，被执行人为PQ公司。

2001年9月4日，宜昌中院作出申请人为NH支行，被申请人为PQ公司的（2000）宜中法执字第110-4号民事裁定书，裁定认定因HC公司应向被执行人投资3300万元中有1400万元投入不实，故追加HC公司为被执行人，其应在1400万元投入不实的范围内，向申请执行人承担责任。

2008年5月19日，广东省深圳市中级人民法院依法受理PQ公司破产申请。9月22日，广东省深圳市中级人民法院以（2008）深中法民七清算字第5-1号民事裁定书依法裁定宣告PQ公司破产清算。

2009年5月26日，北京市第二中级人民法院依法受理HC公司破产申请。6月29日，北京市第二中级人民法院以（2009）二中民破字第11094-2号民事裁

---

① 案例名称：深圳市PQ进出口贸易有限公司与湖北YH股份有限公司NH支行、HC投资管理有限公司破产债权确认纠纷案

　　案　　号：（2012）民申字第386号

　　法　　院：最高人民法院

　　原　　告：深圳市PQ进出口贸易有限公司（以下简称PQ公司）

　　诉讼代理人：深圳市PQ进出口贸易有限公司管理人

　　被　　告：HC投资管理有限公司（以下简称HC公司）

　　诉讼代理人：HC投资管理有限公司破产管理人（以下简称HC管理人）

　　案 外 人：湖北YH股份有限公司NH支行（以下简称NH支行）

　　来　　源：《最高人民法院公报》2012年第12期（总第194期）

② 本部分来自北京市第二中级人民法院（2010）二中民初字第08915号民事判决书法院查明事实。

定书依法裁定宣告HC公司破产。

11月20日，HC管理人确认PQ公司债权金额为本金1400万元，利息债权为5479775元，合计债权金额19479775元。

2010年4月21日，HC管理人确认NH支行债权金额本金5744143.35元，利息6616795.71元，合计债权金额12360939.06元。HC管理人在扣除确认的NH支行债权金额12360939.06元后，确认PQ公司债权额为7118835.94元。

PQ管理人认为，HC管理人不应确认NH支行的债权，HC公司对PQ公司欠缴出资的1400万元应归属于PQ公司，故诉至法院要求确认1400万元破产债权的归属。案件事实时间轴见图6-5。

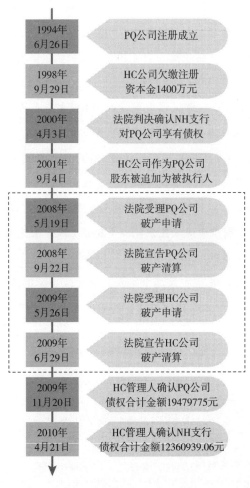

图6-5 案件事实时间轴

审理意见

争议焦点：讼争1400万元破产债权的归属问题。

法院认为，从本案一、二审查明的情况看，NH支行和PQ公司对HC公司均享有债权，且两债权产生的原因关系是相同的，即均基于HC公司对PQ公司出资不到位而应承担补足出资的责任。

根据宜昌中院作出的（2000）宜中经初字第6号民事判决以及（2000）宜中法执字第110-4号民事裁定，HC公司应在其出资不足的范围内向NH支行承担责任，但该执行程序在人民法院受理破产案件后尚未执行完毕。由于破产程序是对债务人全部财产进行的概况执行，注重对所有债权的公平受偿，具有对一般债务清偿程序的排他性。因此，在PQ公司、HC公司先后被裁定宣告破产后，对HC公司财产已采取保全措施和执行措施的，包括依据宜昌中院（2000）宜中法执字第110-4号民事裁定所采取执行措施的，都属于未执行财产，均应当依法中止执行。破产财产应在破产清算程序中一并公平分配。

注册资本系公司对所有债权人承担民事责任的财产保障。在股东出资不到位的情况下，如公司被裁定宣告进入破产程序，根据《企业破产法》第三十五条"人民法院受理破产申请后，债务人的出资人尚未完全履行出资义务的，管理人应当要求该出资人缴纳所认缴的出资，而不受出资期限的限制"的规定，作为股东的HC公司应首先向PQ公司补缴出资。依据《企业破产法》第三十条的规定，该补缴的出资应属于PQ公司破产财产的组成部分，只能用于向PQ公司所有债权人进行公平清偿，而不能向个别债权人清偿，否则就与《企业破产法》第十六条"人民法院受理破产申请后，债务人对个别债权人的债务清偿无效"规定相悖，侵害了PQ公司其他债权人的合法利益。故二审判决将讼争破产债权确认归PQ公司享有符合《企业破产法》的规定精神，NH支行可向PQ公司申报自己的破产债权并参与分配。

实务解读

破产清偿的原则是公平受偿，因为"《企业破产法》主张以债权人公平受偿为目标，认为公平对待所有债权人，平等分配债务人的财产是《企业破产法》

最基本的原则，是破产法的第一原则"。① 因此，从维护债权人整体利益、保证公平清偿的角度出发，《企业破产法》规则在一定程度上舍弃对公司与行为相对人交易自由的保护，当债务人进入破产程序或进入破产危机期，个别清偿都将受到极其慎重的对待。根据公司所处破产程序时间点的不同，个别清偿可被认定为无效或可撤销。

一、进入破产程序后的个别清偿无效

根据《企业破产法》第十六条的规定，人民法院受理破产申请后，债务人对个别债权人的债务清偿无效。破产清偿的目的是通过集体程序公平地清偿全体债权人的债权，为此《企业破产法》禁止债务人在具有破产原因的情况下仍对个别债权人的单独清偿，以避免同一性质的债权被区别对待，实现债权平等和公平分配。

在法院受理破产申请之时，债务人所有的可供清偿的全部财产都成了破产财产，以供向全体债权人进行清偿，债权人只有通过债权人会议决议，才可以对破产财产进行分配，破产管理人则须经法院许可，债权人会议或监督人同意，才可以对破产财产进行一定的处分。

二、破产危机期个别清偿原则上可撤销

在债务人进入破产程序前的破产危机期（破产临界期），债务人的个别清偿仍有破坏公平受偿之虞，因此《企业破产法》赋予了破产管理人对该等个别清偿行为申请法院予以撤销的权利。

"根据可撤销行为所损害利益的当事人范围不同，将其分为两大类。其一是欺诈行为，又称诈害行为，指损害全体债权人利益的行为，如无偿转让财产或财产权利、非正常交易等；其二是偏袒行为，又称偏颇性清偿、优惠性清偿行为，指给个别债权人以偏颇清偿利益而损害多数债权人利益的行为，如对原来没有财产担保的债务提供财产担保、对未到期债务的提前清偿等。"②

我国《企业破产法》第三十一条、第三十二条也对此作出了规定。"法律规定破产撤销制度的设计，概而言之，主要有以下两方面的考量：其一，确保破

---

① 杨忠孝：《破产法上的利益平衡问题研究》，北京大学出版社 2008 年版，第54—55页。
② 王欣新：《破产撤销权研究》，载《中国法学》2007 年第 5 期，第 154 页。

产财产的最大化，避免债务人通过无偿或低价交易等方式突击地转移财产，损害债权人（整体）的利益；其二，保护全体债权人平等受偿的权利，避免债务人基于个人喜好优先清偿个别的债权人。"[①]

关联案例 ‖ GF银行股份有限公司WL支行、浙江HM律师事务所请求撤销个别清偿行为纠纷案，浙江省高级人民法院（2018）浙民终95号

法院认为，浙江YS医疗器械股份有限公司于2016年10月20日至2017年3月20日期间向GF银行股份有限公司WL支行（以下简称GF银行WL支行）清偿贷款407747.45元的行为应予撤销。理由如下。

第一，破产撤销权制度设立的目的，在于维护债权人的整体利益，实现公平清偿的价值。通过对债务人相关行为的撤销，以保全债务人的责任财产，维护债权人之间的实质平等，实现破产财产在全体债权人之间的公平分配。《企业破产法》第三十二条规定："人民法院受理破产申请前六个月内，债务人有本法第二条第一款规定的情形，仍对个别债权人进行清偿的，管理人有权请求人民法院予以撤销。但是，个别清偿使债务人财产受益的除外。"该条规定，表明了对债务人特定情况下的个别清偿行为（偏颇性清偿行为）应予以依法撤销的立法意旨。最高人民法院《关于适用〈中华人民共和国企业破产法〉若干问题的规定（二）》（以下简称《企业破产法解释（二）》）第十二条、第十四条、第十五条、第十六条对《企业破产法》第三十二条作了总体属于限缩例外情形倾向的解释，该司法解释还强化了管理人怠于行使破产撤销权主张的民事责任。审判实践中，应准确把握破产撤销权制度的价值导向和立法、司法解释的意旨，严格适用。商业银行在依法维护金融债权过程中，应制定合理合规的风险控制和资产保全措施，充分评估《企业破产法》有关破产撤销权规定对其相关风险控制和资产保全措施的影响，避免相关措施因违反《企业破产法》的规定而在债务人进入破产程序后被人民法院依法撤销情形的发生。

第二，《企业破产法》和《企业破产法解释（二）》的相关规定，对于

[①]　许德风：《破产法论：解释与功能比较的视角》，北京大学出版社2015年版，第371—372页。

偏颇性清偿行为的规制，都是以债的合法存在为前提，而对于行为人的主观状态（恶意或善意）则无特别的要求。GF银行WL支行以其和YS公司在行为时不存在主观恶意作为上诉理由，没有法律、司法解释的依据。

第三，GF银行WL支行在本案中的扣收款项行为在本案《授信额度合同》中有相应的约定，YS公司对GF银行WL支行扣收款项行为亦有相应的预期，与YS公司主动实施的个别清偿行为对债权人整体的公平清偿利益的损害有相同的效果，应认为符合《企业破产法》第三十二条规定的偏颇性清偿行为的构成要件，一审法院相应认定应予维持。

第四，根据台州市中级人民法院（2017）浙10破申1号民事裁定书查明之事实，截至2016年12月31日，YS公司账面总资产168989057.34元，账面总负债182752324.06元，资产已不足以清偿全部债务，YS公司管理人一审提交的台州安某会计师事务所有限公司出具的《关于公司净资产审核报告》审核意见亦明确YS公司于2016年9月30日已资不抵债，原审认定YS公司于2016年9月30日其资产已不足以清偿全部债务有相应依据。

三、破产危机期个别清偿不予撤销的例外

破产撤销权制度功能在于维护公平受偿，我国《企业破产法》第三十二条确立了破产危机期内的个别清偿行为系有害于债权人利益的行为并应予以撤销的一般规则，同时也规定了个别清偿使债务人财产受益的除外。

关联案例 ‖ ZF集团RA房地产开发有限公司管理人、苏某情请求撤销个别清偿行为纠纷案，浙江省温州市中级人民法院（2019）浙03民终4087号

法院认为，鉴于ZF集团RA房地产开发有限公司（以下简称ZF集团RA公司）与苏某情约定由苏某情代为清偿银行按揭借款本息、垫付款由雅某苑车位销售款清偿或直接以车位抵债的做法客观上保全了ZF集团RA公司的财产，使其免予因银行行使抵押权而被拍卖、变卖。上述做法使ZF集团RA公司的财产受益，根据前述法律规定，不属可撤销的范畴。

破产撤销权的这一制度的适用，不可避免地与合法受偿的个别债权人利益存在冲突，虽然目前法律未能充分考虑对善意债权人的保护，以及灵活处理为实现特定目的的个别清偿。但司法实践中，法官基于公平正义的价值理念，为平衡保护整体利益与个别利益，对于债权人接受债务履行出于善意的，认定不应撤销。

关联案例 ‖ 南通MJL服饰有限公司破产管理人诉JS银行股份有限公司GYS支行破产撤销权纠纷案，江苏省南通市港闸区法院（2009）港民二初字第0168号①

法院认为，原告主张撤销南通MJL服饰有限公司（以下简称MJL公司）对JS银行股份有限公司GYS支行（以下简称JS银行GYS支行）个别清偿行为的主张不应支持。从《企业破产法》第三十二条和第二条第一款的规定中可以看出，对个别清偿行为行使破产撤销权应具备的条件：一是清偿行为发生在人民法院受理破产申请前6个月内；二是债务人出现了《企业破产法》第二条第一款规定的破产原因，即债务人不能清偿到期债务，并且资产不足以清偿全部债务或者明显缺乏清偿能力；三是受偿债权人在主观上应当明知债务人已出现了《企业破产法》第二条第一款规定的破产原因。

本案中，被告JS银行GYS支行扣款受偿行为确实发生在人民法院受理破产申请前6个月内，当时MJL公司也可能出现了不能清偿到期债务并且资产不足以清偿全部债务或者明显缺乏清偿能力的情形，但该情形是否为被告所知悉，原告并没有充分的证据证明。《企业破产法》第三十二条之所以规定需债务人出现了《企业破产法》第二条第一款规定的情形，显然是为了赋予获得受偿的债权人以善意抗辩权，即只有当债权人明知债务人出现了《企业破产法》第二条第一款规定的破产原因而仍然为个别受偿时，人民法院才能依管理人的申请对之予以撤销。因为对到期债务的清偿毕竟是债务人的法定义务，破产撤销权的立法目的也仅仅是限制债务人的不当清偿行为，以保护其整体债权人的利益。倘若对善意受偿的到期债务均可依破产管理人的请求予以撤销，将使债务人在破产前一定期间内的所有交易行为效力都处于不

---

① 本案例来源于《人民司法·案例》2010年第6期，第32—35页。

确定状态之中，这将大大损害交易安全，不利于市场经济的健康发展，不符合《企业破产法》以及其他民事法律之立法本意。尽管MJL公司已经出现财务状况恶化的情形，但不等于出现了破产原因。在没有证据证明被告主观上存在恶意的情况下，被告依照合同约定自行扣划债务人账户存款抵债，并不违反法律的禁止性规定，是善意的合法行为。据此，本案原告的诉讼请求不能成立。

实务建议

在债务人已经具备破产原因，破产程序已经启动的情况下，债务人有限的财产需要在全体债权人之间公平分配，以实现全体债权人整体利益的保护。因此，为防止个别债权人于债务人濒临破产时突击受偿，损害其他债权人的公平受偿权利，《企业破产法》对于个别清偿行为的效力予以否定。为维护债权人整体利益，我们有以下几点建议。

一、避免引火烧身——管理人尽职尽责审查债务人清偿状况

管理人接管债务人后，若发现债务人存在个别清偿行为的，应及时审查是否存在无效或可撤销事由，是否存在使债务人受益的情形。若个别清偿行为减损债务人破产财产，有损全体债权人公平受偿，则应尽快向破产受理法院申请撤销或确认无效。

二、争取洞若观火——债权人或股东应密切关注债务人

债务人在陷入经营严重困难的情况下，若具备了破产原因，其他债权人或债务人股东应当密切关注债务人的经营动向。若其他债权人或股东发现债务人存在个别清偿行为的，应第一时间向管理人书面反映情况，督促管理人调查并提起诉讼。若管理人怠于履行职责或因过错未依法行使撤销权，导致债务人财产不当减损的，债权人有权提起诉讼主张管理人对其损失承担相应赔偿责任。

三、抱火卧薪，及时维权——债权人及时申报破产债权

对债权人而言，当债务人具备破产原因，进入破产程序后，应当积极申报

破产债权，通过债权人会议来主张权利，切不可以为能够"神不知鬼不觉"地通过个别清偿来提前获利。如果法院撤销了债务人个别清偿的行为，个别受偿的债权人的债权本身并未消灭，在个别清偿行为被撤销后，债权人还可以通过申报破产债权来主张权利。

法律适用

《中华人民共和国企业破产法》

第二条 企业法人不能清偿到期债务，并且资产不足以清偿全部债务或者明显缺乏清偿能力的，依照本法规定清理债务。

企业法人有前款规定情形，或者有明显丧失清偿能力可能的，可以依照本法规定进行重整。

第十六条 人民法院受理破产申请后，债务人对个别债权人的债务清偿无效。

第三十一条 人民法院受理破产申请前一年内，涉及债务人财产的下列行为，管理人有权请求人民法院予以撤销：

（一）无偿转让财产的；

（二）以明显不合理的价格进行交易的；

（三）对没有财产担保的债务提供财产担保的；

（四）对未到期的债务提前清偿的；

（五）放弃债权的。

第三十二条 人民法院受理破产申请前六个月内，债务人有本法第二条第一款规定的情形，仍对个别债权人进行清偿的，管理人有权请求人民法院予以撤销。但是，个别清偿使债务人财产受益的除外。

第三十四条 因本法第三十一条、第三十二条或者第三十三条规定的行为而取得的债务人的财产，管理人有权追回。

第三十五条 人民法院受理破产申请后，债务人的出资人尚未完全履行出资义务的，管理人应当要求该出资人缴纳所认缴的出资，而不受出资期限的限制。

《最高人民法院关于适用〈中华人民共和国企业破产法〉若干问题的规定（二）》（2020年修正）

第九条 管理人依据企业破产法第三十一条和第三十二条的规定提起诉讼，请求撤销涉及债务人财产的相关行为并由相对人返还债务人财产的，人民法院应予支持。

管理人因过错未依法行使撤销权导致债务人财产不当减损，债权人提起诉讼主张管理人对其损失承担相应赔偿责任的，人民法院应予支持。

第十五条　债务人经诉讼、仲裁、执行程序对债权人进行的个别清偿，管理人依据企业破产法第三十二条的规定请求撤销的，人民法院不予支持。但是，债务人与债权人恶意串通损害其他债权人利益的除外。

第十六条　债务人对债权人进行的以下个别清偿，管理人依据企业破产法第三十二条的规定请求撤销的，人民法院不予支持：

（一）债务人为维系基本生产需要而支付水费、电费等的；

（二）债务人支付劳动报酬、人身损害赔偿金的；

（三）使债务人财产受益的其他个别清偿。

本书主要参考书目

1.陈曦、骈宇骞译注：《孙子兵法·三十六计》，中华书局2016年版。

2.王法德：《商战兵法：用孙子兵法谋略赢"一带一路"商战》，中国财政经济出版社2017年版。

3.尹剑锋、赵曙光编著：《商战36计》，黄山书社2011年版。

4.舜尧编著：《现代商战36计》，中国致公出版社2002年版。

5.王守常译解：《孙子兵法精读》，东方出版社2015年版。

6.石磊编著：《商战奇谋三十六计》，新华出版社2009年版。

7.雅瑟主编：《三十六计大全集》，新世界出版社2010年版。

8.董新蕊：《专利三十六计》，知识产权出版社2015年版。

10.吕俊山：《股权争议的处置与防范：股东法律羊皮书》（第二版），北京大学出版社2018年版。

11.陈扬、周亮：《股东法宝：股东权益保护与公司争议解决指南》，法律出版社2017年版。

12.［美］杰夫·格拉姆（Jeff Gramm），陈祺祺、路本福译：《正在爆发的股权战争：深度解析股东、董事会、经营高管的责权利博弈与公司治理》，广东人民出版社2017年版。

13.余勇波：《解码股东战争》，法律出版社2018年版。

14.孙彬彬主编：《股东纠纷案件司法观点集成》，法律出版社2020年版。

15.谢遵振：《公司法律纠纷类案精要与实务指引》，法律出版社2022年版。

16.赵旭东主编：《公司法学》（第四版），高等教育出版社2015年版。

17.王军：《中国公司法》（第2版），高等教育出版社2017年版。

18.王东敏：《公司法审判实务与疑难问题案例解析》，人民法院出版社2017

年版。

19.奚晓明、金剑锋:《公司诉讼的理论与实务问题研究》,人民法院出版社2008年版。

20.黄薇主编:《中华人民共和国民法典总则编释义》,法律出版社2020年版。

21.杜万华主编:《最高人民法院民商事判例集要:公司卷》,中国民主法制出版社2020年版。

22.李建伟:《公司法学》(第五版),中国人民大学出版社2022年版。

23.虞政平:《公司法案例教学(上、下册)》,人民法院出版社2012年版。

24.贺小荣主编:《最高人民法院民事审判第二庭法官会议纪要:追寻裁判背后的法理》,人民法院出版社2018年版。

25.赵万一主编:《判例视野下的公司法》,法律出版社2016年版。

26.朱锦清:《公司法前沿问题研究》,浙江大学出版社2014年版。

27.葛伟军:《公司资本制度和债权人保护的相关法律问题》,法律出版社2007年版。

28.茅院生:《设立中公司本体论》,人民出版社2007年版。

29.唐英:《公司章程司法适用研究》,法律出版社2016年版。

30.罗培新:《公司法的合同解释》,北京大学出版社2004年版。

31.张维迎:《理解公司:产权、激励与治理》,上海人民出版社2021年版。

32.汤欣:《公司治理与资本市场法制》,法律出版社2015年版。

33.许德风:《破产法论:解释与功能比较的视角》,北京大学出版社2015年版。

34.最高人民法院民事审判第二庭编著:《最高人民法院关于公司法司法解释(一)、(二)理解与适用》,人民法院出版社2015年版。

35.最高人民法院民事审判第二庭编著:《最高人民法院公司法解释(三)、清算纪要理解与适用》,人民法院出版社2011年版。

36.杜万华主编,最高人民法院民事审判第二庭编著:《最高人民法院公司法司法解释(四)理解与适用》人民法院出版社2017年版。

37.最高人民法院民事审判第二庭编:《商事审判指导》,人民法院出版社2021年版。

38.最高人民法院民事审判第二庭编著:《〈全国法院民商事审判工作会议纪

要〉理解与适用》，人民法院出版社2019年版。

39.最高人民法院民事审判第二庭编：《公司案件审判指导（增订版）》，法律出版社2018年版。

40.最高人民法院案例指导与参考丛书编选组编：《最高人民法院公司案例指导与参考》，人民法院出版社2017年版。

41.国家法官学院、最高人民法院司法案例研究院编：《中国法院2022年度案例》，中国法制出版社2022年版。

图书在版编目(CIP)数据

股东争议三十六计：企业家必知的诉讼策略 / 毕宝胜，陈正刚著. — 北京：中国法制出版社，2024.6

ISBN 978-7-5216-4550-7

Ⅰ. D922.291.914

中国国家版本馆CIP数据核字第2024CP8985号

策划编辑：赵　宏

责任编辑：陈晓冉　　　　　　　　　　　　　　封面设计：李　宁

股东争议三十六计：企业家必知的诉讼策略

GUDONG ZHENGYI SANSHILIUJI: QIYEJIA BI ZHI DE SUSONG CELÜE

著者 / 毕宝胜　陈正刚

经销 / 新华书店

印刷 / 三河市国英印务有限公司

开本 / 710毫米×1000毫米　16开　　　　　　　印张 / 25　字数 / 408千

版次 / 2024年6月第1版　　　　　　　　　　　2024年6月第1次印刷

中国法制出版社出版

书号 ISBN 978-7-5216-4550-7　　　　　　　　　　定价：99.00元

北京市西城区西便门西里甲16号西便门办公区

邮政编码：100053　　　　　　　　　　　　　　传真：010-63141600

网址：**http://www.zgfzs.com**　　　　　　　　编辑部电话：**010-63141835**

市场营销部电话：010-63141612　　　　　　　印务部电话：**010-63141606**

（如有印装质量问题，请与本社印务部联系。）